教学价值的历史流变与当代选择

李长吉　贾志国◎著

The Historical Change
and Contemporary Choice of Teaching Value

ZHEJIANG UNIVERSITY PRESS
浙江大学出版社

图书在版编目(CIP)数据

教学价值的历史流变与当代选择 / 李长吉,贾志国著. —杭州:浙江大学出版社,2019.6(2021.3 重印)
ISBN 978-7-308-19220-0

Ⅰ.①教… Ⅱ.①李…②贾… Ⅲ.①教学理论 Ⅳ.①G42

中国版本图书馆 CIP 数据核字(2019)第 117430 号

教学价值的历史流变与当代选择

李长吉 贾志国 著

责任编辑 周 群
责任校对 杨利军 陈 欣
封面设计 海 海
出版发行 浙江大学出版社
(杭州市天目山路 148 号 邮政编码 310007)
(网址:http://www.zjupress.com)
排　　版 浙江时代出版服务有限公司
印　　刷 广东虎彩云印刷有限公司绍兴分公司
开　　本 710mm×1000mm 1/16
印　　张 12
字　　数 213 千
版 印 次 2019 年 6 月第 1 版 2021 年 3 月第 2 次印刷
书　　号 ISBN 978-7-308-19220-0
定　　价 48.00 元

浙江大学出版社市场运营中心联系方式 (0571)88925591;http://zjdxcbs.tmall.com

前 言

教学价值发展的历史进程，经历了知识本位价值、能力本位价值、生活本位价值等传统价值定位的演进过程。这三种价值构成了教学价值的三个基本路向。每一种价值定位，都有其历史脉络与基本观点，都对教学实践产生了重要影响。可以说，传统意义上教学活动的发展，就是这三种教学价值或有所侧重或交织进行的历程。对历史上这三种教学价值的回顾、批判、反思，对把握教学价值发展的历史，把握传统教学价值的合理意义，把握这三种教学价值的发展走向，把握当代教学价值的出路，都有着不可或缺的意义。事实上，无论当代社会教学价值如何发展，都离不开这三种最为基础的教学价值；任何教学价值的提出，都离不开这三种教学价值的基础性作用。离开这三种价值而奢谈教学的其他价值，势必是无源之水、无本之木。

教学的知识价值、能力价值、生活价值，并不是按照时间先后的逻辑替代更迭的，在教学发生之初，这三种基本价值就存在着，只是在不同历史时期，根据社会发展的需要有所侧重而已，因此，不能用一般的历史研究模式，以时间为阶段来对其进行截然划分。要就每一种教学价值的发展过程、表现、存在的不足、改进的方向进行讨论，通过对这三种历史存在的教学价值进行发展性研究，把握与探寻教学价值的历史面貌与当代合理性出路。

以这三种教学价值为根基，当代教学价值的发展趋势，是走向智慧价值，走向学生智慧的发展。甚至可以说，无论是知识价值、能力价值还是生活价值，都是为了使学生智慧起来，也只有让学生智慧起来，才能超越知识价值、能力价值、生活价值的局限，实现三者的融合，实现自我统合、自我创新、自我超越、自我发展。在这个意义上，教学的智慧价值可以看作是其终极价值，是教学的永恒追求，是当代教学价值发展的必然选择。探讨教学智慧价值的发展历程，分析智慧价值与其他三种价值的关联，梳理智慧价值的理论基础，把握智慧价值的实践方略，是当代教学价值研究的重要课题。

在教学的智慧价值发展历程中，有学者提出了教学的灵性价值，这种价值虽然不及前面三种基本价值那么历史悠久、影响深远，但却是教学智慧价值发展的必要环节与中介，是实现教学智慧价值的一个抓手，因此，也有必要对教学的灵性价值加以梳理分析，为确证教学的智慧价值提供一个样式。

目　录

第一章　教学价值是什么 …………………………………………………… (1)
第一节　教学价值的内涵 ………………………………………… (1)
第二节　教学价值的性质 ………………………………………… (8)
第三节　教学价值的评判与选择 ……………………………… (13)
第四节　教学价值体系 …………………………………………… (18)
第五节　教育价值研究述评 …………………………………… (22)
第二章　教学的知识价值 …………………………………………………… (31)
第一节　知识本位教学价值取向观点例举 …………………… (31)
第二节　知识本位教学价值取向的主要表现 ………………… (34)
第三节　对知识本位教学价值取向的批判 …………………… (41)
第四节　知识本位教学价值取向的反思 ……………………… (47)
第三章　教学的能力价值 …………………………………………………… (57)
第一节　能力本位教学价值取向观点例举 …………………… (57)
第二节　能力本位教学价值取向的主要表现 ………………… (58)
第三节　对能力本位教学价值取向的批判 …………………… (62)
第四节　对能力本位教学价值取向的反思 …………………… (67)
第四章　教学的生活价值 …………………………………………………… (73)
第一节　生活本位教学价值取向观点例举 …………………… (73)
第二节　生活本位教学价值取向的主要表现 ………………… (76)

第三节 对生活本位教学价值取向的批判 …………………… (82)
第四节 生活本位教学价值取向的系统反思 ………………… (86)
第五章 教学的灵性价值 ………………………………………… (93)
第一节 灵性本位教学价值取向观点例举 …………………… (93)
第二节 灵性本位教学价值取向的主要表现 ………………… (96)
第三节 对灵性本位教学价值取向的批判 ………………… (101)
第四节 灵性本位教学价值取向的系统反思 ……………… (103)
第六章 教学的智慧价值 ………………………………………… (107)
第一节 智慧本位教学价值取向的发展历程 ……………… (107)
第二节 前提思考:教育中的隐喻世界 …………………… (115)
第三节 作为方法论的机体哲学 ………………………… (118)
第四节 教学价值的迷失及其原因 ……………………… (125)
第五节 教学价值的追求——智慧价值 …………………… (131)
第七章 教学智慧价值的实现 …………………………………… (142)
第一节 全人目标——教学智慧价值的目标追求 ………… (142)
第二节 必要的平衡:教学内容的选择 …………………… (147)
第三节 必要的冒险:教学的实施策略 …………………… (158)
参考文献 ………………………………………………………… (175)
索引 …………………………………………………………… (187)
后记 …………………………………………………………… (188)

第一章　教学价值是什么

教学价值是什么的问题是一个价值认识问题。价值认识是对客观价值关系的一种主观反映，是对教学价值的内涵、性质、评判与选择、体系等问题的理性把握，是一种教学价值理论。

第一节　教学价值的内涵

教学价值的内涵是什么，这是讨论教学价值的起点。谁是价值的决定者、价值是实体还是关系、不同语境下教学价值的含义，这三个基本判断是明确教学价值内涵的关键点。

一、价值的决定者是人还是物

给教学价值下定义，必然会回到价值哲学的根本问题，即什么是价值。关于价值的定义，学者们给出了众多的描述，归纳起来，除了少数超验论、绝对价值论外，无外乎从两个角度进行界说。一是从人的角度，即价值的享用者、判断者、体验者的角度进行定义，强调人的需要、情感、愿望、兴趣和意志等是价值发生的根源。二是从事物的角度，即价值的承载者、担当者、储备者的角度进行定义，认为价值的决定者是事物的属性、结构和功能。

就前者来看，较典型的有这样几种定义：(1)情感说。罗素认为："关于'价值'的问题完全是在知识的范围以外。那就是说，当我们断言这个或那个具有价值时，我们是在表达我们自己的感情，而不是在表达一个即使我们个人的感情各不相同但却仍然是可靠的事实。"①石里克也持同样的观点："价值的存在只依赖于人,依赖于主体的情感。"②文德尔班认为价值是"相对于一个估价的心灵而言的……抽开意志与情感,就不会有价值这个东西"③。(2)兴趣说。培里认为"任何客体,无论什么客体,当任何兴趣,不管什么兴趣赋予它时,它都具有了价值;就像无论什么东西,不管是谁射向它,它就成了靶子一样。"④"价值决不是现实,既不是物理现实,也不是心理现实。价值的实质在于它的有效性,而不在于它的实际的事实性。"⑤(3)人格说。西田几多郎认为,"人格是一切价值的根本,宇宙间只有人格具有绝对的价值。""无论是多么强大的要求或高尚的要求,如果离开了人格的要求,便没有任何价值;只有作为人格要求的一部分或者手段时才有价值。"⑥(4)自由说。这是相对前面更为激进的观点:"我的自由是价值的唯一基础,并没有什么事物,绝对没有,证明我采纳这种或那种价值、这种或那种价值标准有什么道理。……维持价值的存在的是我;我并不求助于任何价值,来违背这件事实,也没有什么价值可以求助。……我只能说世界的意义来自我自己,没有别的来源。"⑦此外,艾伦费斯认为价值是愿望的满足,刘易斯认为价值是以某种方式被享受或可享受的质,J.罗伊斯认为价值是纯粹理性的意志,尼采认为价值是有助于提高生活的任何经验,B.P.鲍恩认为价值是人格统一体的对照经验⑧。

从第二种角度对价值进行定义的学者并不多见,更多的表现是在生活中,人们往往把事物固有的属性与功能当作该事物的价值。如苹果有价值在于可口和有营养,肉有价值在于美味和使人强壮。在学术意义上比较有代表性的观点有:(1)价值是一定社会或阶级的人们以及个人所需要的、作为满足其需求和利益的手段的那些物、现象及其特性,也包括作为规范、目

---

① 罗素.宗教与科学[M].徐奕春,林国夫,译.北京:商务印书馆,1982:123.

② 石里克.伦理学问题[M].张国珍,赵又春,译.北京:商务印书馆,1997:109.

③ 全增嘏.西方哲学史(下册)[M].上海:上海人民出版社,1995:490.

④ 李江凌.价值本质的经验主义解释:评培里的兴趣价值说[J].学术研究,2001(2):101-105.

⑤ 李凯尔特.文化科学和自然科学[M].涂纪亮,译.北京:商务印书馆,1986:78.

⑥ 西田几多郎.善的研究[M].何倩,译.北京:商务印书馆,1965:114.

⑦ 李景瑞.人生的价值[M].太原:山西人民出版社,1986:25.

⑧ 中国大百科全书 哲学[M].北京:中国大百科全书出版社,1987:344.

的或理想的种种观念和动机。[①] (2)价值是客体对主体的效应。不同的客体,其属性与功能不同,(对主体的)价值也不同。[②] (3)马克斯·韦伯强调了文化事件自身的价值属性:"任何一种实在之所以有价值或者与特定的价值相关,正是在于它的独特性,它的一次性的发生过程。""社会科学的对象是文化事件,文化事件的规定包含着两种基本的要素,这就是价值和意义。"[③] (4)也有学者强调事物的属性是价值的唯一决定者:"所谓价值,是(直接、间接地)满足主体(人或社会集团)的需要(更广义地说是期待的倾向)的(实在的或非实在的)客体所具有的性能。"[④]

上述两种定义角度给我们以这样的启示:第一,价值离不开人这一主体,正是人的愿望、兴趣、需要、人格等等,才使得价值得以发生。第二,价值也离不开物或实在,物或实在自身所具有的属性、结构、功能,为价值提供了物质载体。因此,在给教学价值下定义时,这两个要素都要考虑。这是我们得到的第一个方法论启示。

二、价值是实体还是关系

前面两种类型的定义实际上是表达了一种描述教学价值的思维方式,即主客体的思维方式,大体上是把价值定义为一种现象、存在甚至实体,认为价值不是主体的,便是客体的,这种思维方式的局限性不言自明。当代学者更多采用的是一种关系性描述,认为价值是一种关系性存在,价值的本质是关系,可以称之为"关系说"。

袁贵仁认为,"价值是一种关系范畴而不是实体范畴","价值是主客体之间的一种特殊关系。其特殊性就表现在它以实践关系、认识关系为基础,存在或渗透于实践、认识关系之中,同时又具有相对独立性,对实践和认识关系发生巨大的反作用"[⑤]。在李德顺看来,在主客体相互关系中,如果客体按照主体的尺度满足主体的需要,对主体的发展具有肯定的作用,这种作用

---

① 图加林诺夫.马克思主义中的价值论[M].齐友,王霁,启忠,等译.北京:中国人民大学出版社,1989:11.

② 王玉樑,岩崎允胤.中日价值哲学新论[M].西安:陕西人民教育出版社,1994:256.

③ 韦伯.社会科学方法论[M].韩水法,莫茜,译.北京:中央编译出版社,1999.汉译本序.

④ 筑波大学教育学研究会.现代教育学基础[M].钟启泉,译.上海:上海教育出版社,1986:92.

⑤ 袁贵仁.价值学引论[M].北京:北京师范大学出版社,1991:44,47.

或关系的表现就成为价值。因此,“价值”是对主客体相互关系的一种主体性描述,它代表着客体主体化过程的性质和程度。[①] 日本学者牧口常三郎也持这种观点,认为“价值的概念意味着客体与主体的关系。在这种客体中,价值并非归属于那些与人的存在的延长或缩短无关的属性。所以,价值可以界定为人的生活和它的客体之间的关系”[②]。

“关系说”的定义思维方式给我们的启示是,价值是一种关系,在给教学价值下定义时,应该立足于关系视角,这是我们得到的第二个方法论启示。

三、关系是如何发生的

考虑教学主体的需要,考虑教学自身的属性,考虑二者的关系,这是定义教学价值时要遵循的方法论原则。但是,还有一个问题需要解决,那就是教学主体需要与教学的属性是如何发生关系的。

教学作为一种存在具有一定的要素、结构、功能,它们构成了教学的属性。教学的属性使教学自身包含了对人有用的方面,成为对人的生存、发展有用的事物。属性决定着教学对人有哪些作用、作用的大小,它是教学价值产生的源泉,是教学价值赖以存在的客观依据。

但教学的属性本身还不是教学价值,只有人的教学需要介入后,属性是否对人有意义及意义的性质、方向、程度等才能显示出来。否则,这些属性作为教学自身具有的性质对人而言只能是一种知识,不会同人的社会实践活动发生联系,不会自动成为教学的价值属性。可以认为,推动人们积极从事教学活动,把教学的属性这种“自在之物”变成“为我之物”的动因是人的教学需要;制约人们对教学的属性进行选择、取舍、组合、利用,从而形成不同教学价值体系的是人的教学需要;评价教学具有何种价值、价值大小,离不开人对相应的教学需要是否得到满足、满足程度如何的认定。

实际上,就教学价值而言,教学的属性与人的教学需要是构成教学价值两个不可或缺的要素,教学价值既不能单纯归结为教学的特性,也不能以教学需要为唯一法典,更不能视之为超验的神秘之物。“劳动是价值之父,而自然是价值之母”[③],教学价值是教学属性与教学需要有机结合而形成的,促使着两个要素发生实质联系的是教学活动。

一方面,教学活动使得抽象的教学属性得以在现实中展现,给人们根据

---

① 李德顺.价值论:一种主体性的研究[M].北京:中国人民大学出版社,1987:108.

② 牧口常三郎.价值哲学[M].马俊峰,江畅,译.北京:中国人民大学出版社,1989:60.

③ 维坦依.文化学与价值学导论[M].徐志宏,译.北京:中国人民大学出版社,1992:59.

需要认识、利用属性提供了机会，并且随着活动的展开与深入，人们会根据需要重组、改造、扩展教学原有的属性。这说明展现在教学活动中的教学属性实质是包含了需要成分的属性。另一方面，教学活动使人的教学需要与教学的属性对接，从而使需要明确化、具体化，并且可以根据对教学属性的把握，调整需要的水平、结构、内容，使之合理化、可行化。教学活动使教学属性（作为具有满足主体教学需要能力的外界存有）与主体对自身教学需要的主观认定发生了互补的关系，从而导致教学价值的生成。

可见，正是在教学活动中，人们凭借“主体的尺度”与“客体的尺度”，使教学属性与教学需要两个原本彼此独立的体系发生实质联系，在相互作用中不断形成教学价值。因此，界定教学价值是不应该抛开教学活动这一范畴的，这是我们得到的第三个方法论启示。

四、教学价值的定义

根据上述三个方法论启示，这里尝试把教学价值定义为：教学价值是指教学活动中教学属性满足教学主体需要的关系状况。

为进一步理解教学价值的定义，有必要对“教学属性”与“教学主体需要”这两个关键词进行分析。

前面提到，教学属性是教学所具有的要素、结构与功能。这些属性是教学自身与生俱来的东西。随着教学的展开，这些属性便开始灵动起来，对人发挥相应的作用，使得教学价值开始发生。

在通常意义上，属性是事物自身所固有的东西，只要事物存在着，其属性也就存在着，即使不与人发生联系，事物的属性仍然栖居在事物当中，不会因为人的缺席而丢失或消亡，但教学的属性却有些例外。一方面，教学是一种人为的设定，所谓教学“存在”是人们观念中的存在，教学作为一个抽象概念，是由一个个具体的教学活动构成的，只有在具体教学活动中，教学的要素、结构、功能等属性才能现实地展现出来，参与到教学价值的创造活动中，抛开具体的教学活动，教学自身没有什么实体内容，其属性也就是虚幻不可捉摸的了。因此，参与创造教学价值的教学属性，一定是具体的能够实际展开的那些属性，这就是在教学价值的定义中一定离不开教学活动这一场景的原因。另一方面，教学属性是一个内涵丰富的概念，无论是抽象的教学还是具体的教学活动场景中的教学，其属性都不是单纯的、唯一的，而是丰富多彩的。那么，哪些属性能参与到价值活动中呢？这就要看教学主体的选择了。教学主体根据自己的兴趣、需要、愿望、外部压力等来选择对自己有用的属性，过滤掉与自己关联不大的属性，在此基础上进行教学价值的创造活动。所以，尽管教学的所有属性都可能成为教学价值产生的基础，但并不是教学的所有属性都会参与到创造价值的活动中，主体是一个无法避免的过滤器。

教学主体也是一个极为复杂的概念。从主体的组成来看，包括了学生、教师、家长三类较为直接的主体，同时，还包括了用人单位、政府部门、社会人士等间接的主体（可以称之为社会主体）。这些主体的需要状况也是纷繁复杂的，既有共时性的差异，也有历时性的变化，因而既是多样的，又是多变的。

教学主体需要的多样化主要有两个方面的表现。一方面，学生、教师、家长、社会四类主体之间的教学需要有可能存在一定的差异。在面对同一种教学活动时，各主体总是从自身的经验与意向出发，产生不同的需要（内容不同或程度不同）。这些需要是站在不同角度萌生的，都可能会依据主体的尺度有其合理性，也都可能产生相应的教学价值。例如，在学生主体的需要当中，惩罚肯定不在其列，没有谁会因为想要得到惩罚而来上学，因此惩罚对于学生主体来说是没有教学价值的；但对于教师来说，惩罚有可能起到督促、惩戒、管理的作用，这些作用是教师所需要的，因而对于教师而言，惩罚是有教学价值的。主体需要的多样性导致了教学价值的多样性。当某一主体以其强势力量压制其他主体的需要时，教学价值就会走向所谓的“一元”，尽管这时的“一元”面纱下掩盖的是种种“蠢蠢欲动”的不同的价值需求。另一方面，就某一类主体而言，其类属下的各个主体之间的需要也并非完全一致，需要本身就是一个极富个性特征的概念。以学生主体为例，学知识、参加活动、打游戏、争得表扬、增强社会技能、学会生活本领、交朋友、找玩伴、躲避体力劳动、脱离家长监控等等都可能是学生的个体需要，这些需要都可能参与到教学价值的创造活动当中。

教学主体需要的多变性主要是说，任何一类或一个主体，其教学需要不是一成不变的，随着时代的变迁与群体或个体经验的增长，原有的需要会发生变化，大到国家的教育方针、课程的设置、教科书内容的选择，小到教师教学方式的改革、学生努力程度的变化、家长期望的转换等等，都反映了教学主体需要的历时性变迁。教学需要的多变性说明在创造教学价值的活动中，有两个方面需要加以注意。一方面，要及时了解并尊重主体教学需要的变化，把握各类主体及其内部的需要状况，根据他们的需要调整教学，使教学活动能与主体的需要发生对接，这样才能提高创造教学价值的效率。另一方面，正因为主体的教学需要是多变的，才为调整教学需要提供了可能性。主体需要在主体自身那里或许是合理的，但放置在整个大的教学系统当中时，其合理性可能就会受到质疑，出现“合法性”危机。这时，系统自身需要反思，主体自身也可能需要调整，以达成一定的平衡状态。在前面提到的学生持有的种种教学需要当中，有些就需要提升或更新，这既是为了教学价值的创造，也是教育本身的责任。

五、不同语境下教学价值的含义

在不同的语境下，教学价值一词所指称的内容有所区别。一般说来，我们总是在这样几种含义下使用这个词语。

教学的价值：这是言说教学具有哪些功能、作用时使用的，认为教学客观地存在着对个人、群体和社会有意义的结构、功能、属性、特征，无论是否介入人的因素，教学的价值都是客观存在的，不会随着人的意志而发生改变；教学价值是教学自身所具有的东西，不是人的观念赋予的，也不是关系性存在，是静态存在的。比如，作为教学内容的知识先天就是有价值的，无论以怎样的态度和方式对待这些知识，其价值都是不能抹杀的。

教学中的价值：这是说教学中包含着价值成分，这些价值成分如果遇到合适的机会与条件，就会转化为真正的价值，否则，这些价值只会一直潜伏着。例如，作为教学内容的知识包含着潜在的价值成分，但如果不能以正确的目标和方式加以对待，就发挥不出这类知识的价值意义，不能把这种潜在价值转化为现实性价值。

对教学的价值：这主要是说教学自身的存在与发展需要一定的支持条件，个人、社会和其他学科是这些条件的提供者，它们所提供的有用条件可以看作是对教学的价值。还是以知识为例，机构、个人、学科、产业等所生产出的知识，对于丰富教学内容、提供课程资源有较大的帮助，这些帮助就可以看作是对教学的价值。

教学理论上的价值：这是指教学中蕴涵的价值论如价值目标、价值主体、价值理念、价值标准、价值实现方式等，表达的是教学的理想价值，主要通过教学理论表现出来。一个教学理论，必然会包含对教学的价值判断，这是教学理论中的价值论部分。当我们说“杜威实用主义教学理论中的价值取向”这句话时，就是在谈论杜威教学理论中的价值部分。教学理论上的价值总是合理和美好的，它可以摆脱具体教学环境、条件等现实性因素的束缚，带有强烈的宣传鼓动性。

教学实践中的价值:这是对教学的现实价值进行言说时用到的含义。在对任何一个教学实践活动进行分析时,都会考虑该教学实践的价值实现状况,这是我们谈论教学实践时无法回避的问题。“当前教学改革中的价值误区”“数学课堂对话的意义”等话题,就是在讨论教学实践中的价值问题。教学实践中的价值可能与理论上的价值重复,但更多的情况是少于理论上的价值。通常所说的教学理论的先导作用除了对教学实践在内容、方法等方面的引导,还有一个重要方面就是教学理论对教学实践的价值引导。

教学逻辑上的价值:这是从教学的概念、性质、发生、演化等教学本体论出发,用逻辑演绎的方法在观念上形成的丰富而完整的教学价值体系,这种价值体系追求严密性与完整性,是在抽象具体教学形态基础上的整体分析。

教学历史上的价值:这是从价值论的角度对人类教学历史发展过程进行考察与分析后的认识,侧重挖掘不同时代不同地域所发生的教学活动中的价值成分,提供教学价值的历史存照,对现今的教学理论与实践提供启迪或提出警示。

除了上述内容外,教学价值一词还涉及了教学的个人价值与社会价值、近景价值与远景价值、理想价值与功利价值等对立的价值范畴。由于不同语境下教学价值存在不同的含义,在进行教学价值言说时,要声明言说的语境,在同一语境下,要保证概念的一致性。在进行教学价值对话时,要注意保持在同一维度和层面上。

第二节 教学价值的性质

前面给出了教学价值的定义,认为教学价值是“教学活动中教学属性满足教学主体需要的关系状况”。这个定义一方面对“教学价值是什么”的问题进行了回答,另一方面也隐含着这样的思考:教学价值是“如何‘是’的”。在某种意义上,对这个问题的思考可能更有价值。价值本质研究的一个新方向是“关注价值之‘是’,而不是它是‘什么’。即是说,关于价值,关键的不是它是‘什么’、它‘所指’的那个质,而是它的动态生成过程、它的‘是’‘在’(to be, sein)。价值在主客体复杂的动态中完成了它的‘是’、它成为价值的过程,它是‘什么’也就自然澄明了。”[1]本书从五个方面讨论教学价值的性

[1] 孙美堂.价值之“是”:价值本质研究的一个方向[J].哲学动态,2002(3):24-27.

质，以求能够对“如何是的”问题有所回答。

一、动态生成性

教学价值涉及教学属性与教学主体的需要两个要素，当这两个要素在教学活动中发生联系时才会形成教学价值。在这个形成过程中，主体的哪些需要会成为参与教学活动的动力，教学的哪些属性会成为主体需要的关注对象，这样的问题只有在具体的教学活动中才能确定。尽管主体在发动或参与教学活动之前，对自身的需要会有一些筹划，对教学的属性会有一些了解，甚至也会有一些建立两者联系的设想，但这时候的筹划、了解、设想还都是处于观念层面的东西，这些观念活动无法创造教学价值。因此，教学价值不是教学固有的属性，也不是主体可以预设的，其本质不是先验的、预成的，而是在关系中生成和表现的，是一个不断建立关系从而“不断地‘成为’它自身的过程”①。

就属性与需要二者的关系来看，关系一旦确定下来，就不是凝固、僵化的，教学的属性与教学主体的需要之间的关系是一种动态的关系。随着教学活动的组织和开展，教学自身的属性不断得到展现，不断会有新的属性出现在教学主体面前；教学主体的能动性也使得他们的需要因新的情景、新的条件刺激、得到满足的新的可能性而发生变化。这样，教学活动使得属性与需要建立起关联，也使得这种关联不断发生变化，从而使二者达成动态生成的关系，由此形成的教学价值也是动态生成的了。

教学价值形成后，并不意味着它可以凝结存留下来，在此时形成的教学价值，在彼时有可能被否定或超越，教学活动的生命就在于不断形成教学价值，不断累积教学价值，又不断否定和超越已有教学价值的过程。在这个意义上，教学价值是一个永无止境的“扬弃”过程。

教学价值的动态生成性并不是说它是稍纵即逝、不可捉摸的，教学价值形成后，总是在一定范围、一定时期内对个体或社会主体的教学认识与教学行为产生影响，在这个范围和时期内，教学价值可以被表达、讨论与传播。但是，企图使某种教学价值永恒存在下去却只能是一个“乌托邦”。当一种教学价值形成后，其自身就包含了自我否定与自我超越的可能性，这是因为：一方面，教学本身就是人为的设定，当物质、思想与技术条件变化时，教学可能会被设定为新的模样，具备新的属性；另一方面，教学主体的需要是

---

① 孙美堂.价值之“是”：价值本质研究的一个方向[J].哲学动态，2002(3)：24-27.

不断变化着的，这种不断变化既包含了新的价值可能性，又孕育着具有新属性的教学形态。永远变化着的教学属性与教学需要决定了教学价值的动态生成性。

二、主体体验性

教学所具有的属性给教学价值的发生提供了必要的物质或实体性条件，在具备了这样的条件后，教学价值的产生就取决于教学主体了。当主体的需要、兴趣、意愿、所承受的压力等等能够通过教学属性而得到满足或缓解时，教学价值便出现了。在这个意义上，教学是否有价值、价值的大小等问题都取决于教学主体的主观感受与判断，这就是教学价值的主体体验性。

从个人主体来看，教学价值实际上是个体的心理建构过程，前面提到的"情感说""兴趣说""人格说""自由说"等几乎都是从个体心理意义上对价值的诉说。在个体的心理建构过程中，至少有三种因素参与了建构：一是个体对世界、人生、人性等根本问题的看法以及个人的意识形态；二是个体的成长经历与经验背景；三是个体的需要、兴趣、压力等。在面对教学属性时，个体三个方面的因素都在不同层面发挥着建构价值的作用，而各个因素作用的大小、强弱等，只有靠主体自己的体验才能真正把握，其他外在的评判与测量都不如主体体验来得直接。另外，需要注意的是，前两种因素在更为宏观与基础的意义上决定或制约着第三种因素，第三种因素作为导致教学价值得以发生的现实性原因，实际是前两种因素的具体化。因此，在分析、评判、引导个体教学价值时，除要针对个体的需要、兴趣、压力等现实性因素外，还必须考虑个体的哲学观、人性论以及与之相关的社会历史性因素。

从社会主体角度来看，教学价值是一个社会建构的过程。任何一个社会群体都会有区别于其他社会群体的内在特质，社会在建构教学价值的过程中，无法复制、照搬其他社会群体的价值样式，社会群体自身也无法预先制造出让社会成员普遍认同的价值。因此，这里的社会建构仍然离不开各个个体的体验。当个体体验以文本或习俗等形式通过传媒得以表达，经过讨论、争鸣、冲突进而融合成为种群的体验后，在伦理和道义意义上被认为是"善"，在事实和理论上被论证为"真"，在生活与行为中被当作是"美"时，这种种群体验就作为标准和规范确立起来，成为该社会成员的价值准则。由此可见，社会主体的教学价值信念仍然是一种体验，只不过是从个体体验提升至了群体体验。当然，除把个体体验作为"原材料"加工整合外，社会群体的价值建构也离不开社会的历史文化因素。

教学价值的主体体验性使得教学价值表现出解释性与多元性的特点。前者是说教学价值是一种解释性存在，只有在解释和理解中教学价值才能够被说明和表现，也只有通过解释和理解才能够被认可和接受，单凭外在的行为表现或客观测量数据，难以表征教学价值的全貌。后者说明在教学价值的合理性评判方面，个体自身的体验在一定范围内有其合理意义，应该在一定程度上得到尊重，不能以一种教学价值观压制另一种教学价值观，或者以"规范""标准"取代个性化存在。教学价值有时不一定是"合法"的，但从教学价值的主体体验性来看，却多少有些是"合理"的。

三、实践规定性

前面论述了教学价值的主体体验性，但并不是说个人主体可以无拘无束地联想、感受、认定教学价值，也不是说社会主体可以凭借政权、法律等手段强硬地按自己的意愿规定、推行教学价值。这是因为除主体体验性之外，教学价值还要接受教学实践活动的规约。

教学活动作为实践活动在两个方面规定了教学价值。第一，展示和拓展教学的属性。教学活动使得教学这一观念形态的存在成为具体的实践过程，使教学属性发生变化：一是使观念形态的教学属性具体化，成为可感可知的对象，拉近了主体与教学属性的距离，使主体的教学需要与教学属性发生联系成为可能；二是教学活动本身也是一个不断拓展的过程，每一次教学活动都为下一次活动的改进与深化提供基础，在一次次的教学活动中，教学的范畴不断得到扩大，随着教学疆域的不断拓展，教学的属性也越来越丰富，而属性越丰富，教学价值产生的空间就会越大。第二，改进主体的需要。教学活动是发展活动主体特别是学生的活动，它可以在知识、能力、思想、品德、个性等多个方面促进活动主体的进步，这些方面的发展对丰富需要的内容、提高需要的品位、排列需要的次序、激励需要的活力等无疑会有很大的帮助，而这些需要方面的变化恰恰是教学价值发生的主体力量。因此，教学活动作为促进发展的活动，教学需要的发展肯定是题中应有之义。

教学活动最重要的功能在于使主体自身不断得到超越，这种超越增强了主体对教学属性的把握能力，也提高了主体对自身需要的反思能力，还强化着主体根据需要把握和利用教学属性的意识，因此教学活动可以看作是培养教学主体价值能力的活动。反过来，教学主体的价值能力提高了，教学活动也就可以超越单纯的知识与技能传习，成为充满价值魅力的活动。在这种活动中，主体的实践既能够"合目的"，又能够"合规律"，使主体的目的与教学的规律有机统一,不断领略教学价值,不断丰富教学价值。

总之,正是教学实践活动,使得教学价值的发生成为可能,也为教学价值的拓展提供了条件。它通过改善教学属性、增强主体价值能力来规定教学价值,促进教学价值的不断延展。当然,教学活动不是静止不变的,随着价值活动的展开,教学活动自身也会随教学主体价值观念的提升而进步,从而在更高一级层面上规约教学价值。

四、整体关联性

教学价值并非事实性存在,因此也就无法像物体一样一个个严格地区别开来,它也无法孤立存在,任何一个关于教学价值的认定,都是一种意义性存在,都是在与其他价值的关联中才会得到体验和认可,这就是教学价值的整体关联性。例如,当我们讨论"什么知识是有价值的"这样的问题时,我们不得不考虑学习知识的目的、传习知识的手段、对谁有价值、什么情况下有价值等问题,离开这些问题,是无法获得切实的答案的。

个人主体在自身的成长过程中逐渐会形成相对稳定的世界观和方法论,这是他们看待事物的总体基调,也是产生教学需要时所遵循的基调,各种教学需要相互制约、相互影响,共同构成了一个教学需要系统。在这样的教学需要系统作用下所形成的教学价值之间必然会存在连理共生的性质。社会主体也是这样,社会历史文化传统的统摄作用使得社会主体的教学需要是作为一个系统而存在,所形成的各个教学价值也无法孤立存在。

整体关联性表征的是教学价值之间是紧密联系的整体,各种教学价值在大方向上保持着一致,一旦教学价值形成了一个相对稳定的体系,各个教学价值就会形成彼此约束的关系。当某种价值信念与系统中的其他价值信念出现相悖的情况时,后者会以同化的态度促使前者发生趋同性改变,通过协调整合,不断使系统保持一致。只有当相悖的情况越来越多、越来越严重时,整个教学价值体系才有可能发生大的变化。可见,与其他系统一样,教学系统也具有封闭性、保守性、自我维持性等自我保存的性质。这种性质的优点是可以使教学价值系统稳定而具有持续性,不会杂乱无序、朝令夕改。缺点是系统具有"惰性",单靠转变一两种价值信念来促成教学价值系统的转变不太可能,不借助外力作用或外力作用不强,单靠系统自身努力也很难发生改变。

五、潜在可变性

教学价值不是实体存在,既不存在于书本、课堂等价值对象当中,也不存在于学生、教师等价值主体身上，因而是潜在的而非显在的。只有当价值主体与价值对象发生关系时，教学价值才能够显现出来，被感受和体验到。随着教学主体的发展或更替，随着时间、环境与条件的变迁，相同的价值对象会孕育出不同的教学价值，原有的教学价值也可能会衰减甚至消失。当然，这种潜在可变性并不能够否定教学价值系统的相对稳定与持续性。系统是稳定的，系统内容的元素却是灵动的。

教学价值之所以是潜在可变的，最主要的原因有两个。第一，作为社会子系统之一，教学系统在与其他社会系统进行物质、能量、信息的交换过程中，不断地进行着自我调节和自我更新。在调节和更新的过程中，教学所具有的属性在发生着变化，这种变化孕育着新的价值可能性，又催生教学系统的新变化。教学系统的这种螺旋上升的动态过程使得教学价值永远处于潜在可变的状态。第二，教学系统中的人是不断成长发展的，随着年龄的增长、头脑的丰富，对社会现实的感悟能力、对教学属性的认知与利用能力、对自身需要的自我意识与调节能力、对教学属性与自身需要的关系的判断能力等等都会有所提高，这使得教学主体在促成二者的关系、调整二者的关系、追求新的关系可能性等方面都会有所创新，使潜在的价值可能性成为现实，使原有的教学价值得到超越。

在促成教学价值由潜在变为显在、由实然状态走向应然状态的过程中，教学主体的价值意识与价值能力是关键因素。在这个意义上，教学活动除常规的知识、能力、品德等教育内容外，还应注重培养主体创造教学价值的意识，以及对教学及其属性的认知能力、对教学需要的审视与把握能力、如何使二者发生联系的能力。总之，要培养教学主体对教学以及自身的认识与把握能力，才能使教学价值从幕后走到台前，从现在走向未来。

第三节 教学价值的评判与选择

教学价值是丰富多样的，但限于机会与条件，不可能在一个时间段内全都得到实现，教学主体面对多样的教学价值，需要做出选择。另外，尽管教学价值是多元的，但在一定的历史时期与范围内，人们对教学的期待与规约往往是一元化的，这也敦促教学主体进行价值选择。而要想进行合理的选择，就需要先对教学价值做出正确的评判。

一、教学价值评判的基本内涵

教学价值评判是对教学属性与教学主体需要间关系状况的评判，是对教学属性满足主体需要情况的评估。它可以保证教学主体做出正确的价值选择与决策，也是教学得以进一步展开和发展的前提。没有正确的价值评判，教学主体面对纷繁复杂的教学价值就无从下手，也缺乏投身教学活动、变革教学活动的方向和动力。在这个意义上，“价值评价实际上是价值，即客体与主体需要的关系在意识中的反映，是对价值的主观判断、情感体验和意志保证及其综合”①。哲学意义上的价值评价就是对价值有无、大小等问题做出判断，也就是价值评判。这里不用教学价值评价而用教学价值评判，是为了避免把教学价值评判误认为教学评价。教学评价评的也是价值，但这时候的价值评判者可以是教学活动之外的人参与，甚至在实际的教学评价中主要是教学活动之外的人参与。教学评价的两块主要工作，就是对教师教学工作与学生学习结果状况的评判，主要手段是教学测评、评估与测验。这与教学价值评判在内容、效用、结果、主体等方面有着一定的区别。

从内容上看，教学价值评判着重在三个方面做出判断。第一，评判教学的属性。对教学的一般属性是否能够转化为价值属性，为教学主体创造教学价值所用做出肯定或否定、大与小、质与量等方面的评判。第二，评判教学价值主体的需要。对主体需要合理与否、程度如何、能否得到满足、能在多大程度上得到满足、在什么时候会得到满足以及需要的优先性如何等做出判断。第三，评判属性与需要满足的关系状况。在具体的教学活动中，当教学属性与教学需要建立起了一定的联系后，这种联系的紧密程度如何、如何使联系更加紧密、如何提高联系的效率、联系需要怎样的条件、如何改善联系、还可能有怎样的联系等，也需要进行判断。

从效用来看，教学价值评判主要有四个方面的功能。第一，为教学主体的价值选择提供根据。第二，为教学实践活动提供方向与动力。第三，促进教学主体的价值反思，使教学主体的价值意识得到提高，使教学属性与教学需要之间联系的主动性和自觉性增强，从而提升教学价值创造的效率。第四，敦促教学主体不断改善教学的状态，拓展教学的属性，创造新的价值机遇，使得教学得到改革和发展。

从结果来看，评判结果的表现形式主要是心理与观念层面的感受或认

---

① 李连科．世界的意义：价值论[M]．北京：人民出版社，1985：106．

识。面对教学，主体的安全感、舒适感、喜爱程度、赞同与否、参与的积极性等等是表达评价结果的价值词。这就使得教学价值评判结果带有强烈的主观感受性，一般情况下难以形成量化、客观、通用的结果。最能表征评判结果的是教学活动。教学活动作为价值实践活动，现实化着教学价值，也使得主体对教学价值的评判结果在实践中表现出来。通过教学实践活动，可以看到主体对教学价值评判的真实状况。

二、教学价值的评判者问题

从前面对教学价值评判的分析来看，评判者当然是教学主体自己，在教学活动之外的任何人都无法体验到活动主体的种种感受，也就无法做出合乎情理的评判。那些站在教学活动之外，对该教学的价值进行言说的人，可以看作是教学评价的主体，但不可能成为教学价值评判的主体。萨特用充满激情的口吻表达了这种意思："对我自己的价值负责，这是我的自由给我带来的后果：由此可见，我的自由是价值的唯一基础，并没有什么事物，绝对没有，证明我采纳这种或那种价值、这种或那种价值标准有什么道理。……维持价值的存在的是我；我并不求助于任何价值，来违背这件事实，也没有什么价值可以求助。什么都不能保证我可以违背我自己；不能因为我是'无'，而把我排除于世界之外，排除于我的本质之外。我必须领悟到世界的意义，领悟到我的本质的意义；我对它们作出我的决定—— 并没有什么道理，也没有什么原因。……我在忧闷中理解到我是完全自由的，同时也理解到我只能说世界的意义来自我自己，没有别的来源。"①

充当教学价值评判的主体只能是教学活动主体自己，这是因为：第一，合理、准确地把握教学主体的需要，这一任务只能由主体自己完成，外人很难洞察得了；第二，教学的属性只有在具体的实践活动中才能得到真实表现，观念中存在的教学属性只是理想状态，不参与到教学活动中，就无法体认到这些属性；第三，需要是否得到满足以及满足的程度如何，只能是需要者自己的感受，别人无法感知这种感受。

社会主体在教学价值评判中的作用，主要通过两个方面表现出来：第一，教学活动主体是社会人而非自然人，个人的价值评判刻印着社会的烙印，社会的历史传统、文化习俗、行为规范、价值观念等都会深刻地影响着教学活动主体的价值判断。第二，教学价值评判也涉及时间问题。站在教学

① 李景瑞．人生的价值[M]．太原：山西人民出版社，1986：25．

发展历史的角度看，社会主体做出的价值判断具有宏观统整的意义，能够对个体的价值判断予以规约和引导。而站在一个个具体的教学活动角度看，教学价值判断的主体只能由个人担当。

三、教学价值的评判标准问题

教学价值的评判标准是教学价值评判主体展开评判活动的依据，是对教学属性满足教学需要的状况与程度进行度量的内在尺度。之所以说是内在尺度，是因为这把尺子的刻度是内在于主体的教学需要而非外在指标。"评价的标准，仅是冰山之一角，而评价主体的心理背景系统才是那巨大的被海水覆盖着的山体。"①教学主体的需要不是天生的，主体的经验背景与生活经历(包括教育经历)催生了相应的需要，也就产生了教学价值评判标准，所以说，"评价主体的价值观念体系的深层结构或曰其内核是评价者的关于客观世界意义的基本信念。……中层结构是各种规范和准则。……表层，是许许多多具体的评价标准"②。

在具体的教学活动中，存在着学生与教师两类主体，当然也就存在两种需要系统。尽管有时候这两个系统有所交叉，但在需要的内容、强度等方面势必会有一定的差异。那么哪类主体的需要在价值评判中起决定作用，或者说是哪类主体的教学需要才是评判标准呢？这就涉及教学的主客体关系问题。教学活动是一种交往实践，是教师与学生主体面对共同的中介客体(课程等)而展开的活动，教师与学生只有通过精神、话语、活动等层面的交往，才能共同完成对中介客体的认识与改造。为了促使交往的发生，就需要建构教师与学生的"价值公共空间"。这种空间不是教师需要的"一言堂"，也不是对学生需要的无原则顺从，而是双方价值需要的整合。"整合的深刻依据就是主体的利益和需要以及主体间不同利益和需要的认同和磨合。正因为如此，差异性主体间的'公共空间'才有存在的可能。"③所以，具体到学生与教师两类主体，在教学价值评判中，需要在尊重各方需要的前提下进行协商和整合，充实和扩展价值公共空间，在价值评判中承认双方的主体身份，兼顾双方的需要。

这里解决了学生与教师两类主体的评判标准问题。前文提到，个体的教学需要是千差万别的，教学价值评判标准作为主体的内在教学需要，也是

---

① 冯平. 评价论[M]. 北京：东方出版社，1995：45.

② 冯平. 评价论[M]. 北京：东方出版社，1995：45，61-62.

③ 赵德兴. 价值评价域及合理性问题[J]. 人文杂志，2000(1)：16-21.

纷繁复杂的，如何在个体的评价标准间达成共识呢？这就需要在尊重差异的同时，进行价值判别标准的教育与引导。对于学生群体而言，价值判别标准的教育与引导工作主要应由教师承担；对于教师群体而言，教育与引导的任务则需要教师教育者来完成。此外，整个社会的教育理想与教育理论在学生与教师价值标准的形成过程中也会起到重要作用。反观教育现实，教师在学生的教学价值标准教育方面意识并不强，教师教育工作中也没有把教学价值评判标准作为教师教育的重点，倒是教育理想与教育理论一直在或多或少地发挥着作用，但教育理想与教育理论深入人心的程度还有待加强。

四、教学价值选择的实质

教学价值评判的实质是对教学价值的批判与反思过程，这一过程的结果或目的，是要对教学价值进行选择，“所谓价值选择，从其学理的意义来看，是指在主体与客体的双向作用过程中，主体根据自己的内在尺度，对客体的属性、功能及其对主体可能产生的效应进行分析、比较，以求用最小的代价取得对主体最大的价值的过程”①。正是因为有了教学价值选择，人们才有了发动和参与教学活动的动力，教学价值才能现实地得以显现，教学价值评判也才得以确认或矫正。在这个意义上，教学价值选择促成了教学的存在与发展，也促进了教学参与者主体性的提升。

教学价值选择的实质，是教学主体根据教育理想与信念、教育实践的可能性、社会的规范与要求、个人的得与失等，对教学价值进行排序的过程。在这一过程中，最高目标是促进学生（对于学生而言，就是促进自己）的发展，使学生作为成长中的人的本质力量不断拓展。

任何个体或群体，都会有自己对价值秩序的看法，对价值秩序的看法决定了他们的价值排序与选择。教学价值秩序有两个存在系统，一个是应然的，一个是实然的。应然的价值秩序是在教学的历史发展过程中逐渐积淀下来的人们对于教学价值的系统认定。这种认定在得到了教学实践与教学理论的双重肯定后，作为教学价值的公理性认识而存在。实然的价值秩序是在具体教学实践活动过程中表现出来的价值认识，随着教学活动的变化，实然的价值秩序会发生相应的变化。当实然的价值秩序与应然的价值秩序

---

① 袁祖社. 论主体价值选择的合理性与社会进步的必然性[J]. 福建论坛（文史哲版），1999(2)：46-49.

一致时，教学价值排序过程就会比较顺利；而当二者出现矛盾与冲突时，就会出现教学价值选择的困惑，在这种情况下，往往会出现重建教学价值秩序的呼声，开始对应然的教学价值秩序进行反省和批判，对实然的教学价值秩序进行反思和超越。

五、教学价值选择的合理性

合理的教学价值选择应该是既最大限度地满足主体的教学需要，又符合教学属性的客观规定，同时要与公理性教学价值秩序保持平衡。当然，还需要现实的条件能够保证教学活动的顺利进行。也就是说，合理的教学价值选择既要符合客体的逻辑，又要符合主体的逻辑，还要符合实践的逻辑。受准确把握这三种逻辑的难度的制约，教学价值选择的合理性只能是相对的。

这里的相对性有两个层次的含义：第一，我们永远也不可能实现最为完美的教学价值选择，教学价值选择的合理性只能是一个动态达成的过程，因为教学的钟摆不可能在某个时刻停止。第二，教学价值的合理性只能在一定时期和范围内存在，离开了这个条件，教学价值选择的合理性也可能会走向相反的方向。在这一点上，恩格斯的警告应该是有所启示的："我们不要过分陶醉于我们人类对自然界的胜利。对于每一次这样的胜利，自然界都对我们进行报复。每一次胜利，起初确实取得了我们预期的结果，但是往后和再往后却发生完全不同的、出乎意料的影响，常常把最初的结果又消除了。"①

教学价值选择的合理性只能是相对的，尽管这个结论有些令人沮丧，但却是一个事实，无论是在逻辑上还是在经验上，我们都不得不接受这个事实。不过，也恰恰是这种相对合理性，才使得我们不断对教学价值进行追问、思索、实践。在我们面前，始终有一个美好的价值理想在召唤我们，在提示着我们对现实教学价值状况的不满，在吸引我们向那条地平线靠近。

第四节　教学价值体系

教学价值体系是教学活动演进过程中所表现出来的各种价值定位，这

---

① 中共中央马克思恩格斯列宁斯大林著作编译局. 马克思恩格斯选集 第四卷[M]. 北京：人民出版社，1995：383.

些定位相互联系、相互补充，交织成以某一种价值取向为核心的各式各样的教学形态。

一、教学价值体系的特点

（一）价值系统是历史的、变化的开放系统

自从休谟提出“事实—价值”两分法以来，价值系统就作为人性与属人的领域受到人文学者的关注与重视。不同于事实领域强调对确定性（真）的追寻，在价值领域，主体所处的不同时代、主体所生活的独特环境、主体所面对的地域竞争都会促使主体做出不同于其他主体的价值选择。价值、文化、生活方式、信仰系统在某种程度上都可以理解成同一件事，它们都是每个民族最深层次的民族“图腾”与精神谱系。教学价值系统根基于本民族的历史文化传统之中，在某种程度上向后世子孙传递着祖先的生存方式与信仰系统。只不过随着社会政治、经济、文化的变迁，新的生产、生活技术的广泛应用，教学价值系统随之出现主体地位的变更、价值新理想的确立、主体价值素质的提升、“异质”文化的广泛渗透，这些都会要求其进行内容、结构与功能的调节、变动与改进。反之，内容、结构与功能的不断改进、优化，也在某种程度上促进了政治、经济、文化与社会的顺利“转型”。

（二）价值系统总是受到时代的挑战

作为历史的、变化的开放系统，价值系统与外部政治、经济、文化现实一直处于动态的互动平衡状态。相对稳定的政治、经济与文化现实决定了相对稳定的价值认同与价值实践。当政治、经济出现大的动荡，尤其出现强大异质文化与文明冲击时，最先表现就是本国家、本民族的社会心理的失衡状态。这种社会心理危机意味着维系以往社会稳定的价值系统已经失效或者出现危机。例如，1840 年鸦片战争以来，面对西方资本主义文明的强势入侵（“三千年未有之大变局”），自发的、松散的、以参加科举考试为目的的私塾式的传统精英教育价值体系再也无法维持下去。

（三）价值体系的变革取决于价值主体

国家、集体、个人作为教育活动的参与者，都可以成为教学价值的主体。教学价值体系内容的优化、提升，离不开所有价值主体的自由、独立参与。之所以出现教学价值体系的僵化、落后，就源于某种价值主体以垄断价值选择的方式决定价值活动的呈现内容。

价值主体禀赋是影响教学价值体系内容优劣的最根本因子。国家作为

价值主体，必须加强自身的教育“智库”建设，任何教育决策与教育资源配置都必须建立在学者的理性声音与公平正义的准则之下；学校作为价值主体，需要保持教学工作应有的专业地位与独立判断能力。不论是教师个人还是学生个人，都必须提升自身整合价值理想、价值实践与批判性思维的综合能力。

价值主体除了提升自身的素质，还必须有一种历史视野与全球视野。人类历史的演变历程，在一定程度上可以说是教学价值的演变历程，教学价值体系的变革与人类历史的演变相依相随。在空间意义上，国家与国家之间、地区与地区之间的联系日益密切，全球化时代的各种文明之间相互激荡，深刻影响了当前的教育理想与教育追求，不可避免地影响着教学价值体系的变革。

国家、集体与个人价值主体之间要平等对话，相互联结。国家要积极向集体价值主体与个人价值主体宣传经过认真筛选的教育理想与教育经验；个人价值主体也要积极争取国家、集体价值主体对个人差异性、个性化、理想化价值选择的理解、支持与鼓励。只有每个价值主体自由地、充分地表达自己的价值需求，有意愿、有恒心去实现自己的价值需求，教学价值体系积极向上的变革才能得到实现。

(四)教学价值体系具有多样性

从制度化的学校教育面向全体国民普及开始，以国家来区分，逐渐形成了每个国家的教学价值体系。例如，有的国家表现为，中央政府致力于高质量、高标准以及意识形态色彩浓厚的教材开发，目的在于通过学校课堂教学来满足政治稳定、经济发展、国际竞争的现实需要；学校、教师被鼓励实施严密的课程计划、科学的教学设计、单向的知识传递、标准化的知识评估，进而满足国家、社会、个人的功利性需要。在有些国家，中央政府开放教材市场，鼓励多元的课程开发与多样化的教材建设，以满足日益分化、多元的社会现实需求；学校、教师有权实施多元、弹性的课程计划，自主挖掘多样的学习资源，坚持关怀取向的师生交往，致力于学生创新思维、权利意识的养成。当然，这两种类型的教学价值体系之间也越来越多地表现出相互融合与借鉴的趋势。

不同价值主体从事教学实践活动的动机源于自己特殊的利益与发展需要。国家总是希望从教育活动的投入中获取未来国际竞争所需要的各行各业的专门人才；无论是教师群体还是教师个人，都希望从教育活动的参与中获取对自己工作专业性的物质认可、精神认可与自我实现认可；每个学生都有自己独特的童年成长经历与不可复制的社会生活背景，再加上千差万别的个人特质，使得教学活动中的学习经历或多或少满足着学生的知识、技术、情感、交往、能力、经验等方面的需求。也就是说，即便在同一教学价值体系内部，不同的教学价值主体，在更为具体的层面也有着不同的教学价值体系。

二、教学价值体系的内容构成

教学价值体系包含了“教学的价值”（手段）与“教学中的价值”（目的）两个方面。前者主要是指“教学能做什么”，与教学结构、功能、属性等关联紧密；后者主要是指“教学能达到什么目的”，与培养学生哪些方面促进其发展关联紧密。目的层次的界说离不开教学价值的理论、实践、逻辑、历史等方面展开的讨论，手段层次的效用离不开教学条件的满足。

在目的层次，即培养学生哪些价值的讨论中，价值主体不同的理论、经验、历史、实践、利益背景，决定了不同形式、内容、表现的教学活动。每一种教学活动中都存在着某种占主导地位的核心价值。这种核心价值在一定程度上影响着其他一般价值的地位、追求方式及实现程度。为此，从目的层次讨论教学的核心价值，是分析讨论教学价值问题的合理路径。

我们认为，教学的核心价值包括五个类别，分别是知识价值、能力价值、生活价值、灵性价值、智慧价值。在接下来的章节中，将重点讨论这些目的层次的核心价值。

教学中的知识价值致力于培养学生对自然、社会、思维等外部事物的属性和规律的感性认识与理性认识，智力发展是其主要目标。知识价值体现为历史与现实中某种程度的精英主义态度，知识价值的习得有助于一部分学生保持优越的政治、经济或文化地位。

教学中的能力价值即学生能够主动运用知识（智力）素质和情感（心理）素质完成某种活动或多种活动的综合心理特征。能力价值表现为学生在面临职业、生存、现实、未来时的一种主动控制取向，在某种程度上代表了工业时代、大众时代的一种主体精神风貌。

教学中的生活价值是教学过程中学生自动生成的自觉表现生命活力与直接经验的那部分整体人格（知识素质、情感素质、道德素质）。它强调以生活为教学目的，鼓励学生走近生命自身、走进社区、走进自然、走进体验、走进人际，一定意义上代表着对上述两种价值取向的反抗。

教学中的灵性价值努力酝酿、呵护与培育学生的梦想，学生能够认识到自身神圣的内在潜能以及心灵内在世界的自我关照、意识深化和意识联结等。灵性价值是一种与信仰有关，寻找内心超越力量，与真实自我、真实自然、真实社会“联结”的一种原初冲动。

知识价值、能力价值、生活价值、灵性价值，只能算是教学的阶段性或过程性价值。教学的终极价值只有一个，那就是智慧价值。作为教学的发展或超越价值，教学的智慧价值是指学生个体在具有复杂、多元、交互的整体、社会、文化、人生脉络下，能够灵活运用知识、情感、意志、经验、能力解决实际问题和困难的本领，同时也意味着个体对于历史和现实中个人生存、发展状态的积极审视、观照和洞见，能够自觉地平衡内部与外部、个体自由与社会共存、身体与灵魂、确定与可能性的各种关系，并最终做出明智选择。

第五节 教育价值研究述评

一、研究概述

根据查到的数据，自从曾成平、熊明安于 1983 年在《辽宁教育研究》发表《略论教育价值》以来，教育价值研究在我国已经走过 30 多个春秋。

最初教育价值的研究基本上蕴含于其他领域研究之中，“文革”之后，关于“真理标准”的讨论，激发了教育学者对教育本质的讨论。教育必须促进生产力发展的新型观念，为教育价值研究提供了丰厚的土壤。1987 年之后，随着研究的逐渐深入，教育价值研究开始从其他领域中分离出来，成为一个独立的研究领域。20 世纪 80 年代末，教育理论界主要关注教育的政治、经济、精神等方面的价值，偶尔也关注教育与人的价值关系。进入 90 年代后，研究者极为关注教育价值的概念，以及与之密切相关的主客体关系。这一阶段非常明显的变化是，研究者的关注重点由对教育工具价值的关注与重视，转换到把人的需要当作对教育价值的首要认同。

2001 年以后随着新一轮课程改革的实施，理论工作者不再抽象地讨论教育价值问题，而是在如下两个方面进行聚焦：一方面，热烈讨论在真实的课堂中学生应以什么发展为本，如“和谐发展”“主体性发展”“自由发展”“主动健康发展”等；另一方面，教育价值研究由纯粹的思辨领域转入如何实现的实践领域即教育价值规范研究领域，同时注意吸取文化学、人类学、美学以及科学哲学相关理论成果并且积极引进国外相关领域的最新研究进展。

通过对近30多年来教育价值研究的回顾，可以发现教育价值研究发生了两种变化：

一种变化是，从侧重理论概念辨析到注重实践问题批判。教育价值问题的研究一开始就受到哲学界讨论价值问题的启示。20世纪80年代研究者偏重对教育工具价值进行分类，90年代研究者热衷于讨论教育价值的概念、本质、分类、取向及教育本体价值与工具价值关系等理论问题。进入21世纪后，有学者开始思考如何应对全球化以提升本民族的各种文化自觉，有学者提出改造过分迎合"世俗"和"民意"的学校教育价值秩序，还有学者对学校教育机构过分官场化、企业化和应试化以致丧失自己的独立地位进行了深刻的反思。保持对理想价值世界的坚守和对混乱的、迷失的现实世界的批判性分析，可能是教育价值研究者可贵的理论品格和旨趣所在。

另一种变化是，积极借鉴国外优秀成果并使其本土化。我国在教育价值领域一开始就致力于对国外相关理论成果的借鉴。除对马克思主义哲学特别是价值哲学的积极吸取外，改革开放后主要加大了同欧美和日本等西方国家的学术交流。21世纪课程改革的推进就得益于西方国家课程理论方面的有益成果。不管是对教育价值秩序的改造还是价值观的教育，不管是对无导向教育的反思还是致力于知识、学习等概念的重建，这些本土行动，都有着很大的全球背景影响与很深的思考。

二、主要观点

（一）关于教育价值概念

在我国理论界，对价值的理解一般有实体说、属性说、关系说、意义说，不过形成较大认同的主要是关系说与意义说。关系说强调从主客体之间需要与满足的关系角度理解价值；意义说认为，价值就是事物向主体呈现的意义，它既肯定事物的意义有独立于主体感受的客观方面，同时又提醒我们它只有在主客体的关系中才能存在。① 意义说克服了关系说纯客观性、静态性界定的弊端，凸显了主体价值追求、意义求索的动态特征。② 2000年以前，大多数学者对教育价值概念的界定参考了价值概念的关系说，只不过在具

---

① 檀传宝．教育是人类价值生命的中介：论价值与教育中的价值问题[J]．教育研究，2000(3)：14-20．

② 何中华．论作为哲学概念的价值[J]．哲学研究，1993(9)：29-36．

体阐述时，他们都考虑到了教育现象与教育活动的特殊性。张巽根通过哲学中的"关系价值"概念推演出教育价值概念的结构，以各种教育价值事实为概念的内容，用结构来组织内容，形成综合统一的概念。① 意义说认为，教育中的价值存在形态非常复杂，至少包括三类重要的价值问题——"教育的价值""对教育的价值"和"教育价值取向"。"教育的价值"主要指教育系统对社会或个人等价值主体呈现的意义。"对教育的价值"与"教育的价值"主客体关系相反，这两者之间的关系是目的形态教育价值与手段形态教育价值的统一，二者的结合和相互转化有助于教育价值的实现。"教育的价值"与"对教育的价值"属于对教育价值存在状态的静态分析，直接包含着价值理想和价值追求成分的价值取向是人们对教育的"动态关照"②，它也可以分为"教育的价值取向"和"对教育的价值取向"两类。

在教育价值概念界定的基础上，学者开始了对教育价值本质的探讨。持关系说的学者认为，教育价值本质上反映的是肯定、向上方面的含义，其宗旨在于"揭示人们积极的价值意向活动规律"，从而使教育价值关系中的主客体在教育实践活动中趋于完善。③ 也有学者从教育价值反映的主客关系的特殊性去理解教育价值的本质。它的主客体都是人，在这种"人—人"模式中，人作为客体是相对的，在作为客体的同时，又作为一定的主体而存在。这种"人作为客体的两重性"④决定了人的主体性的形成和发展是教育价值形成和发展的关键。这种主体性完成后的社会化才满足社会与国家的需要。持意义说的学者认为这种满足国家、集体或个人教育需要的现代教育越来越缺乏"深度"，受教育者时刻面对的"人性""人生"或"人生意义"问题也不能被简单归结为"人的价值问题"，"人的内心世界和精神生活"才是教育活动的"本体基础"。⑤

教育价值是否应该关怀人的精神和意义层面，或者说在教育理论研究中我们是否能脱离人的价值问题抽象地去谈人性或人生意义问题，对此目前还没形成一致看法。

---

① 张巽根．教育价值的辩证概念[J]．华中师范大学学报（哲学社会科学版），1997(3)：74-79.

② 檀传宝．教育是人类价值生命的中介：论价值与教育中的价值问题[J]．教育研究，2000(3)：14-20.

③ 王坤庆．现代教育哲学[M]．武汉：华中师范大学出版社，1996：131-132.

④ 刘复兴．论教育价值的本质[J]．教育理论与实践，1998(3)：8-12.

⑤ 石中英．试论现代教育的"深度"[J]．教育理论与实践，1998(3)：1-5.

（二）关于教育价值分类

当教育价值研究还没形成独立领域时，关于它的分类也停留在对其外在工具价值的抽象讨论之中。随着越来越多的学者强调“教育是培养人的活动”，大家才开始将目光聚焦到教育的本体价值上。20 世纪 80 年代末 90 年代初，人们从多个角度对教育价值进行分类。① 其中较为一致的看法是根据教育价值的概念进行分类。

关系说一般把教育价值分为两个层次：第一层次包括教育与社会之间的价值关系（如政治价值、经济价值、伦理道德价值、文化历史价值等），教育与个体发展之间的价值关系（如生存的价值、完善的价值、创造与享受的价值等）；第二个层次包括教育与学生之间的价值关系（一定条件下教育者与受教育者互为主客体），教师和学生（价值主体）与教育情境、教育媒体（价值客体）之间的价值关系。② 第一层次是作为社会现象的“教育”概念，第二层次是作为“教育活动”的教育概念。

持意义说的学者在肯定关系说对教育价值分类合理性的基础上，将各种形态的价值概括为物质的、精神的、人的这样三种最基本形态。“真善美”是这三种价值的理想境界。这种价值分类，确认主客体在相互作用中会产生“主体客体化和客体主体化”，这是价值存在的“客观基础”。这就为价值教育目标、内容、方法的选择提供了全方位的规定，使价值教育从仅限于道德教育的传统观念中走出来，将智育价值、体育价值、美育价值等全吸纳到价值教育视野之中。③

（三）关于教育价值观

20 世纪 80 年代末 90 年代初，人们对教育价值观的争论日渐增多。关于教育价值观的概念，有的从主体的需求方面进行界定，有的从教育的可能功效方面进行界定，有的从教育价值观与教育价值的关系方面进行界定。比较有代表性的观点是“人们对教育的价值关系的认识和评价及在此基础上所确定的行为取向标准”④。在这段时间里，学者们围绕着“本体论”“工具论”“均衡论”“统一论”四种教育价值观进行了激烈的争论。实际上，教育

---

① 瞿葆奎，郑金洲．教育基本理论之研究（1978～1995）[M]．福州：福建教育出版社，1998：414-416．

② 王坤庆．现代教育价值论探寻[M]．长沙：湖南教育出版社，1990：93．

③ 王逢贤．价值教育及其在新世纪面临的挑战[J]．高等教育研究，2000(5)：54．

④ 王坤庆．现代教育哲学[M]．武汉：华中师范大学出版社，1996：178．

“本体论”“工具论”价值观的对立，不是客观地反映教育价值及其实现的关系，而是人们对人的发展与社会发展矛盾的主观反映。[①] “均衡论”“统一论”之间的争鸣也仅仅是对人与社会辩证关系和唯物辩证法主次矛盾关系间解释权之争的简单演绎。随着改革开放与社会主义市场经济的逐步推进，学者们意识到，无论是时代精神，还是教育之适应与超越的时代反思，或者社会转型期的价值观冲突，都需要我们重视教育中人的价值与权利。[②] 因此，有学者提出，我们的教育应该实现工具性教育轴心向“生命化”教育的根本转换，“教育即生命”[③]。生命价值观作为一个热点得到了越来越多学者的回应。随着个人主体地位在教育中的日益彰显，经济全球化与文化多元化时代不同民族与文化的冲突日益演变为个体内部的价值观念冲突。在这种情况下，有一些人放弃自己的价值立场，对文化“同质化”“一体化”的图谋失去免疫力，或者坚持文化相对、价值虚无的犬儒主义心态。鲁洁教授特别指出，个体一定要提高对其具广泛影响的西方消费主义文化的反思能力。[④] 个体价值、文化自觉，比以往任何时代都更关系到做一个怎样的中国人的大问题，值得我们每个人深思。

（四）关于教育价值取向

教育价值取向研究伴随着教育价值观研究而逐步深入。关于教育价值取向概念的代表性观点是，“教育主体在教育活动中根据自身需求进行教育选择时所表现出来的一种价值倾向性”[⑤]。还有学者把教育价值取向看作教育价值主体不断追求教育价值结构动态平衡的过程。[⑥] 从“意义说”来界定教育价值取向，它包括“教育的价值取向”和“对教育的价值取向”。这是把教育本身也当作教育价值取向的主体，而不仅仅是我们之前认为的国家主体、集体主体和个人主体。

---

① 刘复兴. 教育的本体价值与工具价值关系管窥[J]. 山东师范大学学报（社会科学版），1991(6)：53-54.

② 叶澜. 时代精神与新教育理想的构建：关于我国基础教育改革的跨世纪思考[J]. 教育研究，1994(10)：3-8；鲁洁. 论教育之适应与超越[J]. 教育研究，1996(2)：3-6；黄崴. 教育的超越价值[J]. 北京师范大学学报（社会科学版），1996(3)：45-47；郑新蓉. 关于教育价值观的冲突或危机[J]. 北京师范大学学报（社会科学版），1996(3)：47-49.

③ 冯建军. 教育即生命[J]. 教育研究与实验，2004(1)：23-26.

④ 鲁洁. 应对全球化：提升文化自觉[J]. 北京大学教育评论，2003(1)：27-30.

⑤ 刘旭东. 论教育价值取向[J]. 青海师范大学学报（社会科学版），1992(1)：94.

⑥ 吴黛舒. 影响教育价值取向的因素分析[J]. 齐鲁学刊，2002(1)：96-99.

20世纪90年代政府对“素质教育”的提倡表明国家主体开始有意识地考虑个人主体与集体主体的需要问题，自觉地站在整合的立场上处理国家、集体、个人与教育本身之间的复杂关系。进入21世纪后，教育价值取向向人本化、人文化的倾斜成为大多数教育学者的共识。对人的价值世界的呼唤，对教育中人的生命价值的探索，对教育中人的创造力的提倡，对教育中只关注学生的认知能力的反思①，是新世纪主流价值取向的明显表征。不过也有学者对这种只从个体需要与满足的价值内涵中去理解教育价值表示强烈的担忧②，认为教育领域之所以出现各种问题，就是因为教育系统发挥主导作用的教育价值秩序过分迎合现实的利益需要而不具有先进性。为此，教育系统应该努力让建立在“科学理性和人类理想基础上的教育价值秩序”发挥主导作用。③

王策三④、钟启泉⑤、叶澜⑥、丁钢⑦、刘铁芳⑧、和学新⑨、熊和平⑩、刘旭东⑪等学者更为微观而具体地讨论了课程与教学的价值取向问题。

（五）关于教育价值研究方法论

据笔者所掌握的文献，专题论述教育价值研究方法的论文尚未发现，关

① 刘铁芳．教学：一个可能的价值世界：教育的价值关怀[J]．教育理论与实践，2000(4)：8-11；刘济良．论科学技术对人的异化与教育对人的价值世界的重建[J]．教育理论与实践，2003(4)：12-15；冯建军．教育即生命[J]．教育研究与实验，2004(1)：23-26；马秋丽，燕良轼．教育的生命价值探索[J]．高等教育研究，2006(1)：27-30；高闰青．现代教育中人的价值存在的失却与重建[J]．教育理论与实践，2007(2)：11-13.

② 龚孝华．重建学校教育评价的价值基础：从“生活—需要”论到“生存—需要论”[J]．高等教育研究，2006(6)：46-50.

③ 刘庆昌．教育价值的秩序[J]．教育科学，2009(5)：21-26.

④ 王策三．教学论稿[M]．北京：人民教育出版社，1985：113.

⑤ 钟启泉．概念重建与我国课程创新[J]．北京大学教育评论，2005(1)：49-51.

⑥ 叶澜．让课堂焕发出生命活力：论中小学教学改革的深化[J]．教育研究，1997(9)：3-8；叶澜．重建课堂教学价值观[J]．教育研究，2002(5)：3-5.

⑦ 丁钢．价值取向：课程文化的观点[J]．北京大学教育评论，2003(1)：18-20.

⑧ 刘铁芳．教学：一个可能的价值世界：教育的价值关怀[J]．教育理论与实践，2000(4)：8-11.

⑨ 和学新．在回归生活与超越生活之间保持必要的张力：课程与教学发展的一种价值取向和策略[J]．当代教育科学，2006(24)：22-24.

⑩ 熊和平．课程与生活：来自思想考古学的启示[J]．教育研究，2005(6)：79-83.

⑪ 刘旭东．文化视野中课程的价值取向[J]．教育评论，1997(6)：32-34.

于教育价值方法问题的研究也只有少数学者涉及。

1995年由北京师范大学教授孙喜亭、成有信两位先生主持的关于教育价值问题的"教育博士论坛",对教育价值研究的方法论问题进行了讨论,提出区分教育事实与教育价值,区分教育功能、教育目的与教育价值的关系,还要注意从社会大背景中认识教育价值问题。此外,有学者提出,教育本质问题是教育价值问题的基础,人们对教育本质揭示的程度决定了人们对教育价值的认识以及在此基础上的教育价值取向。① 不过他所谓的教育本质被另一位学者称为"教育本质的功能性规定"。教育活动的本质只有在作为一种"人类价值生命的中介环节"时才有意义,教育本质绝不具有对教育价值的优先性地位。② 李家成在研究学校教育价值取向问题时,认为教育价值取向研究乃至整个教育理论研究都应该提升到新的以"复杂科学"为基础的变化、互动、演进的复杂性思维方式上来。③

有关教育价值研究的方法论问题目前研究还很薄弱,反本质主义或复杂性思维方式是否能解决教育价值研究的方法论问题,对此目前还未形成一致意见。

三、研究反思

在30多年的教育价值研究中,学者们对上述五个方面问题做了深入研究并取得不少成果。教育价值是一个历久而弥新的永恒话题,人们关于教育价值问题的探索也永无止境。笔者认为坚持以下几个方面的研究立场,对于教育价值的研究不无裨益。

(一)教育价值的内涵应更加强调精神和意义的"深度"

教育价值概念是教育价值研究的首要问题。经过30多年的探索,学者们对教育价值的含义逐渐达成共识。大部分学者是从关系的角度来对教育价值进行界定,也有少数学者在肯定关系属性的同时强调意义属性。不过一些学者在讨论教育价值的时候,不是把教育自身看作一个孤立的客观成分进行静态分析,就是把它当作政治、经济和社会的附庸而随意地主观假

---

① 王卫东.教育价值概念的历史考察与理论分析[J].北京师范大学学报(社会科学版),1996(2):29-35.

② 檀传宝.教育是人类价值生命的中介:论价值与教育中的价值问题[J].教育研究,2000(3):14-20.

③ 李家成.关怀生命:当代中国学校教育价值的新取向[D].上海:华东师范大学,2002:9-14.

定，较少把教育自身看作一个不断流变的复杂整体，也疏于对教育、社会与人之间的关系进行持续的动态考量。只有关注人的精神和意义，只有对人的理想生存方式进行持久的关照，这样的教育价值研究才有“深度”。

（二）对教育价值的分类应坚持理论与实践的适度分离

学者们基于不同的目的对教育价值分类问题进行探索。从对现实世界的批判角度，我们需要不断反思教育的目的本身；从对可能的价值世界的建构角度，我们需要具体可行的教育实践策略。对教育价值的分类研究，我们需要通过哲学、美学、人类学、文化学、社会学、政治学、科学哲学乃至教育人类学等多学科理论视角来对丰富的教育价值世界进行深度“透视”，从而时刻反思现实教育价值目标的合理性本身。

实践是更深刻的“批判”。我们需要在合理分类的基础上确定切实可行的教育价值目标实践策略，教育价值分类研究必须在理论维度与实践维度之间保持必要的“张力”和各自的独立性。理论研究可以倾向于思辨探讨，实践方略上可以采取实证化路数。

（三）教育价值观应反省价值多元化时代的价值迷失现象

教育价值观研究应实现一种转变，从专注于打破单一教育价值的独断，呼唤多元化时代到致力于反省价值多元化后所造成“价值真空”或“价值虚无”状态。教育价值研究的蓬勃兴起根源于“文革”结束后大多数学者对教育中单一政治工具价值垄断教育价值世界的强烈不满，要求关注教育的经济价值以及育人的本体价值。教育机构本身的企业化、市场化、管理化倾向意味着它能更有效地满足不同机构和个人的现实需要，也意味着它放弃自己的价值理想来极力迎合这种看似正常的多元需要。如何关照人的求真、求善、求美，如何拯救人日益松弛的精神之弦，如何使人严肃审视自己的人生，等等，这些形而上的问题需要得到更好的解答。

（四）教育价值取向应更加强调对人的生存论的关怀

教育价值取向的主体一开始是国家，后来强调的是国家主体、集体主体和个人主体各自的独立地位。随后教育本身的独立地位也成为对教育价值选择不得不考虑的一个独立因素。如果说国家的价值取向包含更多的意识形态因素，集体、个人乃至像学校这样的教育机构本身会受到现实中科学主义、利益因素和权力因素的影响，我们就不可能按照主体的需要满足的方式来进行教育价值取向的选择。这样的教育价值必将因为过于世俗而变得失去本身的理想与追求。我们应该让人的生存来“裁剪”人的需要。这种生存也必将是一种对生态、精神和人生意义时刻反思的生存意识。

(五)教育价值研究方法应致力于教育价值研究传统的建构

回顾教育价值已有的研究,研究者用主客二元对立的思维方式区分出教育的事实领域与价值领域,从而为教育价值研究的兴起提供了方法论前提;反本质主义有助于我们从教育价值的独立性地位本身出发来考虑问题,但它并不能解决教育价值的意义和精神缺失问题,也无法自觉应对多元化时代的价值迷失现象;复杂性思维方式有助于我们从动态的角度持续地考量教育、社会与人的价值关系,从而能更有效地实施价值规范教育,但它也无力对教育目标本身的合理性做出自己应有的判断。教育价值的研究方略不是要在现代主义和后现代主义之间做出非此即彼的选择,而是要通过对教育价值研究传统的建构,对各种研究方法进行整合,从而为教育价值研究开辟新的视野。

可以说教育价值领域有两个相互竞争的教育价值研究传统,一个是教育价值研究的关系传统,一个是教育价值研究的意义传统。对教育价值的关系传统,我们可以通过现代主客二元分离的思维方式对教育价值关系中的主体进行区分,从而对教育价值关系中的国家主体、集体主体、个人主体以及教育自身主体各自的特殊需要尽量予以满足。对教育价值的意义传统,我们需要用更多的解释学、存在主义、人本主义等研究方法对教育中人的精神和意义方面进行持续的动态关照。这并不是说现代主义只适合关系传统,后现代主义只适合意义传统,而是启示我们只有将各自传统本身的相关经验和概念厘清,才能找到解决问题的相关策略。

第二章　教学的知识价值

教学与知识之间是天然的一体，尽管教学的知识价值历来受到不少诟病，但任何人都无法对其进行彻底的否定。教学的知识价值从目标、内容、手段等方面规约了教学的基本形态，也为教学其他价值的实现提供了必不可少的基础，但其自身也存在着不足，需要在当代有新的发展。

第一节　知识本位教学价值取向观点例举

教学注重知识传授的观念可谓源远流长，在整个教育史上，追求知识一直被当作最神圣的教学目的而受到人们的普遍重视。正规学校与专门教师的产生，都源于传授知识的需要。在东方，孔子就是以传授儒家经典《诗》《书》《礼》《易》《春秋》而成为我国最早的教育家与职业教师。尤其到汉代以后，中国传统社会教学基本上可以归结为学习儒家经书。"朱子论学，只是读书"（颜元语）。[①]以"朱子读书法"为代表，在传授和学习书本知识方面，我国历史上积累了丰富的经验。

在西方，最早以传授知识为职业的古希腊智者学派（也称诡辩派）强调知识学习的重要性，不过直到近代才出现系统论述教育学或者教学论的理论著作。"泛智论"者夸美纽斯曾把教学看作"将一切事物教给全人类的无

① 孟宪承．中国古代教育史资料[M]．北京：人民教育出版社，1961：403.

所不包的艺术”[①]。他认为不管富贵还是贫穷，出身高贵还是微贱，男人或女人，都应该受到教育，获得知识、德行和虔信，并且极力探索教师怎样更好地把人类创造的一切知识传授给学生的规则。他主张教学应该向自然学习，认为一切知识都来源于感觉经验，所以主张教学的直观性原则。随后的赫尔巴特致力于教育学科学化的努力，把教学理论的科学化建立在当时的心理学基础上。他认为教育的最高目的是道德的养成[②]。但他认为不应该把德育同教养的其他部分分开，只有在进行其他方面教养的过程中才能有把握地开展德育。他认为不存在“无教学的教育”这个概念，同样他也不承认有任何的“无教育的教学”[③]。他认为只有在传授知识的过程中才能更好地完成教育的终极目的——善。他由此提出教学的四阶段——清楚、联想、系统、方法[④]。

英国近代杰出的实科主义教育家斯宾塞最早提出“什么知识最有价值”，他并不否定任何知识都有其或多或少的价值，但是每种知识的价值大小不等，为未来“完满生活做准备”的科学知识应该作为我们学校教育必须教会给儿童掌握的知识。[⑤] 此后，科学学科逐渐在学校课程结构中占据着主要位置，学科课程也成为主要的课程形式。

苏联凯洛夫的《教育学》就受到赫尔巴特思想的强烈影响，而该书的教育体系基本上是以“课程是知识的观念”[⑥]作基础的。书中指出，教育的目的

---

① 夸美纽斯.大教学论・教学法解析[M].任钟印，译.北京：人民教育出版社，2006:5.

② 赫尔巴特.普通教育学・教育学讲授纲要[M].李其龙，译.北京：人民教育出版社，1989:36.

③ 赫尔巴特.普通教育学・教育学讲授纲要[M].李其龙，译.北京：人民教育出版社，1989:12.

④ 赫尔巴特.普通教育学・教育学讲授纲要[M].李其龙，译.北京：人民教育出版社，1989:52.

⑤ 斯宾塞.教育论：智育、德育和体育[M].胡毅，译.北京：人民教育出版社，1962:7.

⑥ 丛立新.知识、经验、活动与课程的本质[J].北京师范大学学报(社会科学版)，1998(4):25-30.

是通过教养[①]完成的,而教养的获得又离不开教学。"所谓教养和教学底内容,我们理解为知识、技能、熟练技巧三者底连环……。""关于世界的知识,即由人类积累起来的和在多种科学中系统化的知识,是特别广泛的。任何一个人,即使他用一生时间来学习这些知识,也不能完全学会,因而产生了这样一个任务:就是从整个科学知识中选择其基本的东西,这种基本科学知识对于每个有教养的人,不论他的职业是什么,都是必要的。"[②]虽然教学过程包括教师的教和学生的学这个过程的两个方面,但该书明确指出,在教学过程中,讲授起主导作用。教师"安排得当的讲授"是学生顺利掌握知识、技能和技巧的主要条件。[③] 学生只是被动地学习科学上可靠的知识而不负有发现真理的任务。[④]

苏联著名心理学家、教育家列·符·赞科夫进行了长达20年的"教学与儿童发展"的实验,并提出了自己的"实验教学新体系",他要解决的首要问题是教学与学生发展的问题。"教学不仅应当为掌握知识和技巧服务,而且应当促进学生的发展"[⑤],并根据维果茨基"最近发展区"的概念,提出了教学的高速度、高难度、理论知识起主导作用、使学生理解学习过程、使全体学生(包括差生)得到发展等五条原则。[⑥] 美国教育心理学家布鲁纳在他的《教育过程》一书中提出,"不论我们选教什么学科,务必使学生理解该学科的基本结构"[⑦]。所谓基本结构,即构成学科的基本概念、基本公式、基本原则、基本法则等,以及它们之间的相互联系与规律性。他还提出这样一个命题:"任何科目都能够按照某种正确的方式,教给任何年龄阶段的任何儿童"[⑧]。

---

① 此处的"教养"不同于一般中文中的文化道德修养状况,特指苏联教育学的基本概念。苏联的教育学者一般把"教养"理解为掌握知识、技能和熟练技巧,以及在此基础上发展学生的认识能力和形成学生的世界观基础。它是教育中的一部分特定因素。教养与教育并用时,教育目的一般是指思想品德教育,教养目的特指传授知识、技能、技巧方面。见:顾明远.教育大辞典·第1卷·教育学 课程与各科教学 中小学校[M].上海:上海教育出版社,1990:4.

② 凯洛夫.教育学[M].北京:人民教育出版社,1953:93.

③ 凯洛夫.教育学[M].北京:人民教育出版社,1953:130.

④ 凯洛夫.教育学[M].北京:人民教育出版社,1953:61.

⑤ 杜殿坤.原苏联教学论流派研究[M].西安:陕西人民教育出版社,1993:152.

⑥ 赞科夫.教学与发展[M].杜殿坤,张世臣,俞翔慧,等译.北京:人民教育出版社,1985:50.

⑦ 布鲁纳.教育过程[M].邵瑞珍,译.北京:文化教育出版社,1982:31.

⑧ 布鲁纳.教育过程[M].邵瑞珍,译.北京:文化教育出版社,1982:6.

在主张教师把学科基本结构按顺序教给学生的同时，他也特别重视学生能力的培养，提倡"发现学习"(learning by discovery)。

第二节　知识本位教学价值取向的主要表现

在诸多教学价值取向当中，知识本位教学价值取向最为悠久和经典，这种价值取向以智力、学科、讲授、结果、"权威—服从"、主知等为关键词，构筑了影响深远的传统教学体系。

一、智力取向的目的假定

自从人类产生以来，就有了教育教学活动。最早的教学活动是同人类传授生产生活知识紧密相连的，作为独立的学校与作为独立从事教育活动的人还没有从人类的生产、生活活动中脱离出来。随着人类文明的进步、生产力的发展、阶级阶层的分化、"脑体分工"的加剧，开始出现了专门的教育机构与以知识传授为专门职业的教师。在这种规范化的教育形式中，许多人希望通过教育来维持其占优势的政治、经济与文化地位。至此，教育的社会价值越来越偏向于"政治统治、经济发展和文化继承与传递所需的较高层次人才"的培养，个人价值越来越"注重教育对个人和家庭获取功名和物质利益方面的价值"①。

这样，以社会历史经验为主要内容的教学活动就从直接的生产、生活活动中脱离出来，由前书本形态到书本形态，由不系统到系统，教学内容变得越来越"概括化、抽象化、丰富和高深"②。这种精英主义意识形态绵延不绝，在东西方不同的历史时空中各自占据着主导的教育地位。

以精英主义意识形态为中心的现代学校教育是以洛克的静态经验论③为知识基础建构起来的。它本能地倾向于学生系统知识学习的过程也是其智力发展的自然统一(延伸)的过程。"学生在掌握系统知识的同时，也掌握

---

① 傅维利. 浅谈我国传统教育价值观的特点及其改造手段[J]. 教育理论与实践，1987(3):25-27.

② 王策三. 教学论稿[M]. 北京：人民教育出版社，2005:93.

③ 经验主义代表人物洛克强调知识是经验的积累，而经验则是外在物质世界在人天生空白的心智之上，一次次涂写上去的东西。知识是外在于主体的普遍的、不变的、超时空的、客观的抽象形式。

着智力活动(分析、综合、概括),从而也就发展了他们的智力。""随着对愈益复杂、愈益纷繁的教材的掌握,能力也就发展起来了。"[①]"教学使学生能够认识周围世界,同时就发展他们的智力和精神力。"[②]

这种保守倾向的教育"传输"导向旨在透过学科性知识的传授,帮助学生智育突破时间、空间、个体直接经验的局限,扩大其认知范围与认知速度[③];帮助学生认识世界的普遍性,掌握事物的规律,提升自己"工具理性"思维能力;帮助学生形成合理的思想与道德行为观念,并且为学生开展正确的卫生与保健活动提供科学与认知基础。

二、学科取向的内容选择

学科取向的课程内容,以文化知识(科学、道德、艺术)为基础,按照一定的价值标准,从不同的知识领域或学术领域选择一定的内容,根据知识的逻辑体系,将所选出的知识组织成学科,彼此分立地安排它们的顺序、学习时数和期限。学科课程发展到当今,主要有三种典型的形式:科目本位课程、学术中心课程、综合学科课程。

科目本位课程是由各自具有独立体系、彼此缺乏联系的科目组成的课程。在中国春秋时期,孔子就通过"删诗书、定礼乐"、整理三代以来的文化典籍,确立了《诗》《书》《礼》《乐》《易》《春秋》的"六经"课程,以及"礼、乐、射、御、书、数"等"六艺"课程。早在古希腊时代,亚里士多德对这一类的课程学说做了最简明的解释:"一个真正的自由普通教育的内容应当由少数经过仔细选择的学科组成"[④]。在他当时及之后1500年左右,欧洲的教学科目基本上由"文法、修辞、逻辑、算术、几何、天文、音乐"等方面组成(俗称"七艺")。无论是东方的"六艺"还是西方的"七艺",都把拒斥神秘性知识和生产性知识、传递"形而上学知识"[⑤]、反对经验主义和相对主义、为上层社会培养各类统治和管理人才作为重要的教育鹄的。

"文艺复兴"对人的重新认识以及近代培根、笛卡儿、伽利略开创的近代科学对自然的正确认识,使得夸美纽斯相信,每个人,不论男女,不分贵贱,不管贫富,不分地域都可以通过恰当的教育而成为"理性的生物""万物的主

---

① 王策三.教学论稿[M].北京:人民教育出版社,2005:128.

② 凯洛夫.教育学[M].北京:人民教育出版社,1956:55.

③ 王策三.教学论稿[M].北京:人民教育出版社,2005:93.

④ 王策三.教学论稿[M].北京:人民教育出版社,2005:167.

⑤ 石中英.知识转型与教育改革[M].北京:教育科学出版社,2001:98-100.

宰和造物主的形象”[①]。他为此提出了百科全书式的知识体系(俗称“泛智论”)——“把一切知识教给一切人”,甚至在他提倡的为儿童从出生到6岁所准备的“母育学校”里就得以实施。他说:“在这最初的学校里面,我们也应当把一个人在人生旅途中所应当具备的一切知识的种子播植到他的身上。”[②]尽管他明确声明只是一些播下的“种子”将来成为“主要树枝”的“幼芽”……但竟然开设了有20个项目,包括形而上学、物理学、光学、天文学、地理学、年代学、历史学、算术、几何学、静力学、机械学、辩证法、语法、雄辩术、诗学、音乐、经济学、政治学、道德、宗教[③]。这种“泛智论”的课程后来在法国百科全书派的课程理论中得到进一步的发展。

追求教学理论科学化的赫尔巴特第一次把教育学建立于心理学的基础之上。他主张培养人的多方面兴趣,最终目的是培养一个“善良的人”。在他“多方面兴趣”的教育任务中,主要有经验的兴趣、思辨的兴趣、审美的兴趣、同情的兴趣、社会的兴趣、宗教的兴趣六个方面。经验的兴趣是了解事物“是什么”的兴趣,应设自然、物理、化学、地理等学科;思辨的兴趣,是进一步思考事物是什么的兴趣,可设数学、逻辑学、文法等学科;审美的兴趣是对各种事物、自然界、艺术品和“善行”的体验和美的评价的兴趣,主要应设置图画、音乐、文学等学科,培养学生艺术鉴赏力和审美情感;同情的兴趣即在同他人的交往中产生的兴趣,应设本国语、外国语学科;社会的兴趣即在交往中建立广泛联系的兴趣,应设公民、历史、政治、法律等学科;宗教的兴趣即认识人与神的关系的兴趣,主要应设神学科。

而到了19世纪后半期,英国哲学家、教育家和社会活动家斯宾塞提出知识的最大价值应该是为未来的“完满生活”做准备[④]。因此他根据各种学科同人未来完满生活的关联程度来划分各学科的相对价值。第一,为准备直接自我保全的活动,包括个人健康、生儿育女等,需要学习生理学科。第二,为准备间接自我保全的活动,包括谋生、赚钱、设计、生产等,需要掌握的多种学科为:逻辑学、数学、力学、物理学、化学、天文学、地质学、生物学、有关的社会科学。第三,为准备做父母和教育子女的活动,需要学习生理学和

---

① 夸美纽斯.大教学论[M].傅任敢,译.北京:人民教育出版社,1984:52.

② 夸美纽斯.大教学论[M].傅任敢,译.北京:人民教育出版社,1984:224.

③ 夸美纽斯.大教学论·教学法解析[M].任钟印,译.北京:人民教育出版社,2006:237-240.

④ 斯宾塞.教育论[M].胡毅,译.北京:人民教育出版社,1962:7.

教育学科。第四,为准备将来尽公民职责,需要学习历史、社会学、生物学与心理学等。第五,为准备将来善于在闲暇中满足爱好与感情的需要,要设油画、雕塑、音乐、诗歌等。

学术中心课程是指以专门的学术领域为核心而开发的课程。这种课程形态源于课程内容现代化的需要。20世纪五六十年代新技术革命(也称信息技术)迅猛发展是其产生的直接社会文化背景。学术中心课程的基本特点是学术性、结构性、专门性。学科专家在学科内容的选择与组织中发挥主导地位。学术中心课程不仅尊重学术伦理,而且积极吸收了杜威进步主义教育所倡导的经验课程的积极因素——发展人的问题解决能力和探究精神。这样,学术中心课程确立了"同时诚实地尊重学科本身的逻辑和儿童的心理逻辑"的课程价值观,使学科课程发展到新的阶段。①

综合学科课程是把两门或两门以上的学科整合起来,形成一门新的学科。根据学科之间整合程度,分为相关课程、融合课程、广域课程等。综合学科课程是随着知识经济时代各学科之间联系日益紧密,需要复合型、创新型、战略型人才而出现的。

总而言之,不管是科目本位课程还是学术中心课程、综合学科课程,共同具备两个显著特征:第一,以学科知识或文化的发展作为课程目标的基本来源,课程开发以学科知识及其发展为基点,强调学科知识的优先性;第二,课程组织按照学科知识本身的逻辑体系进行系统化、程序化、条目化编排。

三、讲授取向的过程安排

作为一种传统的教学方法,讲授法是"教师通过口头语言向学生描绘情境、叙述事实、解释概念、论证原理和阐明规律的教学方法"②。它包括讲解、讲述与讲演三种类型。讲解是通过解释、剖析的形式来传授知识;讲述是通过叙述的形式来讲授知识,多用于历史教材,或分析带有过程的内容;讲演是通过演说的形式去讲授知识,此种形式运用特别需要有吸引人的逻辑力量和感染人的情感色彩。

根据从立新教授的观点,讲授法在教育史上大致经历了两个明显不同的阶段:前班级授课制阶段和班级授课制确立后的阶段。前一个阶段基本上属于古代教育范畴,它主要服务于统治阶层,主要与个别教学相联系。相

---

① 张华.课程与教学论[M].上海:上海教育出版社,2001:243.

② 中国大百科全书 教育[M].北京:中国大百科全书出版社,1985:142.

较于“背诵、抄写、谈话”等主要方法，讲授法的使用在时间上比较偶然，形式上比较呆板，经验色彩浓厚。而后一个阶段基本上属于现代教育范畴。自从人类进入近代社会以来，科学与社会迅速发展，系统的科学知识逐渐积累。人们越来越发现教育的迅速普及不仅仅是一种人道事业，更是同国家的强盛、民族的振兴紧密相关。正是在这个阶段，讲授法与班级授课制、以科学知识为内容的学科课程的联袂使得讲授法完成了“质的飞跃”，也只有在这个阶段，讲授法才会脱颖而出，成为“最基本和最主要的、在学校课堂中占据主导地位的”学校教育方法①。

讲授取向的教学过程主要有如下特点：第一，讲授所需要的教材和教学参考书，一般是国家统一组织编撰或者由有丰富学科知识经验的学科专家编写的，努力反映人类社会对相关自然学科、社会学科及人文学科的最成熟、最全面的认识成果；第二，教师在教学过程中处于主导地位甚至主体地位，整个过程基本上以教师“独白”式的书本教学为主，很少体现学生的参与性与主导性；第三，讲授法对教师的口语能力要求较高，即使当前黑板、粉笔、投影机、录音机、多媒体等教学辅助工具广泛应用，个性化、风趣幽默、逻辑力强的教师语言风格仍是影响教师上课效果的主导因素；第四，教学小单元的时间（30～50 分钟）与内容（班级课程表）固定，教师的“教”与学生的“学”都体现一定的目的性与计划性；第五，突出教师维持秩序、追求效率的权威管理者角色。“改良学校的基础应当是万物的严谨秩序”②，“秩序是把一切事物教给人们的教学艺术的主导原则，这是应当、并且只能以自然的作用为借鉴的”③，“中小学教学工作的基本组织形式应当是分班上课，每班应当有严格的日课表和固定的学生成员”“在学校的一切工作中，绝对保证教师的领导作用”④。

四、结果取向的评价模式

知识教学相对来说比较重视教学的效果检查，尤其在中国这个有着上千年科举考试传统的国家。一般来说，传统考试法就是教师根据“教学大纲和教材”以及教师“自己讲授的内容”，出三五道试题，接着根据学生答案的

① 从立新. 讲授法的合理与合法[J]. 教育研究，2008(7)：64-72.

② 夸美纽斯. 大教学论[M]. 傅任敢，译. 北京：人民教育出版社，1984：75.

③ 夸美纽斯. 大教学论[M]. 傅任敢，译. 北京：人民教育出版社，1984：80.

④ 凯洛夫. 教育学[M]. 北京：人民教育出版社，1956：110.

质量，评定一个分数。[①] 这种被王策三先生称为“论文考试法”的教学评价方法注重考查学生组织、运用已经学过的知识内容表达自己独立见解、思维能力的主观过程。虽然这种方法客观性不够，难以普遍推行，但却一定程度反映出学生运用知识的智力素质。我国传统的科举考试并不是像后人描述的那么一无是处，它也不是强调对儒家经书的死记硬背，尤其“策论”部分更需要考生综合运用各种知识解决“经世济用”的现实问题。

随着传统教育向现代教育过渡，学校教育的大众化普及呼唤一种更为客观、真实、公正的知识、技能测验制度。首先在西方流行，进而推广到全世界的现代教育测验应运而生。现代教育测验[②]包含成绩测验和智力测验。这种测验方式检查的覆盖面宽，题目数量多，简单、明确，容易做到客观公正，能在一定程度上考查学生的知识记忆能力、判断是非能力以及对高结构化问题的理解能力等。

无论是传统教育考试方式还是现代教育测验方式，都有着各自的优缺点。现代知识教育提倡将两种方式结合起来运用。[③]

第一，把全面考核学生学习效果作为检查和评定的任务，克服单纯考查学生知识或者知识记忆能力的片面性，主张全面考核学生的知识、技能、技巧以及一般智力及各种特殊能力。

第二，各门学科都采用传统试题与现代教育测验相结合的方式，即兼有主观论述题、选择题、判断题、是非题、填空题，又兼有口语测试、书面测试、操作考试、闭卷考试和开卷考试。

第三，为克服传统论文考试法的主观性以及试题的局限性，采取统一命题、集体出题，交叉阅卷、流水作业式评分等，提高题目的质量，追求学生学习效果评估的相对客观、公正。

第四，加强国际交流，共同探究跨国性、跨文化性的学校教育质量的比较研究，刺激各国相互借鉴、取长补短。

---

① 王策三.教学论稿[M].北京：人民教育出版社，2005：296.

② 这种现代教育测验出大量的小题（选择题、是非题、判断题、填空题），每套测验通过在极大规模的同年龄、同年级、同程度的学生中实测编制成集体常模。学校与教师用其中的某一套测验题（有多套备份）对学生进行测验，拿学生实际得到的分数与集体常模对照，就可以确定学生的成绩、地位。见：王策三.教学论稿[M].北京：人民教育出版社，2005：296.

③ 王策三.教学论稿[M].北京：人民教育出版社，2005：296.

五、"权威—服从"取向的师生关系

围绕知识传递而展开的教学，师生之间的地位是不平等的。在中外教育史上，教育者都有着相对于学生来说至高无上的权威。中国古代就有"天、地、君、亲、师"之说，西方古代也通过严格的纪律和严厉的体罚制度，树立了教师高高在上的权威。教师在一定的场合(学校、课堂)，在一定的时间(学期、上课时间)，利用已有的教材，把人类文明的精华(已抽象为文字的经验、技能、智慧)用一定的工具(黑板、毛笔、粉笔或书本)和方式(口耳相传、示范)同时传授给几十个甚至上百个学生，显然教师权威的产生有其现实的基础。教师是真理的"得道"者，知识的载体、传授者，也是社会的代言人，在印刷业不发达的过去，教师甚至是那些极少数"拥有知识的精神贵族"①。教师的权威地位是外界赋予的，以知识传授为中心的现行和过去的"教育制度、教学模式、教学组织形式"把教师置于远远高于学生的地位。②

总之，在整个教学活动过程中，教师作为权威的代表，拥有道德行为规范的裁定权、文化文明知识的解释权、教学目的与教学内容的选择权、教学过程与教学方法的决定权以及学生学习成效的评价权。作为师生关系的被动客体，学生只是等待被学科知识"注入"的"心灵白板"，有的只是听或不听、学或不学的消极自由。教师在整个教学活动过程中，更多关注的是学生的知识"增量"与智力发展，很少或基本没有关心学生的情绪情感状态。这种压迫式的师生关系，使得教师成为保持统治阶层意识形态再生产的"共谋"。

六、主知(智)主义的道德教育

不管东方还是西方，"知识—理性—美德"都成为传统社会建构知识与道德关系的思考原点。道德教育的唯一形式和最终归宿就是"合(知)道而行的品行"③。主知(智)主义(intellectualism)教育思想逐渐系统并走向成熟源于近代西方教育。它发展于17世纪，至19世纪趋于高潮，成为推动欧美教育发展的主导思想。这一教育思想流派的主要代表人物是赫尔巴特。赫尔巴特的教育学是建立在其"主知"主义心理学基础上的。这样，作为知

---

① 胡艳.从21世纪教育发展趋势看未来教师角色特征的变化[J].北京师范大学学报(人文社会科学版)，2002(2):113-118.

② 胡艳.从21世纪教育发展趋势看未来教师角色特征的变化[J].北京师范大学学报(人文社会科学版)，2002(2):113-118.

③ 刘长欣.道德教育及其知识化路径[J].教育研究，2014(8):26-30.

识传递过程的教学和作为善的意志之形成的道德教育就是统一的，这就是“教育性教学”的理念。这一教育思想流派强调“知识以及与此相关的智力、智慧和理性价值”①。根据主知主义教育家的观点，它的价值不只限于智育，它本身也是一种教育、陶养、训练，是实施道德教育、审美教育、宗教教育的基本途径。到了19世纪中晚期，在主知主义教育思潮内部发起“转变”的是斯宾塞、赫胥黎等的科学教育运动。② 他们主张为了人们未来完满生活做准备的科学学科“最有价值”，这不同于赫尔巴特等人的文科教育。主知主义的道德教育主要有如下特点：

第一，理想化的、虔诚的、英雄主义的、集体主义的、符合社会规范的道德认知为其主要道德旨归。

第二，强调学校所开设的各门学科都要或多或少蕴含着道德价值，国家甚至应通过统一标准、规范、审定的思想政治课（公民课、宗教课、社会课等）来规范道德价值。

第三，以教师言传身教、传道解惑、系统讲授、仪式组织、严厉惩戒为其主要教育形式。

第四，以陈述性、客观性的道德知识测量作为主要的评判手段。

第三节　对知识本位教学价值取向的批判

对知识本位教学价值取向指责最多的，集中在学生主体性不足、关注知识多于关注人、过于注重结果性评价、对人的个性发展关注不够等等，本书认为知识本位价值取向存在以下几个问题。

一、缺少对学生主体性的尊重

教学的知识价值透过教科书的权威进行传递，虽然对学生的智力开发不无作用，但更根本的目的还在于为国家政治稳定、经济发展、文化传承提供所需的各行各业的专门人才。目的谱系中的国家本位、社会本位、文化本位的价值需求获得教学活动的最大限度支持，而个人需求（即学生需求）却

① 熊焰．主知主义教育思想在中国的传播和影响初探[J]．西南民族学院学报（哲学社会科学版），2002(5)：226-227.

② 熊焰．主知主义教育思想在中国的传播和影响初探[J]．西南民族学院学报（哲学社会科学版），2002(5)：226-227.

未受到重视与珍视。以智力水平为标志的普遍性知识(这里指规范化、逻辑化的学科知识)的消化、成人世界既有价值与规范不加质疑的宽容与附和,带来的往往是人(学生)的"异化"——面对陌生世界时敏锐、无畏、自主的创造特质及干扰世界秩序与世界绵绵互动之主体性的消失。[①]

学生主体性的丧失造成当前学校课堂生命活力缺乏;学生逃学、厌学之风盛行;学生认知记忆、模仿能力片面增长,同化能力、创造能力萎缩;社会(包括学校)思想混淆,价值错乱,工具理性过度,与真实的经验世界无法联结。"他掌握了事物的规律,却忘掉原来的问题。"[②]

二、容易使人变得碎片化

有一段时间,教学(课程)知识的性质问题讨论热烈,尤其是现代型知识观与后现代型知识观碰撞激烈。撇开讨论,无法回避教学知识必然有别于主体的客观性质。当然,任何的客观都不是纯粹的客观,课程本质上不是"价值中立"或"文化无涉"的纯粹知识活动,它必须具有价值参与的生存环境[③]。也即教学知识的性质必然受到教学中教师和学生主体之外的其他文化环境的影响而使其复杂化,包括利益、权力、科学主义等等的影响,这些影响也会带来使师生变得碎片化的危险。

利益因素可以说是某些学生或者教师参与教学活动的主要动机。比如一些学生积极学习一些能在市场经济下找到体面工作的专业,而对不能创造经济效益或无法带来实际利益的所谓"冷门"专业唯恐避之不及。

知识与权力之间也有着密切的关系,更不用说课程知识本身就是由国家权力控制的。不管是古代还是现代,正规学校教育制度的建立都是源于统治者选拔人才的需要。如果学校纯粹充当选拔功能,必然是一种强调知识的记忆能力而不强调知识的创造能力,必然是一种精英取向的教育模式而不是一种大众取向的教育模式。教学过程本身可能就是一种现行社会关系的再生产过程。领受知识的过程并不是受教育者自我解放的过程,而是一种被意识形态化的过程。

科学主义之所以在教学中遭到越来越多的反对,源于人的一种"游戏"本性。科学主义追求知识绝对的客观性、非人性、逻辑性。这必然把课堂中的主体分为已经受过严格学科知识训练的教师和尚未经过锻造的原材

---

① 黄武雄.童年与解放[M].2版.北京:首都师范大学出版社,2011:102-104.

② 黄武雄.童年与解放[M].2版.北京:首都师范大学出版社,2011:102-104.

③ 丁钢.价值取向:课程文化的观点[J].北京大学教育评论,2003(1):18-20.

料——学生两种截然不同的类别，教师和学生不可能成为课堂交流的平等主体。

三、忽视了教学过程中的形成性价值

知识本位教学价值取向特别注重基本知识与基本技能的“双基”训练，尽管他们也承认要完成学生熟练掌握知识的任务离不开对学生身心发展的关注[①]。但是在真实的课堂上，他们注重的是教学的结果，而普遍忽视教学的过程价值，或者认为教学的过程是一种无质变的流程式的过程[②]，对其中充满了主体人参与的意义建构与价值赋予行动进行压制与控制。在最大限度维护教育公平的情况下，国家也默许了标准化考试在中小学教育中的“裁判角色”。在整个社会都把教育结果看得比教育过程更重要的情况下，教育过程包含的丰厚价值必然无人问津。

教学中“形成性价值”意味着教学不仅仅是追求确定性结果的预设过程，更重要的是通过师生对话、理解而达成“我—你”关系的过程，是一种特殊的游戏过程，是一个内在的价值关涉过程，是一个走向自我解放的过程。教学就是一种可能的价值世界[③]。不过这种价值世界，不是在教学的过程之外去寻求，而是自然“生成”于教学展开过程中（师生之间、生生之间、学生与文本之间、学生与自我心灵之间）的自由对话之中。教学作为一段“特殊的生活过程”，“教学回归生活世界”就是要强调学生应该把自身的原有经验、原有生活体验带到课堂的参与之中——作为一个完整的人的参与。如果把教学过程作为一个达成认知的工具来讲，不能说其没有价值，只不过还不够完满，它只是一个完整生命的一部分价值，我们的生命还需注重情感以及人格的完善、人性的丰满——这一切都是过程中的价值。教师要做到对学生的“形成性理解”，就要与学生足够亲近，希望给予学生最好的；同时，又要与学生保持足够的距离，以了解什么才是对学生最好的[④]。这样孩子就在教师最大限度的指导和支持下独立走向成熟。

---

① 王道俊，王汉澜．教育学，新编本[M]．北京：人民教育出版社，1999：195-196.

② 郭元祥．论教育的过程属性和过程价值：生成性思维视域中的教育过程观[J]．教育研究，2005(9)：4.

③ 刘铁芳．教学：一个可能的价值世界：教育的价值关怀[J]．教育理论与实践，2000(4)：8-11.

④ 范梅南．教学机智：教育智慧的意蕴[M]．李树英，译．北京：教育科学出版社，2001：126-128.

四、评价忽视更根本的发展尺度

知识本位教学价值取向在进行教学评价时，忽视“学习品质”与“学习共同体”这两把更根本的发展尺度。

国际21世纪教育委员会曾经向联合国教科文组织提交了一份报告《教育：财富蕴藏其中》，报告专门提出“终身教育概念看来是进入21世纪的一把钥匙”。如今新世纪已经过去18个年头，但这一思想仍然具有振聋发聩的警醒作用。而知识本位的传统教学，仍然把传授知识这种短期的功利目的当作教学的主要或核心追求；教师总是最大限度限制学生之间的相互交往以维持课堂的纪律；教师对学生的成绩考核更多地通过标准化测试来体现，教师更多地关注学生表面上的知识学习结果，没有意识也缺乏相应的专业训练去挖掘学生深层次的学习活动中逐渐生成的内在的、稳定的“态度、习惯和学习风格”这种带有根本性价值的学习品质(approaches to learning)。①

此外，师生之间更多表现出客体主体化与主体客体化的对象化关系，彼此缺乏必要的情感、价值与意义分享空间。生生之间的关系建设更难成为教学中的关注焦点，即使他们之间有良好伙伴、合作关系也会以隐藏的、秘密的方式而存在，绝对不会成为课堂教学中的必要因素。随着建构主义教学观在实践中得到越来越多的认同，绝大多数教育者已经不再把教学过程看作单纯的自上而下地向受教育者传授外部知识和信息的过程，教学过程一般被认为是教师和学生对世界的意义进行合作性建构的过程②。正因为建构主义认识论赋予每个主体以独立的方式建构自己对意义的理解，这样不但教师，而且每个学生都有自己独立的对世界意义的建构性理解。教师应该最大限度发挥学生与学生之间合作建构意义的主动性与积极性，在这里教师主要起组织者、引导者、帮助者和促进者的作用。

学生与学生之间应该成立一种“学习生命共同体”(有别于“班级集体”)，它有四个方面的典型特征：一是通过针对“同一性”③的格斗而实现的尊重“差异”的共同体。彼此之间敢于亮剑、相互对质，形成一种不以竞争为

---

① 黄爽，霍力岩.儿童学习品质的主要影响因素：国外研究进展及其启示[J].比较教育研究，2014(5)：40-45.

② 张华.课程与教学论[M].上海：上海教育出版社，2001：475-476.

③ 这种“同一性”旨在要求学生对同样的内容达到同样的理解与达成度，而这也可以说是知识教学的重要使命。参见：佐藤学.学习的快乐：走向对话[M].钟启泉，译.北京：教育科学出版社，2004：384-385.

目的的竞争关系，各美其美，美美与共。二是不同于“生活共同体”，它是跟随“学习”的课题在一间课堂里多元地、多层地产生的共同体（共同体情结）。这种学习共同体是通过“学习”而构筑的“情结”，它同学习的课题和学习的内容不可分割地联结在一起。三是超越了课堂同新的生活方式与社会原理相遇的共同体。今后的社会必须一方面作为每一个个体自立的社会，另一方面又必须是彼此尊重各自的差异相互学习而生存的共同体。学生与学生之间应该正视彼此之间的“他者”身份，“伙伴之外皆风景”造就的只能是一群社会化的孤独者①。四是一种包容“噪声”或“干扰”乃至于没有它们就无法创造性转化的自组织系统。在这里，每个人都应该积极地倾听——同情而又批判性地倾听对方或他人在说什么。我们的目的并不在于证实一种立场的正确性，而是要发现将不同观点联系起来从而积极地参与对方而扩展自己眼界的方式。② 我们彼此必须承认每个人都是不可复制的独特个体而绝不是任由别人刻画的心灵“白板”。

五、遮蔽了师生关系的丰富性

知识本位的教学价值取向认为，师生之间的关系主要是一种认知关系。教学在他们看来最大的价值就是如何更有效地传授给学生知识（包括德育知识）。为了这个目的，教师需要掌握一些社会学知识、心理学知识、教育学知识（包括一般教学法知识）以及一部分哲学知识。在传授知识的前提下，把发挥教师的主导作用同调动学生积极性结合起来，既摒弃之前以赫尔巴特为代表的传统教育派绝对的教师中心，又反对以杜威为代表的“现代教育派”片面的儿童中心论。③

其实，除认知上的关系外，师生之间还有伙伴关系、朋友关系、长辈同晚辈之间的亲人关系等等。教师在与学生交往时会通过身体力行表达自己对某些人际交往原则（如公平、公正、分寸、默契）的理解。德国存在主义哲学家雅斯贝尔斯特别反对教育上的死记硬背，把教育理解成“人对人的主体间灵肉交流活动（尤其是老一代对年轻一代）”④。也许教师并不适合担任学生知识上的最大供求者角色，而是应该时时刻刻激发学生主动探索求知的责

---

① 关于学习共同体前三个特点参见：佐藤学．学习的快乐：走向对话[M]．钟启泉，译．北京：教育科学出版社，2004：384-385.

② 多尔．后现代课程观[M]．王红宇，译．北京：教育科学出版社，2000：218.

③ 王道俊，王汉澜．教育学[M]．新编本．北京：人民教育出版社，1999：217.

④ 雅斯贝尔斯．什么是教育[M]．邹进，译．北京：生活·读书·新知三联书店，1989：3.

任感。孔子和苏格拉底那样的教师形象之所以在人类的历史长空中久久回荡，是因为他们从没有把固定的知识传递当成自己的教育使命。一个不断显示自己的“懒”，只有学生“学中有思”“思中有学”，主动“疑”“问”才给予随机性指导；一个不断显示自己的“笨”，以沉思中“无知”不断撩拨学生过去深以为信的“偏见”。共同之处在于他们两个都是自己所坚信的信仰（道或理性）的践行者，不断向自己的弟子乃至整个社会树立一个理想化的人格丰碑（君子或哲学家）；他们又都是民族时代弊病的先知先觉者，历史文化的反思者或反叛者，从而为社会与文化重建提供了可能性的生活样式与文明范型。

六、错误地理解了教养性价值与教育性价值的关系

把教养性价值理解成学生掌握的各种科学、文化知识，教育性价值理解成学生的思想道德养成，没有“无教学的教育”，也没有“无教育的教学”，这是激发赫尔巴特致力于教育学科学化的精神动力，同时也是凯洛夫《教育学》乃至中国传统教育学意识形态化的合法根据。但是事实恰恰证明，公民的德性品质并不一定同公民的知识修养成正比，也即道德知识与道德行为之间不存在必然的因果关系。

素质教育作为国家政策已经推行了十多年竟然也无法撼动“应试教育”的霸主地位。为什么学校公然对抗国家的教育政策？有学者认为是“利益使然”，也就是学校悬置自己的教育价值秩序以迎合“世俗”和“民意”①。没人会怀疑应试教育中可能包含着大量的道德戒律与道德规训，但是如果学生都尽力追逐自己功利性目标、学校和教师尽力充当学生应试助手，那么课堂必然会成为教育性价值的“屠宰场”。没有学生敢质疑教师的权威，也没有学生敢于发表自己独特的“创意”。如果偶尔有学生说出与讲课内容无关的所谓“噪声”，不但要有勇气承受教师的责骂声，还要敢于对同学鄙夷的目光表示“不屑”。在这里很难想象“没有人拥有真理而每个人都有权利要求被理解的迷人的想象王国的影子”②，有的只是一个“戴着镣铐跳舞”的教师和一群沉默的学生。

在这种教养性知识日益彰显的现代教育洪流中，整个社会面临的是一

① 刘庆昌. 教育价值的秩序[J]. 教育科学，2009(5):21-26.

② 这是多尔在阐述自己“后现代课程观”时对理想课堂的畅想。在这里，我们需要的是超越事实层面的“协调信息”——在文本之间、教师和学生之间、经验和意识之间，而不是呈现一个命题、名词或观点的真理。详见：多尔. 后现代课程观[M]. 王红宇，译. 北京：教育科学出版社，2000:218-219.

种普遍性的教育危机。陈桂生教授在对教育价值概念追本溯源时，把教育价值的内涵分为三种：道德基本范畴的善良，身心全面发展的个性完善以及个体社会化。他认为教育价值内涵中的个性化、个体社会化（教养性方面）能通过学校这种“教学机构”以系统传授知识的方式实现。狭义教育价值的实现依赖于学校的另一项工作——德育。如若学校教育变得准官场、准企业、应试化，那么不但教育性价值不受重视，而且教养性价值也可能被弱化。①

第四节　知识本位教学价值取向的反思

知识问题是教学理论中不可回避的基础性问题。教学理论的系统化、精致化的兴起就源于教育活动中传授知识的需要。每一次重大的理论突破都源于对知识地位和知识性质问题的重新审视。知识本位中的教学价值取向之所以出现这样或那样的问题，背后原因我们是否清楚？知识本位教学价值取向“解构”之后，我们如何“建构”？这成为我们必须努力回答的问题。

一、强调知识教化下的整全人格

知识本位教学价值取向受到越来越多的批判，主要是受到精英主义意识形态的影响。国家、学校、社会、家长乃至学生本人都仅仅关注知识本身的“维生”功能。学生掌握的知识越多，越会失去本身的批判性与建构性。要实现教育价值秩序重构，必须把知识从“维生”和强调“工具理性”中解救出来。在这里，我们就可以把知识理解为经验的拓展。除了动态意义上的经验拓展，理性（不是工具理性）也是人认识世界重要而必要的过程。理性能够认识世界的普遍性，能够帮助人们知道自己在世界上的位置，如何与世界更好地互动，从而更好地认识自己。因此，教学的目的就可以理解为（帮助学生）经验的拓展与发展学生的抽象能力，从而实现人“与世界的真正联结”②。这样的教学目的界定，有助于我们打破传统知识本位教学目的谱系的封闭性、保守性、专制性、狭隘性，从而有助于人的创造性迸发与实现人的整全发展。

---

① 陈桂生.教育价值的缺失与寻求[J].北京大学教育评论，2010(2)：181.

② 黄武雄.学校在窗外[M].台北：左岸文化事业有限公司，2003：56.

二、引领内容选择

知识本位下的传统教学，特别强调教师向学生单向传递知识的准确性与有效性。但是这种过程本身由于受到利益、权力意识形态、科学主义等影响而使师生变得越来越碎片化。政府、教师、学生、社会、家长往往关注的是知识的工具职能而忽视了它对人的陶冶价值。知识不应被理解为外在于人(学生)的静态的、分割的经验，而必须是经由主体的人(学生)通过绵绵密密的体验、观察思辨与印证推广而形成的不同时空和普遍形式的经验。[①]

我们可以从杜威关于促进学生重建经验的持续能力的强调来理解"经验拓展"的深刻内涵。在杜威心中，"经验"代表对周围环境与日常生活实际的询问、开放的试炼、将个人与外界成功联结[②]。杜威的《民主主义与教育》表达了杜威关于经验的三大观点。第一，经验是习惯性的，知识和理论是经验衍生的产物，透过个人有意义之"境遇"，才能产出其理论及信念，且理论须能回溯至个体经验之世界才具意义；第二，经验是不可分割、完整且有机的，宇宙中之有机体皆是与其环境相关、无法隔绝万物而独立存在之关系；第三，经验是不断演进的，经验的重建，不能仅附加在旧经验上，必须转化过去的感知与觉察，并扩大深化之。[③]

教学中的知识教育应该实现一种转变：强调师生之间的知识对话，加强知识之间的智慧统整，促进文本与读者之间的视域融合，更加关注知识的解放旨趣。只有这样，才能实现知识教化下人的整全发展。为此，我们在教学内容选择上可以采取如下对策。

1. 从学生的生活经验出发，加强学科之间的知识统整

一方面，学科课程的教材编写尽量贴近学生的实际生活，主动"走进学生"，展现"对话姿态教材内容的呈现"。比如通过"亲和的态度、对话的姿态"热情地"走近"学生；尝试运用"感性的文字，甚至是有强烈情感色彩的文字"烘托气氛；选择"讨论的态度和语气"以陈述新知，灵活地运用"提出问题、自问自答以及由浅入深、步步推进"的问题讨论式来与学生"对话"。[④] 另

---

① 黄武雄. 童年与解放[M]. 2 版. 北京：首都师范大学出版社，2011：160.

② 冯朝霖. 十二年课纲系统图像与全人教育理念[C]//2013 第九届生命教育学术研讨会. 台北：台湾大学，2013.

③ 冯朝霖. 十二年课纲系统图像与全人教育理念[C]//2013 第九届生命教育学术研讨会. 台北：台湾大学，2013.

④ 廖哲勋. 构建新的知识观，深化课程改革[J]. 课程 · 教材 · 教法，2016(6)：12-19.

一方面，紧扣学生的学习活动，加强知识之间、知识与生活世界之间的横向联系。教材内容的呈现，紧扣学生的学习活动，就是要求某个主题（或单元）教材内容的呈现方式能够“反映学习活动由简单到复杂、从低级到高级的发展过程”。①每一学科之所以对学生乃至对人类有意义，就在于它是帮助我们理解世界、看待世界、改造世界的一种视角。从学生实际生活中面临的问题出发，力图以多学科的视域融合去再现生活的复杂性与多面性，有助于学生宽容精神与广阔视野的形成。

2. 从传统文化与现代社会的生活形式出发，加强知识之间的价值统整

教学中的知识价值之所以凸显，也在于知识能够给学生提供一种可能性的生活形式。而现代学科化的教学知识结构已经失去了原本同社会生活的直接联系。加强传统社会的地方性知识、本土性知识课程开发，目的也就在于提供给学生一种可能性的农耕文明的生活样式；加强学校与科技馆、博物馆、职业体验馆、艺术工作坊的紧密联系，也在于提供一种可能性的现代城市文明的生活形式。保持学科知识与可能的生活形式的必要张力，成为学校进行教学内容选择的重要前提。

三、转识成智——彰显教学的过程价值

作为教学活动设定性存在（教师、学生）与对象性存在（知识）之间，我们不能仅仅着眼于教学的知识传承价值，也要关注知识教学使命中促进学生智慧发展的价值即“转识成智”的价值。②之所以要在知识教学中重视学生的智慧生成，是由于知识与智慧的密切联系决定的。它们之间的联系表现在以下几个方面。

第一，智慧是知识的固有属性，知识与智慧具有同一性。知识是人类经验与文化的系统化与符号化，而经验与文化恰恰是人类智慧的结晶。在这个意义上，知识与智慧具有同一性，知识的形成离不开智慧，智慧也经常以知识的形式表现出来，知识内在地包含着智慧的性质。“知识固是客观现实世界的反映，然知识之成，毕竟有内在的主动力深入乎物、了别乎物，才成知识。此主动力即吾人本心天然之明，所谓智是也。”③

第二，智慧是知识的升华，知识需要由智慧提升。虽然在宽泛的意义上，知识与智慧具有同一性，但当“智慧”一词作为专称时，知识与智慧有别。

---

① 廖哲勋. 构建新的知识观，深化课程改革[J]. 课程·教材·教法，2016(6)：12-19.

② 李长吉. 知识教学的使命：转识成智[J]. 清华大学教育研究，2010(5)：48-54.

③ 熊十力. 体用论[M]. 北京：中华书局，1994：240.

虽然知识包含智慧的性质与成分，但并不就是智慧，智慧是对知识的升华，通过智慧的提升，知识才能获得生命与灵动。按照冯契先生的观点，意见是“以我观之”，知识是“以物观之”，智慧则是“以道观之”；知识与智慧所言说与指向的对象分别是“名言之域”与“超名言之域”。从无知到有知、从知识到智慧，这是人类认识过程的两个必要阶段。在他看来，之所以需要由知识到智慧的飞跃，至少有两个理由。一是智慧是关于天道、人道的根本原理的认识，是关于整体的认识。而知识所注重的是彼此有分别的领域，分别地用命题加以陈述的名言之域，只有通过飞跃，才能顿然地全面、具体把握关于整体的认识。二是转识成智是一种理性的直觉，是在理性的照耀下给人以豁然贯通之感的直觉，从知识到智慧是在理论思维领域中的豁然贯通而体验到无限、绝对的东西。①

第三，智慧表现为知识的实际应用，是知识应用的保证。人类掌握知识的主要目的，在于把知识应用于社会生产与生活中。在知识的运用过程中，智慧也扮演着重要角色。智慧之所以成为人们追求的目标，不仅仅是因为它是神奇、深邃并富于变化的“斯芬克斯之谜”，更是因为它具有极强的实践能力，能使实践获得更多的效益。正如洛克所言，“我对于智慧的解释和一般流行的解释是一样的，它使得一个人能干并有远见，能很好地处理他的事务，并对事务专心致志”②。在知识教学中，如何运用知识是一个必不可少的内容。在很多情况下，知识的运用被降格为对所学内容的机械训练，而没有由智慧来统领，由此使知识运用变得枯燥乏味，既不能促进反思，又不能推动知识的建构与创新。从智慧与知识的关联性来看，教学的知识运用环节，也应同时成为智慧的运用过程。只有这样，知识运用教学才能体现其智慧教育的价值。

为了转变原有的知识教学价值定位，使知识教学的使命回到培养学生的智慧上来，在教学中至少应坚持以下策略。

第一，引导学生体验知识中的智慧。知识中蕴含着理性的力量，学生领悟到了这种理性力量，就是在体验知识中的智慧。因此，强调理性直觉，开展教学对话，进行综合学习，促进学生的探究，这些都是知识教学中应该坚持的做法。

第二，运用知识培养学生的反思能力。应该注重以下几个方面。首先，

---

① 冯契.冯契学述[M].杭州：浙江人民出版社，1999：130-131.

② 洛克.教育漫话[M].傅任敢，译.北京：教育科学出版社，1999：117.

教师在呈现知识的同时，也要激发学生的怀疑精神。通过怀疑，引导学生发现潜藏于知识中的问题，并使学生学会如何去思考问题。其次，教师在叙述知识的过程中，引导学生养成追问的意识。“沉思执著于追问。追问乃通向答案之途。如若答案毕竟可得，那它必在于一种思想的转换，而不在于一种对某个事态的陈述。”[①]最后，教师在讲解知识的过程中，培养学生的理论思辨能力。思辨可以使人变换角度审视那些不自觉的假设和“理所当然”的定论。“观察技术和证明技术的复杂性，如果不伴随加倍的理论警醒，就很可能使我们看到的东西越来越少。”[②]

第三，以智慧培养为目的进行知识的教育学化。对知识进行“教育学”转化，可以采取如下途径。首先，关注知识中的哲理与方法部分。哲理与方法知识通常是对普通的科学文化内容进行再加工之后的结果，教师需要树立智慧教育的观念，从知识的智慧价值角度对科学与文化内容进行再加工。其次，关注知识包含的深刻道理，不受知识纷繁复杂的表面现象的困扰。智慧所把握的是有关宇宙人生的根本原理，它的目标是求穷通，亦即穷究宇宙万物的第一因和人生的最高境界，揭示贯穿于自然、人生之中无不通、无不由的道，并进而会通天人，达到与天地合其德的自由境界。[③] 最后，关注知识的促进精神成长价值，不局限于知识的实用性。对于成长中的学生而言，各种具有实用价值的知识与技术可能会随着以后遇到的新情境而失去效用，最为重要的是精神家园的开阔与富足，这样他们才能透彻地理解普遍的原理，并能积极灵活地在各种情境中运用。

四、关注“学习生命共同体”的建设

对学科知识的记忆、言说与表达某种程度上可以反映学生的智力水平。但是情感、态度、习惯等反映学生终身学习品质的非智力因素往往在人的发展中发挥着更大的作用。教学评价不应该仅仅抓牢它的选拔性功能，更应该发挥它的教育性作用。应更多关注学生提出、接受、发现与体验学科知识与非学科性知识的建构过程；关注教师与学生、学生与学生、教师与家长、学生与家长合作展开知识、意义理解的对话过程；关注教师、学生、家长、社区共同维系、建设美丽家园的行动性过程。

---

① 海德格尔．面向思的事情[M]．陈小文，孙周兴，译．北京：商务印书馆，1999：68.

② 布迪厄，华康德．实践与反思：反思社会学导引[M]．李猛，李康，译．北京：中央编译出版社，2004：31.

③ 杨国荣．知识与智慧：冯契先生的哲学沉思[J]．哲学研究，1995(12)：13-20.

“生命共同体”概念的教育共识与全社会共识，要求我们每个成员用全球的观点看世界，彼此保持同理心，赖以“人类的自觉与相互归属感”来“联结我们与地球之间的关系”，将地球视为我们最初，也是最终的家园。① 具体落实到实践上就是鼓励学校积极开展“学习生命共同体”的特色文化建设，尽管不同学校侧重角度各异，但只要是“学习生命共同体”，就可以在如下关键性步骤中狠下功夫。

1. 必须在全体成员的共识基础上建立共同愿景

要在学校建设一个个学习共同体，就必须真正转变学校利益相关者的教育观念。学校领导、教师、家长、学生乃至周边社区都应该把对教育的理解由简单的“知识再生产”转变成“学习再生产”的价值创造过程。共同愿景凝结之初，需要“从个人愿景出发，倾听他人愿景以及了解每个人不同的心智模式”，需要彼此之间持续沟通与会谈，逐渐“达成共识”②。

2. 努力营造一个开放且动态的学习文化氛围

过于关注教学的知识价值，势必更多地要求学校教学的各个相关要素围绕着学科知识的掌握结果而展开工作。学校行政管理人员建立严格的封闭式学校管理制度与考评制度，以学生阶段性知识学习程度作为奖惩师生的主要参照标准；学生家长“用脚投票”，到处搜寻知识教学业绩显著的相关学校。而学习共同体需要凸显“学习”本身的价值。围绕持久而深度的学习，教学评价应该更多关注学校行政管理人员提供学习形式（包括讲授、小组研究、实地考察）与学习内容（包括知识、经验、情感、文化）的丰富性、多元性；教师与教师之间精诚合作，不断通过各种正式与非正式的新老结对、进修、考察、访学、研讨提升自身的学科性知识、教学法知识、教育学心理学知识、人类学知识、社会学知识、文化学知识、实践性知识；学生与学生之间不断受到鼓励去质疑书本、认识自我、创新实验、关怀社会与经历冒险；家长与社区服务人员也应不断得到邀请来帮助学生发展共同体意识、家园意识、问题解决意识与动手操作技能。

这种以开放的学校教育为中心建立起来的学习共同体，可以促进学生在学校的场域内外不断同教师，学校各种物质、精神资源，家长以及周边环

① 冯朝霖. 十二年课纲系统图像与全人教育理念[C]//2013 第九届生命教育学术研讨会. 台北：台湾大学，2013.

② 王百合. 学习型学校发展的危机与转机：混沌理论的观点[J]. 学校行政，2008(1)：192-210.

境发生信息、知识、经验与心灵的输入与输出活动，从而促使学生乃至所有的参与者精神与人格成长。

3. 催化共同体的不断升级

在混沌理论中，奇怪吸引子(strange attractor)是一个重要概念。它是指“某些元素或力量浮现出来成为一个中心的组成，环绕着事件运转循环”，从而“主导系统的演变”。在复杂的系统中，“吸引子”不止一个，其走向更是不定，有时看似规则，有时却杂乱无章。学校作为开放的复杂系统，学校领导、家长会、教师团体、校外的社区文教组织都可以在某种程度上发挥“吸引子”的作用带动学校系统的内外“联结”，从而推动系统的演化发展。除这些“吸引子”之外，更重要的“奇怪吸引子”应该是不同个性、不同经历、不同禀赋、不同学习方式的每个学生，如果我们的学校教育支持、鼓励每位学生在连续性学科知识教养的学习与非连续性生命教育的体验中，形成对话意识、反思意识、联结意识与组织意识，那我们的学校系统必然向着不断升级的学习共同体迈进[①]。

4. 以“个体回归—系统反馈”双重循环促成共同体的再学习机制

根据普利高津的耗散结构与自组织理论，在开放的学习共同体的构建过程中，每个学生(甚至包括教师、家长、学校领导等)都不断与周围的人、事、物发生知识、信息、价值等“输入—输出”交换活动。这就要求每个个体(尤其是学生)通过“回归性反思”将自身与自己所知道的(包括知识、经验等)区分开来。在这种框架中，每个学生的“每一次考试、作业、日志”都不仅是“完成一项任务”，而且是“另一个”开端——对作为意义建构者的自身和处于质疑之中的课本进行探索、讨论、探究。[②] 这种“回归”与“重复”不同，重复只能是在封闭的教学环境中达成“预定的表现”，而“回归”意味着学生透过反思的积极作用，不断发展自身的组织、组合、探究、启发性地运用某物等的“转变性能力”。[③] 而学校也需要从系统、整体的角度去搜集、整理、分析由一个个学生个体透过学习成果的“输入—输出—输入”进行的学习循环，以便对学校组织所制定的假定、规范、目标、评估策略、行动策略进行矫正，再反馈到组织，重新审视，形成“再学习”，达到转换能力的学习，也就是组织深

---

① 王百合. 学习型学校发展的危机与转机：混沌理论的观点[J]. 学校行政，2008(1)：192-210.

② 多尔. 后现代课程观[M]. 王红宇，译. 2版. 北京：教育科学出版社，2015：183.

③ 多尔. 后现代课程观[M]. 王红宇，译. 2版. 北京：教育科学出版社，2015：184.

层结构的改变。这样,系统不断通过整合各个组织成员的单循环与双循环,带动了整个学校学习心智的深刻改变,从而促进学习共同体向着纵深方向发展。

五、积极促进师生之间的关系建设

教师和学生只有作为一种平等的伙伴关系,才会保持永久的对话。学生未来的发展不在于他掌握多少记忆性的知识,而在于能否同自己的以教师为代表的长辈一代保持持续不断的对话,也许这不仅仅有助于学生适应这种瞬息万变的未来社会,也有助于教师更好地实现自己的生命更新。

教师和学生应该成为无话不谈的朋友,教师应该同每一位学生发展良好的私人关系,这不仅仅是学生发展的需要,更是教师更好地实现自己专业成长的需要。以往的教师专业发展往往关注教师的学科性知识和一般教学法知识,现在越来越多的学者开始对教师的实践性知识发生浓厚的兴趣。教师的实践性知识离不开教师与学生良好的个人关系。教师需要关心每个学生的兴趣、个性、成长背景、性格以找到适合每个学生发展的平台和可能性。

教师也要同学生发展一种代际亲人关系。尤其现代社会父母和家庭对子女的影响日益减弱,家庭也很难保证向儿童提供"亲密无间"的安全感。所以教师"替代父母"的责任不仅仅在于为学生迈向外面的更大世界做准备,还在于保护学生避免在家庭的亲密无间中可能存在的虐待危险和种种缺陷。① 我们知道亲人之间最大的特点就在于关系的永恒性。伙伴可能会随着岁月的流逝而渐渐各奔东西,朋友也可能会由于各种各样的利益纠葛而慢慢貌合神离,只有亲人之间的关系"血浓于水",不会随着岁月的无情而褪色。只有保持常在常新的情感纽带,教师和学生之间才不会仅仅止于这种简单的认知关系。

六、实现知识遮蔽下的德育转型

主知主义的道德教育伴随着近代社会日益制度化的学校教育体系逐步发展、完善。这种教育思潮主要受到近代资本主义"工具理性"思维的影响,道德教育日益同人之为人的人性完善失之交臂。我们需要明白的是,任何

---

① 范梅南.教学机智:教育智慧的意蕴[M].李树英,译.北京:教育科学出版社,2001:7-10.

真正的道德教育形式，比相当简单的洗脑或灌输纲要需要更多的思维和规划。[①] 理性化的德育实施路径日益同人的"精神形态"生活脱节。实现理性化的德育实践模式向精神形态的德育实践模式转型，必须在文化、主体、生活中振奋人的精神，完成人的精神回归。

学校、家庭、社会作为道德教育主体总是力促学生接受某种知识化、教条化、理性化的道德价值规范。而这种外在化的理性路径并不必然带来内在化的道德行动。作为个人生活世界的母体，通过一定的物质形态、制度形态、精神形态表现出来的"文化模式"总是在一定程度上型塑着某一民族、某一国家居民的价值观、生活习性、行为习惯与精神风貌。[②] 当前中国在高速推动物质文明现代化的过程中，应该重视文化的现代化建设。文化的现代化不是空中楼阁，必须建立在对本民族传统文化的深刻理解与传承之上。学生个体与所生活文化环境的互动，有助于公民个体不断汲取文化观念与传统智慧解决自身的人生困惑与价值混乱，有助于在日益孤立与急剧变迁的功利社会中寻找更有人生意义与价值感的生活方式。

在道德教育的精神维度，人永远是目的而不是手段。道德教育的知识化路径之所以越来越失去效果，源于日益客观化的学科知识日渐同人的主体精神相脱离。回归主体的道德教育才是有血有肉、有筋有骨的，既能突显个人的德性激情又能砥砺群体的底线共识。主体化的德育实践需要学校提供、组织、鼓励开展多种多样的精神文明行动，包括定期户外远足的生态伦理体验，定时或者不定时的精神文明宣讲仪式，多种多样的学校互助学习、生活小组，跨国、跨民族、跨文化、跨地区的青少年交流项目，等等。

道德教育更体现为引导学生积极地建构个人生活。理智化的德性知识练习无法完成教育的"成人"目标。人是社会中的人，作为社会中的人必然是实存于现实生活之中而又对可能性的理想、幸福生活充满憧憬。德育引导的根本要旨在于"把人培养成自觉的生活建构者"[③]。为此，教育者需要帮助学习者学会关注生活，学会反思生活，学会改变生活。关注是一种生活姿态，它需要学习者调动自己的知性、理性、情感、愿望、体验等精神活动，全身心地投入现实生活的"关心"与"操心"之中，它使原本无意义、自在状态的生活事实充满个人意义；反思更是一种生活品质，它需要学习者形成自身的

① 瞿葆奎.教育学文集·德育[M].北京：人民教育出版社，1998：682.

② 魏则胜，李萍.道德教育的文化机制[J].教育研究，2007(6)：13-19.

③ 鲁洁.道德教育的根本作为：引导生活的建构[J].教育研究，2010(6)：3-8.

“生活视域”看世界、做事情，同时又能跳出自身的“生活视域”，坚持主体间的对话与沟通，不断反思、丰富、转化自身的生活视域，从而让“现实生活的超越与重构成为可能”；而学会改变、改善生活（不仅包括外在活动、关系层的生活方式的改变，也包括内在意识层德性和人格的改变、提升）可能是更为根本的德育使命。这就要求我们的道德教育要摆脱知识“说教”，在改变、重构现实生活的践行活动中学习践行。①

① 鲁洁.道德教育的根本作为：引导生活的建构[J].教育研究，2010(6)：3-8.

第三章　教学的能力价值

教学的能力价值历来与教学的知识价值之间并列而提且纷争不断，互相指责对方的同时也相互作为镜子观照着自身。在工业时代，教学的能力价值一度是时代的宠儿。技术理性规约下的教学体系设计本身，在信息时代有待优化提升。

第一节　能力本位教学价值取向观点例举

西方最早的“形式训练说”与“实质训练说”之争可以看作是能力本位价值取向与知识本位价值取向之争。只不过最早的形式训练说主要是以官能心理学为基础的。它是由沃尔夫在莱布尼茨的心灵单子论的基础上系统提出的。沃尔夫认为，人的灵魂具有感觉、想象、记忆、注意、思维、推理、情感和意志等官能。灵魂的各种官能是各自分开的实体，分别从事不同的活动。虽然这些官能是天生的，但必须经过训练才能得到发展和加强。由于官能训练说认为教学的主要目的不是获得知识，因此，他们认为学习的内容并不重要，重要的是所学对象的难度和训练价值。学习的实质就在于训练和加强各种心灵官能①。赫尔巴特虽然强调对学生的知识教育，并且也把它当作对学生进行教育性教学的必由之路，但他也对能力发展有所关注，提出教学较近的任务是培养学生的“多方面兴趣”，主要包括“经验的兴趣”“思辨的兴

① 冯忠良，伍新春，姚梅林.教育心理学[M].北京：人民教育出版社，2000:87-88.

趣”“审美的兴趣”“同情的兴趣”“社会的兴趣”“宗教的兴趣”[①]，为将来从事某种职业做好准备。

科学主义课程兴起本身就是对能力本位教育价值取向的日益重视。博比特、查特斯就主张通过工作分析、活动分析对课程编制模式进行系统研究，他们的课程目标也旨在把从事每一具体活动所需要的能力具体、清楚而详尽地陈述出来。这种科学化课程的集大成者是美国课程专家泰勒。泰勒把课程编制分为四个步骤或者阶段：(1)确定目标；(2)选择经验；(3)组织经验；(4)评价结果。[②] 这四个步骤也被叫作“泰勒原理”。泰勒原理的深层价值取向是追求“技术兴趣”即通过合规律(规则)的行为而对环境加以控制的人类基本兴趣，它指向对环境的控制和管理，其核心是“控制”。

20世纪90年代，随着经济全球化与中国改革开放的日益深入，我国学者关于应试教育与素质教育的争论，其实深层次反映了能力本位的价值观开始成为我国思考教育改革目的的重要参考。[③]

进入21世纪，国家与国家的竞争日益激烈，教育与教育间相互借鉴更是司空见惯。传统中央集权的国家出现教育管理权力下放的倾向，而传统分权制的国家(以英国、美国等为代表)出现教育权力集中的趋势。各国教育改革也表现出某种共同趋势，“一方面，教育管理的权力，包括财政、人事等权力逐步下放给地区甚至学校；另一方面，课程标准、课程评价等课程决策权力却不断集中到中央层面”[④]。21世纪的人才标准日益集中到发展学生协作、交往、批判性思维与创造力等“核心素养”上，以适应信息化社会与未来社会的变革需要。

第二节　能力本位教学价值取向的主要表现

与知识本位教学价值取向不同，能力本位价值取向走向了另外一个方

---

① 张华.课程与教学论[M].上海：上海教育出版社，2001：47.

② 泰勒.课程与教学的基本原理[M].施良方，译.北京：人民教育出版社，1994：7.

③ 韩庆祥.能力本位论与21世纪中国的发展[J].北京大学学报(哲学社会科学版)，1996(5)：12-22.

④ 辛涛，姜宇，王烨辉.基于学生核心素养的课程体系建构[J].北京师范大学学报(社会科学版)，2014(1)：5-11.

向,从教学目标、内容、过程、评价等方面,都呈现出能力为本的特征。

一、素质取向的目标设定

20 世纪 90 年代,中国关于应试教育与素质教育的争论,在一定程度上是知识本位教学价值观与能力本位教学价值观的观念冲突。素质教育的目标设定,是国家为适应社会主义市场经济建设需要,培养独立、自强、有创新意识、有较强实践能力的各行各业的专门性技术人才的战略之举。素质相对于知识,有着更为宽广与具体的内涵。素质取向的目标设定,具体有如下内涵:

第一,突出学生学习主体的地位。学生是自己命运的主宰者,是知识素质、技术素质与实践素质、创新素质的完整统一体。

第二,学生是社会价值与自我价值的创造者、承担者。市场经济呼唤个性化、多元化的人才出现,教育要为学生特殊才能的发展创造条件。教育必须进行教育实验,为能力差异有别的学生提供个性化的成才空间。

第三,素质教育不是教育目标的终极追求,它只是特定时期特定阶段的产物。教育的终极目标应该是人的德、智、体、美等全面自由发展。树立能力人的人性假设,是打破传统社会与计划经济时代"权本位""关系本位"以及改革开放初期"钱本位"等错误人才观念,实现社会蓬勃发展的有力保障。①

二、技术取向的内容选择

能力本位价值取向的起源大致可以追溯到中国南宋"事功"学派的思想家陈亮。但是近代学校教育的能力价值却是起源于 19 世纪初期欧洲兴起的一种"技术专家治国论的"(technocratic)心态——对进步、个人主义、功利主义和促进科学化的信心。② 由此,教育内容上更加偏重提高劳动生产效益的确定性、科学性与实践应用性知识。从那时起,它的拥护者就运用每一种新的科技革新来重新设计整个社会组织,诸如蒸汽机、电力、汽车的发明,以及现在日益普及的电脑、智能手机,戏剧性地改变着人类与自然之间的关系、个人与他们的家庭和社区之间的关系。技术取向的课程体系最初实践

---

① 韩庆祥.能力本位论与 21 世纪中国的发展[J].北京大学学报(哲学社会科学版),1996(5):12-22.

② Miller R. 学校为何存在?美国文化中的全人教育思潮[M].张淑美,蔡淑敏,译.台北:心理出版社,2007:330.

乃至后来的发展成熟伴随着心理学尤其是行为主义心理学在教育学中的应用，顺应了信息化、科学化、技术化、效率化的改革诉求。国家积极利用信息技术成果推动各阶段教材编制的科学化、结构化、时代化；各级各类学校积极为教师创造条件（配置多媒体、电子白板、投影仪、教学机器等），提高课堂教学的可视化、逼真化与效率化。例如，在义务教育阶段，学校注重把现代信息技术运用到教学中去，努力实现各学科知识的内部结构与学生问题解决方法的探究的结合，同时开设专门的信息技术课程；在高中阶段，学校尝试按照能力分班，并且职业类中学加大与企业工厂的联系，加强会计、机电、护理、电子等职业技能课程的培训；在大学阶段，国家加大了高等教育大众化的步伐，大力发展普通教育与职业教育。

三、执行取向的操"做"过程

技术专家治国论者取向的教育改革者几乎一致宣称，科技是所有重要改革的关键。他们拥抱进步，展望未来，期盼"所有年龄层的学习者都可以透过个人的电脑，或是透过视讯会议，来与远方的同学和教师进行互动"[①]。这种现代化教育愿景，反映出一种"执行"导向的教育方式，不但促使受教育者同传统、主流价值观日渐疏离，而且产生严重的身份认同危机。[②]

执行导向的课程实施，主要表现为以学生为主体的主动地操"做"过程。由一开始借鉴工厂、企业的工作分析、活动分析，强化学生的技能学习发展到今天对各门课程结构分析，强化学生的表征能力。不管是技能的习得，还是知识的表征建构能力，都强调学生课程学习中的主体地位。在能力取向课程的组织过程中，教师需要综合考虑"教学材料的内在结构、材料的序列、心理学上的强化步骤以及解决问题所需的探究欲望的激发和维持"等因素。[③] 也就是说，教授某门学科或技能，不是要求学生被动地把"结果"记在脑子里，而是要求学生参与到"可能的知识建构的过程中来"[④]。学生各种能力习得的过程，就是自己不断尝试、主动探究以及不断进行体验操"做"的过程。

---

① Miller R. 学校为何存在？美国文化中的全人教育思潮[M]. 张淑美，蔡淑敏，译. 台北：心理出版社，2007：330.

② Miller R. 学校为何存在？美国文化中的全人教育思潮[M]. 张淑美，蔡淑敏，译. 台北：心理出版社，2007：330.

③ 布鲁纳. 教学论[M]. 姚梅林，郭安，译. 北京：中国轻工业出版社，2008：61.

④ 布鲁纳. 教学论[M]. 姚梅林，郭安，译. 北京：中国轻工业出版社，2008：62.

四、效用取向的评价模式

能力本位的价值取向，意味着在评价过程中我们要更多地关注学生的兴趣、特质、学习愿望与认知、表征过程。教师需要不断采用“观察”和“实验”方法，认真了解学生“如何利用和组织材料”，基于“进程性评估”，对教学进程进行及时调整与改进。① 结果取向的知识掌握程度评价之所以受到越来越多的质疑，原因在于它把知识当成是静态的、不变的、固定的、僵死的真理。而效用取向的教学评价，一方面要求我们摒弃只强调结果不强调学习方法、认知过程的唯效率主义；另一方面要求我们从更广泛的角度看待学生的学习能力，关注学生的知识探究兴趣，主动性，多途径、个性化地表征知识的策略等。

五、“控制—辅助”取向的师生关系

知识本位的教学价值取向时期也强调教师对课堂的控制，只不过教师更多地依靠传统的制度化权力来刻意营造教师与学生之间的对立。一边是拥有成人世界各种经验、知识、技能、价值观的教师，另一边是缺乏这些经验、知识、技能、价值观的学生。教师一般直接采用简单、粗暴的灌输方式来达到其教学目标。随着现代工业社会与信息社会的到来，学校对教师的专业知识和专业能力的要求越来越高，教师也需要通过其专业权威来不断强化学生的技能训练。除通过这种强化工具化、对象化思维来加强学生的能力之外，教师也慢慢更多地“放权”给学生自主练习、探究，学生逐渐掌握学习兴趣的自主权、学习方式的控制权，能够个性化地表征知识，独立地解决问题，教师只起到辅助的作用。

六、中立取向的道德教育

能力本位价值取向的教育实践，回绝了实质性的道德内容和文化精髓，一味坚持对道德教育采取“价值无涉”的中立态度。20 世纪 90 年代素质教育理念的提出，正是我们对知识本位价值取向产生深刻怀疑与反思的时期。传统灌输式的思想政治教育已越来越失去有效性，而我们对经济建设人才的需求又更为紧迫。能力本位价值取向就表现出对道德教育“存而不论”的态度，以能力大小来判断一个人的高尚与否。不过，传授技术化的知识技能客观上有助于学生形成平等、宽容的道德品质。② 随着素质教育的讨论越来

① 布鲁纳. 教学论[M]. 姚梅林，郭安，译. 北京：中国轻工业出版社，2008：61.

② 萨瓦特尔. 教育的价值[M]. 李丽，孙颖屏，译. 北京：北京大学出版社，2012：23.

越深入，“素质”除了特指各种能力，还包括了更为重要的人文素养部分。

第三节 对能力本位教学价值取向的批判

技术理性主导的能力本位价值取向使得知识与素质、知识与文化对立起来，专注技能养成而忽视学生精神世界的成长，成为其最大的弊端。

一、目标上对知识与素质关系存在理解误区

20世纪90年代应试教育与素质教育的争论本身，除知识本位价值观与能力本位价值观之争外，某种程度上也反映了精英主义价值观与大众主义价值观之争。精英主义时代，我们更多强调认知层面的“记忆与存储能力”，而在大众教育的普及时代，关于做事有效性的“性能”方面的知识成为现代教育的主流。① 由此，能力本位价值取向在推行的过程中，往往会被别人误解为不要知识或者轻视知识，这在一定程度上导致素质教育在推行过程中遭到一线教师或明或暗的抵制。知识与能力并不是截然对立的，学会求知与学会做事都应该是当代教育对人才的要求。这种“非此即彼”的思维方式，使得一线教师更多关注“素质”中比较看得见的技能、行为（目标），而比之更重要的求知激情、探究兴趣、价值追求、建构想象等方面受到不同程度的忽视。

二、内容选择上导致知识和文化隔离

自从科学化的课程编制模式问世以来，课程理论工作者通过对社会上各种职业、技术进行工作分析、活动分析后，把它们当作对学生进行技能训练的正式教材。学生学习的目的就是为未来的生存做准备。之后，随着课程改革的逐步推进，有段时间课程理论普遍强调对学科知识结构的理解、对实践性经验课程的“审议”，这是制度化的学校教育逐渐把培养学生的职业教养当作不可回避的历史责任。学校注重通过企业化和市场化改革来增强学校培养合格“产品”的质量和效益。不可否认，这种功利主义的课程观，最大限度地迎合了大众化教育时代各行各业对教育的效益需求。与此同时，学校教育逐渐把没有多少实用或功利价值的文化教养知识排斥在正规课程

① 利奥塔尔. 后现代状态：关于知识的报告[M]. 车槿山，译. 北京：生活·读书·新知三联书店，1997：111.

之外，就连我们的母语教育（语文）也更多地强调其政治教化与行业背书功能，不少语文教师忽视其文化陶冶价值。德波拉·布瑞兹曼特别反对把课程看作"是技术，是管理，是系谱，是准备，是能够自我证明的东西"[①]，正是这种过于严格的看待课程的方式把课程带入"坟场"，带入"地窖"，一步一步地使学校课程走向"死亡"——课程内容的受限和课程中意义和精神的匮乏[②]。学校通过严格的课程时间表、班级划分、对各方面的情况的监视、个人的成绩评价、物象化知识的灌输等把人同他自身的文化处境隔离开来，也即社会、学校、教师、家长在极力迎合学生对技术性知识、操作化能力的追逐过程中，同质化的理性能力掩盖了不同民族、不同个人对其自身文化处境的深刻反思。知识与文化的隔离，不仅仅使迎合国家主体、集体主体、个人主体日常需要的现代教育越来越缺乏"深度"，而且酿成了日益严重的民族和个人的精神文化危机。

三、学生日渐失去精神的独立性

课程中所培养的能力是有时代性的[③]，"课程"这一教育学的特定用语本身就源自美国社会追求"效率""标准""基准"的过程之中。近代前期，以美国为代表的工业化国家的学校注重对学生工具理性的培养，它们在主观动机上将发明为了"自我保存"的、方便的工具、技术，满足人的感官物欲视为重要的价值。之前在生活实践中修得的生存能力和技术，现在只有在学校中才能学到。这造成的结果是，我们称为"学力"的能力本来只是人追求更好生活的手段和工具，现在却反过来奴役人、支配人，这也就是所谓的"知识的物象化"。到了近代后期，这种工具性的理性向着支配人的方向发展。学生通过训练能力，将注视自己的他人的机构设置于自己内部，而在自己内部形成监视自己的系统，这被福柯称为"自我的技术"[④]。"课程"已不单纯意味着我们应该习得的生活所必需的知识与技能，同时作为决定每个人位置的

① 多尔，高夫. 课程愿景[M]. 张文军，张华，余洁，等译. 北京：教育科学出版社，2004：109.

② 多尔，高夫. 课程愿景[M]. 张文军，张华，余洁，等译. 北京：教育科学出版社，2004：105.

③ 浅沼茂. 近代的两种价值与课程理论的目标[J]. 方明生，译. 全球教育展望，2001(10)：37-44.

④ 浅沼茂. 近代的两种价值与课程理论的目标[J]. 方明生，译. 全球教育展望，2001(10)：37-44.

特殊权利装置，它有其自身的意义。例如，学能测试、入学资格考试的成绩使每个人时乐时忧，与其说这是一个再生产出社会性差异的超越性权利装置，不如说是一个制造出使每个人主观性地或是自尊自大，或是萎靡自卑的，存在于每个人内部的权利装置。

教学中的能力本位，有助于学生从外在的经济压迫或人际关系的束缚中解放出来，但却使人在发展自己控制自然的对象性技术的过程中，也成为这种技术的奴隶。能力在解放自我的过程中，却制造出社会的“差异”，由于技术和能力的分层，社会变成一种冷冰冰的势利社会。市面上很多“成功学”的书畅销不衰，学生和社会上大多数人一样，崇拜那些在残酷的商业竞争或市场逻辑下脱颖而出的商业精英。学校的知识教学是为了向“系统提供能够在体制所需的语用学岗位上恰如其分地担任角色的游戏者”①。这些游戏者在信息完备的游戏中，更加看重的是对数据、信息的整合能力与想象能力，而不仅是一种对数据、信息的存储和记忆能力；更愿意解决的是在跨学科的意境下的现实性功效问题，而不是着意寻求一种关于真理、正义知识的确定性问题。“跨学科性的观念在本质上属于非合法化时代和它那种受到围攻的经验主义。它与知识的关系不是实现精神生命或人类解放的关系，而是复杂的概念工具、物质工具的使用者与工具性能的受益者的关系。”②

四、充斥着急功近利的浮躁情绪

新技术革命与全球化的冲击，使任何国家都不可避免地面临着提升学校教学质量的巨大压力。学校教学质量的评估标准也建立在能否最大限度地满足世俗和民意对学校的利益需要之上。当前日趋行政化、企业化及市场化的学校管理模式，就是为了提高学校运作的效率，最大限度满足社会各行各业对技术专业人才的需求。这让越来越多的教育理论工作者感叹教育价值的“缺失”③。其实学校本身并没有放弃自己的价值追求，而只是过于追

---

① 帕森斯将此定义为“工具活动主义”，并对此大加赞赏，甚至与“理性知识”混为一谈：“理性知识包含在工具活动主义的共同文化中，但它只是在最有知识的社会阶层中才变得明确起来，并受到高度评价。”参见：利奥塔尔. 后现代状态：关于知识的报告[M]. 车槿山，译. 北京：生活·读书·新知三联书店，1997：104.

② 利奥塔尔. 后现代状态：关于知识的报告[M]. 车槿山，译. 北京：生活·读书·新知三联书店，1997：110.

③ 陈桂生. 教育价值的缺失与寻求[J]. 北京大学教育评论，2010(2)：178-181.

求自己的经济功利价值，从而背离了自己追求教育理想的初衷。教育首要的任务是关注人的精神与意义“向度”，只不过日益迎合这种国家主体、社会主体与个人主体利益需要的现代教育，对教育价值的深度透视变得越来越被边缘化。

教师教育日益得到学术界的青睐，关注教师专业发展也成为新课程改革以来教育理论界的又一热点。新课程改革最大的阻力来自教师，新课程改革最大的动力也来自教师。对教师职业生涯规划或者说对教师专业发展的重视本无可厚非，只是我们在日益强调教师职业生涯规划的时候，把教师的成长经历仅仅描绘成一个在教学实践中由新手教师到熟练教师，再到专家教师的简单线性发展过程。教师的专业发展也仅仅是一个不断被学校教学文化社会化的过程，不管是强调师徒结对还是强调校本教研，都是通过追求教学同质化或者优质化的方式来达到保证学校教学质量的目的。而这种教学质量也主要体现在如何关注学生的应试技能上。教师职业生涯设计得越完整，表明学校文化对教师的同化能力就越强。这种纯粹的实践性知识或者实践技能增长的教师线性职业发展模式使教师放弃自己的理论素养，简单投身到外在单位对其的控制上。教师对这种职业生涯规划的执着也表明，我们的教师主动放弃了自己的理论思辨能力和自由探索精神，也意味着教师仅仅关注自己“工匠式”的技能角色的提高，并且把这种技能提高后所带来的经济收入增加当作自己主要的工作动力。失去自我反思能力和自我发展能力的教师，很难培养出拥有自由思想和独立精神的学生。

在古代农业社会，社会阶层之间的相互流动非常困难，而教育也大部分被上层阶级垄断。现代学校教育制度的普及，给每个阶层的子女接受相同水平的教育提供了契机，虽然不能达到百分之百的绝对平均，但是社会之间的流动确实给下层阶级的子女通过教育改善自己的命运提供了条件。近年来，文化资本理论的盛行成为批判教育学一个非常重要的问题领域。但确实是有文化的父母更加重视子女的教育问题，特别是中产阶级家庭，父母千方百计地加大对子女的教育投资，希望子女在未来的职业发展中占据有利位置。国家也日益加大对教育的投资，力图通过优秀人才的培养而让自己的国家在未来的竞争中占据有利位置。现在流行的所谓奥数班、特长班、天才班都是家长急功近利的典型表现，没有对子女的持续对话，而妄图通过一种技能训练来“教育”子女。可能我们忽视了大部分子女的“成人”教育，而仅仅专注于“成才”的教育。

五、放逐了精神守望者的崇高角色

教师为了维护自己的专业自主权，不得不日益放逐自己的精神教化职能，把主要精力放在提高学生未来发展的职业能力的训练上。为此，教师不断追求科学化、情境化的教学设计，探讨小组合作教学的有效实施，进行实践化的教学反思，等等；尽量用一种企业化或者管理化的方式去管理学生，尽量让学生的思维或活动被限制在狭隘的机械训练之内。但其仅限于一种对自我天性与能力的“修养”，远远无法达到对人的一种“教化”的目的。教化的目的是人之为人的根本所在，就是使人成为一种普遍性的精神存在，而不仅仅是一种最大化实现自己功利价值的社会人。黑格尔认为，人类教化的一般本质就是使自身成为一个普遍的精神存在。谁沉湎于个别性，谁就是未受到教化的，这样的一种人缺乏一种抽象力：他不能撇开自己本身，而且不能看到某种普遍性，而他自身的特殊性却是从这种普遍性出发才得到正确而恰当的规定的[①]。或者说，未经教化的教师不可能去也就是说不可能给我们的学生实施更好的教化。我们的社会被一种功利情绪渲染，已经没有人停下来思考究竟人生的意义是什么、谁来关照我们的精神家园等这些形而上的问题。

六、学生日益迷失于狭隘的眼界之中

随着网络媒体的日益普及，学生接触外界事物的机会日益增多，社会上急功近利的浮躁情绪也渐渐对学生产生不良影响。学生把大部分时间、精力都用在科学性知识、实践性技能的掌握之上。这类能力一般比较封闭、确定，其中一些有部分具体功能，如走路、穿衣、洗漱等，另一些则要更抽象些，如读书、写字、算术和使用计算机等。这种封闭性技能一旦经常“重复和日常实践”[②]，就能被学生“完美掌握”，解决预定问题。但它的缺点也显而易见：很难使学生保持持久的学习兴趣，导致学生眼界褊狭，批判性思维与创造力思维受到限制，再加上人文教育的缺失，学生的合作意识、服务意识与社会责任感等健全的社会人格也很难形成，容易沦为“有知识的市侩”。

---

① 加达默尔.真理与方法：哲学诠释学的基本特征（上卷）[M].洪汉鼎，译.上海：上海译文出版社，2004：11.

② 萨瓦特尔.教育的价值[M].李丽，孙颖屏，译.北京：北京大学出版社，2012：24-25.

第四节 对能力本位教学价值取向的反思

不可否认，现在的学校教育在普及全民教育的过程中取得了巨大的成就。但是在这表面的成就背后，日益规范化、标准化的现代学校教育却走到了迷失的十字路口。最大效率地迎合政府、社会、个人利益需求的功利教育就像一个开足马达的汽车，但是却不知道驶向何方。对教学能力本位价值取向的批判，需要我们从以下几个方面反思学校教育的价值问题。

一、重视核心素养的价值引领

20 世纪 90 年代素质教育的提出，并没有从根本上改变中小学教育以知识为中心的教育倾向，一方面源于“素质”本身的宽泛性、歧义性与模糊性，另一方面源于“素质教育”自身人才定位的时代局限性。为迎接 21 世纪知识经济社会与信息技术社会的未来特征，经济合作与发展组织(OECD)、欧盟和美国相继提出了各自有影响力的核心素养发展框架。在此背景下，“素养”和“核心素养”成为国际教育界谋划未来教育发展的理论与实践聚焦点。批判性思维、自我平衡能力、决策能力、问题解决能力等高阶认知能力，沟通性、协作性的社会交往能力，以及反思性思维、自律性、服务意识和社会责任感的人格特征与态度等，这些面向 21 世纪的人才素质——核心素养——日益成为主导 21 世纪教育教学改革的目标共识。“核心素养”价值引领主要体现在如下四个方面。

(一)聚焦于新世纪人才的专家型思维与决策能力

曾参与过经济合作与发展组织核心素养框架研究的美国著名经济学家列维和莫奈指出，“主要由常规认知工作和常规手工劳动所构成的工作，此类劳动力的份额正日益下降，因为此类任务最容易通过编程让计算机去做。国家日益增长的劳动力比例则是那些强调专家思维或复杂交往的工作，此类任务计算机不能做”①。

“专家型思维”(expert thinking)，亦称为“专家决策制定”(expert decision making)，是指“在特定情境中，当所有标准化的解决问题的方法均告失败时发明新方法以解决困难问题的能力”。作为一种认知性的能力和素养，

① 张华.论核心素养的内涵[J].全球教育展望，2016(4)：10-24.

专家型思维意味着学习者能够内化各类学科知识，熟练运用相关学科（甚至跨学科）概念系统与技能，以创造性地解决学习、生活、职业中面临的各种复杂性、未知性、挑战性的困难、问题，从而不断增强其情境适应能力与情境迁移能力。创造性能力与反思性思维是专家型思维的两个核心特征。由于创造、创新和创业已经并将继续成为21世纪知识社会的主旋律，学生发展创造性能力不可或缺；作为一种特殊的问题解决和高级认知活动、作为核心素养"中心"的反思性思维（reflective thinking），要求学习者将知识和技能放回到个人生活、社会生活、职业生活的具体情境中去探索和实践。"核心素养拥有心智的自主性，这包含了一种对生活的主动且反思的取向。核心素养不仅要求抽象思维和自我反思，而且要求人们将自身与其社会化过程保持距离，甚至与其价值观保持距离，由此使人成为自身立场的原创者。"①

（二）聚焦于未来人才的"复杂交往"技能与素质

所谓"复杂交往"（complex communication），是指在复杂的、不可预测的社会情境中，通过提供各种解释和示例以帮助他人掌握复杂概念、促进复杂对话延续和发展的能力。作为一种非认知性能力或素养，"复杂交往"包括协作素养与交往素养。协作素养包括在学习、工作和生活中，具备友善的人际情怀及与他人建立良好的互动关系，并发展与人沟通协调、包容异己、社会参与及服务等团队合作的素养；交往素养包括理解及使用语言、文字、数理、肢体及艺术等各种符号进行表达、沟通及互动，并能了解与理解他人，应用在日常生活及工作上的素养。善用科技、信息与各类媒体之能力，培养相关伦理及媒体识读的素养，俾能分析、思辨、批判人与科技、信息及媒体之关系。具备自我文化认同的信念，并尊重与欣赏多元文化，积极关心全球议题及国际形势，且能顺应时代脉动与社会需要，发展国际理解、多元文化价值观与世界和平的胸怀。②

（三）聚焦于主动学习与自我教育的终身学习品格

"核心素养"的养成离不开学生的个人知识。个人知识的获得是个体在与学科知识和生活世界主动互动时所产生的自己的思想或经验。立基于未来社会与学生终身发展的社会脉络，"核心素养"聚焦于学生身心健全，拥有独立、自信的人生观与强大的自我概念与身份认同，同时透过选择、分析与

① 张华．论核心素养的内涵[J]．全球教育展望，2016(4)：10-24.

② 张华．论核心素养的内涵[J]．全球教育展望，2016(4)：10-24.

运用学科知识、生活经验与媒介信息，有效规划生涯发展，探寻生命意义，并不断追求卓越，达至自我实现；具备问题理解、思辨分析、推理判断的系统思考与元思考素养，并能行动与反思，以有效处理及解决生活、生命问题；具备规划及执行计划的能力，并发展多元专业技能，充实生活经验，发挥创新精神，以适应社会变迁，增进个人的弹性适应力。

（四）聚焦于社会参与的责任感与行动

21世纪，信息通信技术和全球化使人的社会生活发生深刻变革。作为未来的“数字公民”，要能够合法地、道德地、负责任地使用信息通信技术增进社会福祉、改善民生；在复杂、多元的社会文化环境中，能够妥善地处理与他人的文化差异，增进彼此之间的互信、友好与和平；能够主动参与公共议题讨论并积极参与社会活动，关怀自然生态与人类永续发展。

二、加大教学内容的革新

作为课程发展的DNA，核心素养从“类概念”出发，着眼于“从学生学习结果”的角度界定“未来社会所需要的人才形象”①。21世纪的“核心素养”以知识社会与创新素质为轴心，可以从学科素养、跨学科（领域）素养两个方面出发进行新一轮的教学内容更新。

（一）学科素养：精选少数关键学科并更强调学科思想与学科大观念

素养离不开知识。学科知识在学生当前和未来的学习和成长中起着至关重要的作用。“每个学科对学生的发展价值，除了一个领域的知识以外，……提供一种惟有在这个学科的学习中才可能获得的经历和体验；提供独特的学科美的发现、欣赏和表达能力。”②通过该学科，学生的智能、思维方式、品德、价值观都打下该学科的烙印，这个过程就是学科素养形成的过程。学科素养的培育必须借助于体现了“学科本质”的教学的支撑。③ 在学科素养理解上，要把握两个要点。一是需要把静态的事实知识观转化成动态的建构知识观，使之成为“探究的对象和使用的资源”。二是要舍弃烦琐却无法穷尽的“知识点”，精选核心学科的“大观念”（big ideas）④，将学科知识提升为学科观念。

① 崔允漷．追问“核心素养”[J]．全球教育展望，2016(5)：3-10．

② 叶澜．重建课堂教学价值观[J]．教育研究，2002(5)：3-7．

③ 钟启泉．基于核心素养的课程发展：挑战与课题[J]．全球教育展望，2016(1)：3-25．

④ 张华．论核心素养的内涵[J]．全球教育展望，2016(4)：10-24．

(二)跨学科素养:主题化、情境化、留白化的内容设置

致力于知识社会与未来社会的新人形象,核心素养除了学科素养,更多体现在跨学科素养、跨领域素养、生活素养与工作素养上。核心素养的“跨领域性”既指其超越学科边界的“跨学科性”,又指其应用于不同情境的“可迁移性”,还指其连接学科知识与生活世界(真实情境)的“可连接性”。① 跨学科(领域)素养的教育内容设计,主要分为以下三个方面:

一是主题统整的核心素养设置。学校以及其他教育机构从着眼于“成功生活”与“健全社会”的教育目的出发,立足于当下及未来的生活与职业发展,通过活动课程与单元设计加强学生知识、技能、道德、情感之间的有效整合。

二是复杂化的情境学习设计。素养作为一种复杂化、行为化、综合化的人性能力,它的形成离不开实践。而一切实践都植根于情境之中,“21 世纪的工作,知识植根于情境,且分布于共同体之中,而非抽象的、孤立于个体的。”②信息时代的知识学习,归根到底其实就是复杂化的情境学习。

三是留白化的素养可能空间。需要对学生的自由学习与主动探索提供可能,“为儿童的直觉创造、自由发展留白,把儿童自己的生活还给儿童。有所不为才能有所为”③。

三、重视以任务为取向的内在价值

英国分析主义教育家吉尔伯特·赖尔认为学习有两个词源,一个是成就动词(achievement verbs),另一个是任务动词(task verbs)④。成就可能发展的是人的理智(intellect),而任务才会形成人的智力(intelligence)⑤,也即人的“核心素养”。成就追求的是一种工具性的结果,任务本身具有工具价值或内在价值。一项落实为具体行动或者以现实为基础的任务尤其具有内在价值。任务学习一方面要求学习者必须对这些情境进行整体审视,“将学校知识与真实的、现实世界的情境连接起来”,另一方面学习者“能够与特定领域的专家(如科学家、工程师等)结成共同体,接受专家的指导,对真实任

① 张华. 论核心素养的内涵[J]. 全球教育展望,2016(4):10-24.

② 张华. 论核心素养的内涵[J]. 全球教育展望,2016(4):10-24.

③ 柳夕浪. 素养为纲:学校课程从粗放到精致的转型[J]. 中小学管理,2016(10):4-7.

④ 赖尔. 心的概念[M]. 徐大建,译. 北京:商务印书馆,1992:160-161.

⑤ 赖尔. 心的概念[M]. 徐大建,译. 北京:商务印书馆,1992:19-21.

务进行'合法的边缘参与'，由此从事真实的学习"①。正是在真实的情境和真实的学习中，知识得以创造，素养获得发展。一项任务的执行或者操作本身不仅仅在于我们取得某种结果那样的显在价值，更在于我们执行一项任务时所拥有的一种痛苦、积极并坚持到底的探索精神。苏格拉底对人生的时时审视，柏拉图对辩证法的推崇，亚里士多德对沉思的向往，都向我们表明，独立自主地探索真理本身比掌握真理更能带来自我实现的"高峰体验"，这是任务学习内在价值的真正体现。② 只有沉浸在任务的过程之中，才会不断地反省自身，不断地审视自身，才会真正有一种作为核心素养/理性智慧养成的"高峰体验"。

四、学校应该同社会保持适当的距离

随着现代信息社会的开放程度越来越高，学校作为传承知识或文化的唯一场所日益受到当代媒体中介的严峻挑战。因此，有学者对学校跟不上时代潮流的僵化状态非常不满，提出"去学校化"社会的概念；也有学者呼吁学校应反思教育的适应性功能，如果教育只是亦步亦趋地满足政治与经济的发展需要将日趋短视化，很难保持其独立地位。追求学校的超越价值，就是要求学校保持独立性而不受到社会浮躁情绪的随意熏染，坚持学校课程标准的卓越价值与文化价值。只有抵制住浮躁情绪，才能为人的思想编制灵魂，才能为人生的永恒问题提供答案。

五、教师作为文化人回归

文化与文明有别，文明有先进落后之分，而文化则没有高低贵贱之别。每个人都是带着自己的文化印记生活在这个世界上。随着全球消费主义文化的日益蔓延，青年人对这种带有西方价值偏向的文化霸权渐渐失去免疫力。我们的教师也日益趋同地迎合这种同质化的话语霸权。我们希望教师作为一种文化人的回归，就是希望我们的教师对我们民族自身的文化处境有深刻的了解，让我们的家园精神更容易在我们的学校传承。"积极健康的文化造就了健康积极的人类。"③教育改革的文化转型以及本土性、地方性知识的研究热潮就是对教师作为文化人的一种深切呼唤。

---

① 张华.论核心素养的内涵[J].全球教育展望，2016(4)：10-24.

② 马格奈尔.教育和价值的几个问题[J].方明生，译.教育研究，2004(10)：25-26.

③ 石中英.教育哲学[M].北京：北京师范大学出版社，2007：89.

六、给学生足够的自由想象空间

学生为了追求某个时代的能力与技能目标日益使自己成为一个自我微观控制的工具。学生品德的发展过程,也演变成一个道德规训的自戒过程。这种内部装置日益精细化,使学生自身日益对周遭的文化与生活处境失去感悟力。我们应该赋予学生更自由的想象空间,使学生对各种文化与主体保持一种好奇与开放的心态。有限的知识只能解决有限的问题,只有保持思想的活力①,才能真正应对未知命运的挑战。

① 赵汀阳.知识论之后[J].读书,1999(8):78-87.

第四章　教学的生活价值

在教学着眼于为社会发展服务的同时，容易出现不顾个体生命的意义而使个体沦为社会工具的情况。在这种情形下，凸显个体幸福价值的教学价值取向开始发展起来，教学的生活价值越来越受到重视，它所带来的教学范式与知识价值、能力价值相比，更加突出了个体发展，但发展的方向和层次都需要新的调整。

第一节　生活本位教学价值取向观点例举

教育理论产生之始就表现出了对儿童生活世界或者说对儿童自然天性的重视。最早的教学论者拉特克就提出“自然教学法”①，夸美纽斯更是强调教学要遵循自然的秩序，从儿童的天性、兴趣出发，“循序渐进”②。只是这种直接生活经验在他们的教学理论体系中处于从属地位。英国哲学家、教育家洛克强调由家庭教育（家庭教师）而不是学校负责的社会生活教养经验是造就上层绅士的唯一之路。

第一个系统阐述自然教育思想的卢梭，更是把自然状态中的儿童放在其教育思想的中心地位。《爱弥儿》开宗明义地提出：“出自造物主之手的东

① 张华.课程与教学论[M].上海：上海教育出版社，2001：30-31.

② 张华.课程与教学论[M].上海：上海教育出版社，2001：33.

西，都是好的，而一到了人的手里，就全变坏了。”[①]人性本善，人之所以堕落是由于社会的污染。他因而主张自然教育，使儿童从社会因袭的束缚与压抑下解放出来，自由成长，让他们回归自然，在游戏、种植、木工劳动中学习，让生活造就儿童，让自然做儿童的教师。

裴斯泰洛齐更是将卢梭的生活、自然教育思想付诸实践。不同于卢梭之处在于，他除了强调儿童的兴趣、天性，也提倡围绕社会生活对平民进行劳动、生存教育。他提倡头（智力）、心（情操）、手（技术）和谐发展的基础教养论思想，并且首次提出直观教学。裴氏相信，这种教学方法接近生活，便于普及大众教育[②]。他在1780年（34岁）发表的早期作品《隐士夜话》中，使用了生活范畴这一术语。在1826年最后一部著作《天鹅之歌》中，他提出了“生活是教养”的思想。虽然他没有明确提出“生活教育”的术语，但是生活观念在他的教学论的形成与发展史上一以贯之。他在《林哈德和葛笃德》（1781）中，已经塑造了在家庭实施“功课、劳作合一”的生活教育的典型。虽然他的生活概念并不明确、多义，“生活是教养”也很难捉摸，但他所说的能力、素质的发现、发展，以生活为源泉，以生活为手段则比较容易理解。

杜威是现代教育理论的集大成者。他对以前儿童中心的教育思想进行了批判性的梳理。他认为之前的儿童中心说把儿童的经验或者生活当作某种固定不变的东西，没有看到即便那些“最令人喜悦和美好的表现”也只不过是一种走向较高水平能力的一种“信号”[③]。教育在他看来就是儿童经验不断改组与不断改造的过程。我们必须实现教育上的哥白尼式的革命：儿童变成太阳，教育的各种措施围绕这个中心旋转，儿童是中心，教育的各种措施都必须围绕他们组织起来[④]。他主张打破二元对立的思维定式，把课程所包含的种族经验同儿童的直接生活经验结合起来，把教材成熟的学科逻辑同儿童现实的领悟和反应能力结合起来，把将来的社会职业要求同儿童现实的个性生活特征结合起来，把儿童生活的现实起点同将来可能的理想目标结合起来，因此他主张通过主动作业的展开，活动课程的丰富，反思性

① 卢梭．爱弥儿[M]．李平沤，译．北京：商务印书馆，1978：5.

② 钟启泉．现代课程论[M]．上海：上海教育出版社，2003：72-75.

③ 杜威．学校与社会；明日之学校[M]．赵祥麟，任钟印，吴志宏，译．北京：人民教育出版社，2004：117-118.

④ 杜威．学校与社会；明日之学校[M]．赵祥麟，任钟印，吴志宏，译．北京：人民教育出版社，2004：41.

思维的养成来达到儿童经验不断改组与改造的目的。受到杜威影响的美国进步主义者(progressives)是支持生活学校与经验课程的。据他们说,必须获得的知识、技能,仅仅是对学生的日常生活有用的部分。而这些,唯有在学生的日常生活中才能掌握。[①]

陶行知从学生健全发展角度、从社会生活与教育的关系角度,提出系统的"生活教育"理论,主张"关于生活"、"依据生活"和"为了生活"的教育。在他看来,"生活主义包含万状,凡人生一切所需皆属之。其范围之广,实与教育等"。陶行知更明确指出生活即教育,"生活无时不变,即生活无时不含有教育的意义。因此,我们可以说,生活即教育。到处是生活,即到处是教育"[②]。

另外苏联著名的心理学家、教育家赞科夫曾专门就教学与学生个体发展方面发表专著《教学论与生活》。在《和教师的谈话》这本书中,他专门谈到了课堂上的生活。他着重强调课堂教学不仅要在内容上反映生活,更需注意"儿童在课堂上的生活","不要忘记学生本身的生活",生活更多地应当从精神生活(人们思想、感情、愿望)方面来理解[③]。

20世纪90年代一批学者在对教育价值取向进行系统反思时认为,新中国成立后,前40年的教育价值取向基本上以国家主体对教育的需求为主,集体(社会)主体和个人主体对教育的需求基本上处于从属地位[④],更不用说教育主体本身的独立性地位。政府对"素质教育"的提倡表明国家主体开始有意识地考虑个人主体与集体主体的需要问题,自觉站在整合的立场上处理国家、集体、个人与教育本身之间的复杂关系。与此遥相呼应,学者们也开始从学生个体的生命被遮蔽的角度来反思传统的教学价值观。叶澜指出,在传统认识论框架下的教育最根本的缺陷在于,"把丰富复杂、变动不居的课堂教学过程简括为特殊的认识活动,把它从整体的生命活动中抽象、隔离出来"。她不否定认识任务的完成,也不否定它的特殊性,她否定的是除了这种认识任务完成之外没有尊重学生的"生命活力",没有"完整人的教

---

① 钟启泉.现代课程论[M].上海:上海教育出版社,2003:251-252.

② 陶行知.陶行知文集(修订本)[M].南京:江苏教育出版社,1997:587.

③ 赞科夫.和教师的谈话[M].杜殿坤,译.北京:教育科学出版社,1980:8-9.

④ 王卫东,石中英.关于建国后教育价值取向问题的思考[J].江西教育科研,1996(4):1-4.

育”①。

进入新世纪，哲学界关于“回归生活”或“回归生活世界”的思潮深刻影响了教育学者对“教学回归生活”的讨论。刘铁芳认为主客二元对立思维模式的传统教学认识观强行把“人与生活世界分离开来”，让人为自身福利而谋求更多的征服自然、改造自然的力量。他明确指出，人本来就在世界之中，“好的教学”应该是“生成性、给出性的活动”，它本身就是目的。这种“有价值的教学”应该使人与世界的关系完满、丰富、鲜明，使人与人之间的交流广泛、深入、全面，使师生之间的关系民主、轻松、和谐。② 对于如何促使教学（或课程）回归生活，有学者认为我们不是要消除学校与社会的“边界”来把它们统一起来，而是在学校范围内进行一种课程实施策略上的选择，通过知识的实践性来品尝由求知带来的快乐③。和学新特意提醒教学要在回归生活与超越生活之间保持必要的张力，这样才能把学生发展与社会发展、学生现在生活与未来生活联系起来，而活动、体验、理解与表达等是常见的实施策略④。

第二节　生活本位教学价值取向的主要表现

追求个体生活幸福、综合化课程、倡导活动与交往等等，是生活本位教学价值取向的基本形象，这种取向最大限度地释放了学生的主体性，知识、能力、教师有所退隐。

一、幸福面向的目标追求

大约从 20 世纪 90 年代开始，学者们对课堂教学实践中国家本位、集体本位、市场本位日益凸显、学生主体性长期缺失的功利教育目的表达了不满与深刻的反思，主张教学回归到它的“本真状态”⑤——追求和实现人的生命

---

① 叶澜. 让课堂焕发出生命活力：论中小学教学改革的深化[J]. 教育研究，1997(9)：3-8.

② 刘铁芳. 教学：一个可能的价值世界：教育的价值关怀[J]. 教育理论与实践，2000(4)：8-11.

③ 熊和平. 课程与生活：来自思想考古学的启示[J]. 教育研究，2005(6)：79-83.

④ 和学新. 在回归生活与超越生活之间保持必要的张力：课程与教学发展的一种价值取向和策略[J]. 当代教育科学，2006(24)：22-24.

⑤ 罗儒国. 教学回归生活世界的困境与超越[J]. 教育发展研究，2008(8)：27-32.

发展与幸福福祉。作为一种可能性的价值世界，教学回归生活，就是在肯定教学“特殊认识活动论”的传统框架的合理性之外，更多地凸显生命层次框架的经验价值与情感价值。正如叶澜教授所说，课堂教学作为师生人生中“一段重要的生命经历”“生命的有意义的构成部分”，对师生双方都有“个体生命意义”①。

对于学生来说，教学回归生活世界，主要包括现实层次与精神、理想层次的生活世界。一方面，回归现实层次的生活世界，可以帮助学生更好地理解当前真实的家庭生活、学校生活与社会生活，从而有助于实现家庭与公共生活领域的喜悦、自由与分享等幸福状态。这种幸福除了强调理性愉悦，更多是表现出学生在家庭、学校和社会生活中一种“惬意”的品质②：教师支持学生与父母、伙伴发展一种亲密的个人关系，并强调从这种关系中思考“价值教育”；努力帮助学生为社会生活与未来生活做好准备；强调自然、自主与挑战性的呈现性教学③；鼓励学生从知识学习中的实践品格来体验主体性与快乐。另一方面，回归精神、理想层次的生活世界，意味着学生的生命实践不能满足于“实际生活技能的训练”，应该着重思考和认识“生活的意义、目的、价值以及什么样的生活值得去过、什么样的生活境界最美好”等等精神层次的生活境界④。它是学校经过“处理”和“净化”的生活世界，它暂时过滤掉存在于家庭和社会中的功利、利己的甚至是恶劣的现象与行为，将学生置于如下的境域之中：浓郁的学习气氛、关心与爱护的场景、权利与义务的共存、信任与归属的生成等等。

对于教师而言，教学回归生活意味着教师需更多地从情感、精神的角度关心学生的多方面、多层次发展，更多地从自身的常识、经验、经历、文化中寻求教学改革的创新性策略，更多地从个体生命价值实现的角度重视自身的教学质量与职业使命。总之，教学的生活价值，牵连着师生彼此的幸福追求。

二、“综合—主题”式的经验内容

“生活世界”理论在教育界的兴起与讨论，要求教育工作者打破“课程资源即教材”的狭隘观念，更多地把“生活世界”当作重要的课程资源。教育部

---

① 叶澜. 让课堂焕发出生命活力：论中小学教学改革的深化[J]. 教育研究，1997(9)：3-8.

② 诺丁斯. 幸福与教育[M]. 龙宝新，译. 北京：教育科学出版社，2009：11.

③ 诺丁斯. 幸福与教育[M]. 龙宝新，译. 北京：教育科学出版社，2009：203-205.

④ 李长吉，秦平. 教学应该回归怎样的生活世界[J]. 中国教育学刊，2015(10)：39-41.

于2001年颁布的《基础教育课程改革纲要(试行)》,明确要求改变课程内容“难、繁、偏、旧”和过于注重书本知识的现状,加强课程内容与学生生活以及现代社会和科技发展的联系,关注学生的学习兴趣和经验,精选终身学习必备的基础知识和技能。教学回归“生活世界”的精神启迪我们从学生的直接经验、周边社区的社会经验以及传统社会的文化经验中选择有价值的教育内容并对它们进行适当的综合与统整。“生活世界”的课程愿景在于关注、支持、鼓励每一个学生实现基于个人禀赋、兴趣、经历、性格、性别等方面差异的个性化发展。生活化课程内容主要由如下部分组成:

一是基于个人直接经验的主题内容。有学者认为,生活世界是一种重要的课程资源,很大方面体现在每个个体不同的生活世界特质上。[①] 从个人日常生活意义上选择的课程内容一个根本特点就在于它的直接性。一方面,日常生活是人的生活世界的基础,它对人的自我成长和自我生成具有本源性意义。因此,学校教育应该侧重增加学生自身的现实感受与生命体验,把自身的手、眼睛、耳朵当作知识的来源。美国人本主义心理学家马斯洛认为,人的“高峰体验”或“存在状态”并非源于某种神秘的、不可思议的外界秘密,而是活生生地存在于普通人的日常生活之中,“这些美好的瞬时体验来自爱情,和异性结合;来自审美感受——特别是对音乐;来自创造冲动和创造激情——伟大的灵感;来自意义重大的顿悟和发现;来自女性的自然分娩和对孩子的爱;来自与大自然的交融——在森林中,在海滩上,在群山中等;来自某种体育运动——潜泳等;来自和友人翩翩起舞时……”。[②] 另一方面,家庭中形成的“持家”与“生活”经验、技能有助于学生产生幸福的情感基质。赫勒认为,日常生活中的熟悉感、安全感和信任感等“在家”的感觉对于个体成长发展意义重大。她强调“熟悉感为我们的日常活动提供基础,同时,它自身就是日常需要。向一般的日常生活中的整合是关于空间中的固定点,即我们由之‘开始’(无论是每日的还是一个较长时期的),并在一定时期向之回归的坚实位置的意识。这一坚实位置是我们称之为‘家’的东西。‘家’并非简单的是房子、住屋、家庭。有这样的人们,他们有房屋和家庭,却没有‘家’。由于这一原因,尽管熟悉感是任何关于‘家’的定义所不可缺少的成分,熟悉感自身并不等同于‘在家的感觉’。比这更为重要的是,我们需要自信感:‘家’保护我们。我们也需要人际关系的强度与密度:家的‘温暖’。

---

① 岳伟.论教育实践的生活世界转向[J].教育研究与实验,2006(6):40-45.

② 马斯洛.马斯洛人本哲学[M].长春:吉林出版集团,2013:189.

‘回家’应当意味着：回归到我们所了解、我们所习惯的，我们在那里感到安全，我们的情感关系在那里最为强烈的坚实位置。”[①]由此，学校加强家校合作，密切与家长的联系，充分利用家庭的各种物质与精神资源，鼓励家长参与学生成长，共同为儿童营造一种惬意、温馨、关怀、积极、持久的情感氛围，从而让孩子感受愉悦与美好。

二是基于群体经验的主题内容。“生活世界”在哈贝马斯的哲学中，是一种主体间性的世界，是指“交往行为者具备的并处其中的主体之间交往的前提性背景”[②]。哈贝马斯把“交往理性”视为人类自觉寻求摆脱现代文明“工具理性”对人类生活世界殖民而谋求自身解放的积极尝试。“教学回归生活世界”就是要求教学回归到“主体—主体”所共同生活的群体世界。为此，学校需要致力于与周边社区的日常联系，打破学科教育与现实生活的界限，加大自然类、社会类综合实践课程的开发，加深学生对学习价值与意义的深刻思考，等等。

三是基于“历史—文化”经验的主题内容。除了“感性”一面，“生活世界”也是一个“丰满的文化—历史世界”，它“充满着过去文化—历史和观念活动的积淀”。[③] “教学回归生活世界”意味着学校更加注重文化（包括传统文化）建设，让学生在优秀文化的“涵泳体察”中回归德性，砥砺品格，具体表现在人文环境的营造与教育常识的挖掘上。一方面，人文环境的营造，即学校注重校园文化的建设与隐性课程的开发，在“物质—空间”“组织—制度”“文化—心理”等各方面、各层次注重营造师生自由、轻松、愉悦的情感氛围，发挥学校教育稳定、持久的德性教化；另一方面，对教育常识的挖掘，就是告诉我们在教育回归生活世界的教育叙事中，有一个“常识世界”的教育学不能“遗忘”，它是支撑我们生活世界中的教育活动的“底线和基础”[④]。

三、“活动—生成”意义上的课程实施

教学回归生活世界，强调学校教学应该关怀生命，关注生活，充满生命活力。[⑤] “回归生活世界”除是一种直接性、实践化的教学技术或教学方式

① 赫勒.日常生活[M].重庆：重庆出版社，1990：257-258.

② 孙振东.学校知识的性质与基础教育改革的方向[J].教育学报，2006(2)：11-24.

③ 张汝伦.生活世界与文化间理解之可能性[J].读书，1996(10)：71-78.

④ 王澍.常识世界中的教育学：个不应该被遗忘的地方[J].当代教育科学，2006(3)：3-4.

⑤ 蔡宝来，王立国.教学回归生活的意义与价值[J].西北师大学报(社会科学版)，2005(6)：102-105.

外，更是一种注重关系、强调生成的价值理念与思维方式。教师从关注、了解学生的现实生活世界与现实经验出发，注重激发学生在课堂上的生命活力，发挥“交往”在生成学生生活性、社会性、个性方面的基础性价值。教师和学生彼此对话、分享、合作，共同探究知识、文本、社会、情感、艺术等多面向的物质世界、社会世界与意义世界。在物质世界的教学过程中，教师不断鼓励学生通过直接观看、实验、多媒体展示、实地考察等方式认识、理解物质世界的惊奇、神秘与多彩；在社会知识的建构过程中，学校不断加大与社区、家庭的联系、沟通，组织、实施多种认识家乡、认识社区、关爱生命、志愿服务等主题实践课程；在意义世界的“发生”过程中，教师不断创造学生认识自我、表达需求、展现个性、寻找意义等深度“遭遇”。

四、个性化、温馨化面向的“暖”评价

传统教学最为大家所诟病的是教学目的与教学评价关系的颠倒：教学评价本来服务于教学目的，现在反而成为凌驾于一切学校教育工作之上的“超然之物”。要扭转这种局面，就应该视幸福为评价学校生活质量的核心目的。[①] 教学面向生活世界就是要求我们把师生关系由以认知为主的“我—它”关系转变成以幸福实现为主的“我—你”主体间(际)关系。以往教师更多地采用生硬化、标准化、客观化、简单化、千人一面的“冷评价”，旨在对学生认知、技能上的不足、错误进行纠正。如“该生学习观念淡薄，纪律较差，上课爱搞小动作”等，这些“干瘪乏味”“又冷又硬”的评语反馈到家长那里，家长的第一个念头往往是“责问孩子，甚至想揍孩子一顿”[②]。教师应该多采用个性化、温馨化的“暖评价”来拉近师生的情感距离，增进彼此的信任，从而更好地“肯定”学生身上的“闪光点”并“提示”学生积极地改正缺点。

天津市某中学教师曾给一位学生写过这样一句评语，“精彩的小品让大家掌声阵阵，可生活不是演小品，演坏了可以重来。埋下头来，才有无愧的人生。男子汉不放空炮。初步的成功满足了吗？相信你会演好人生舞台上的角色，老师等着为你鼓掌！”对一位爱玩游戏机的所谓“坏孩子”，一位老师写道：“聪慧的你曾赢得那么多赞誉，但中途却暂时迷失了自己，老师猜想你并不想平庸度日，你本来就不是一个平庸的孩子。新的一学期又将如期而至，你心中可有重新开始的打算？”[③]这种以“我—你”关系为基础的“移情式

---

① 诺丁斯.幸福与教育[M].龙宝新，译.北京：教育科学出版社，2009:5.

② 周艳.“我—你”关系对教师温馨评语的解读[J].教育评论，1999(5):34-36.

③ 周艳.“我—你”关系对教师温馨评语的解读[J].教育评论，1999(5):34-36.

评价”使学生觉得老师“理解和尊重自己”，家长也看到了评语中的“激励”“期待”，致使家长们“首先想夸奖一下孩子，并想办法如何帮助孩子尽快改正缺点”①。

总之，根基于学生真实生活的“温馨评语”正成为一种巨大的“教育力量”，它以“对话”的方式，将学生作为一个“在场”的知心朋友与之进行“交流、沟通和畅谈”，借助“动人而诚挚、透明而亲切、温馨而诗意”的生活话语不断地触动学生心灵，从而引发学生积极的情感状态与行为改变。② 学生也因为自己的一点一滴受到老师的关注而感动，从而更加努力，感受用心付出后的幸福，体会到生命的可爱、可信和可敬，珍惜生命中的可贵与美好。

五、“交往—关怀”取向的师生关系

在追求教学的知识价值与能力价值的过程中，师生都习惯于用二元对立的思维方式来看待彼此。在教师看来，学生是一群需要被改造的客体化对象；在学生看来，教师是能够满足自己学习任务的支持性资源与条件。师生之间更多地表现出一种教育者与受教育者、主导者与配合者、控制者与服从者等对象化的不平等关系。而教学的生活价值，意味着教学除了满足学生追求未来美好生活的工具价值与教师谋生的手段价值外，它更强调教学本身就是生活，教学意味着生活。教学“生活意义”的赋予，理论上为教学追求“伦理美德”和“审美感受”提供了前提和认识基础。③ 把教学“看作”生活，并去体验和创造生活，实际上体现的是对师生作为“完整人的关怀”。④ 在这种以体现平等、理解、信任、交流为主旨的“主体—主体”师生关系中，教师以人道主义的关怀方式看待学生的兴趣、个性、学习、焦虑与发展，是一个好的倾听者、支持者、交流者、提问者、民主的促进者、“平等中的首席”。

这种基于“关怀”的行动需要有如下认识：学生不是被动接受教师知识的容器，学生是带着自身经验、禀赋、成长印迹的人类知识的建构者；除了知识与技能的习得之外，学生更希望获得老师、家长的肯定、欣赏、支持与情感上的深度陪伴；除了师生之间、亲子之间的关怀之外，学校更希望学生以更积极的价值关怀去与自然、世界和宇宙“联结”。

---

① 周艳.“我—你”关系对教师温馨评语的解读[J].教育评论，1999(5)：34-36.

② 刘济良.论“生活世界”视阈中的生命教育[J].教育科学，2004(4)：6-8.

③ 迟艳杰.教学意味着“生活”[J].教育研究，2004(11)：31-34.

④ 迟艳杰.教学意味着“生活”[J].教育研究，2004(11)：31-34.

六、“价值澄清”取向的道德教育

传统的通过强制、说服、训练、示范等传授某一既定的价值观的道德教育越来越受到多元文化的挑战。价值澄清取向的道德教育更多的不是传授某一特定的价值观，而是通过让儿童聚焦易造成其生活混淆、无力、互相矛盾的价值论题（如态度、情感、活动、信仰、目标、抱负、水准、兴趣、忧虑、友谊、恐惧、合作、金钱、爱情、法律、贫穷、忠诚等）①，鼓励、协助儿童勇于“澄清”，深思熟虑地做出明智抉择并积极行动的过程。价值澄清法更重视“价值形成过程而非价值”②。儿童自我澄清技术的演练，有助于儿童在“复杂、变动、多元”的社会中自我导向对其更有意义的生活和“生活型态”。

第三节　对生活本位教学价值取向的批判

生活本位教学价值取向最大的弊端，在于对知识学习与理论品格养成有所淡化，在肯定幸福目的的同时，对传统意义上严格的教育活动有所松懈，强调自由的同时，弱化了纪律的规约。

一、对学生反思性、批判性理论品格重视不够

教育学界关于“教学回归生活世界”的讨论，一定程度上扭转了中小学教师以知识传授为主的传统教育观念，促使他们把更多的时间和精力转向对学生个体直接生活经验与现时情感愉悦状态的激发与维持上。对教学“幸福目的”的肯定与实践，意味着教学由“精英趣味”向“民主趣味”的根本价值转向——关照所有学生的个性成长与生命体验。可是，反映在实际的教学中，我们的中小学教师往往更多地抓住“幸福”追求的生活性与情感性特征，更多地致力于学生直接性经验的获取与生活性技能的熟练。日常生活世界作为巨大的“黑洞”，学生浸淫已久必然习惯于浪漫化的感性认知与重复性的常识惯性而无法自拔，使得他们缺少应对陌生事物与变化场域的机智与灵活性。

日常生活世界与科学的教育世界并不是非此即彼的关系，教学回归生活世界不是要求我们放弃科学的教育世界，只不过需要改变师生对待教育

---

① Louis E R. 价值与教学[M]. 黄建一，庄明贞，译. 高雄：复文图书出版社，1990：5.

② Louis E R. 价值与教学[M]. 黄建一，庄明贞，译. 高雄：复文图书出版社，1990：9.

世界的态度与领悟它们的方式方法。众所周知，教育世界的目的就是要帮助个体超越日常生活世界：一是透过人类间接经验所提供的各种独特解释视域，对自身日常生活世界中所形成的各种原生知识、自发观念与惯常行为进行审视、反思，从而自觉地减弱、消减或去掉自身已经存在的消极人格意向，保留、加强、提高或拓展自身拥有的积极人格意向；二是通过文化继承与文化交流所形成的跨界(border-crossing)想象，对周遭社群所共享的传统习俗、价值观念与互动模式进行质疑、批判，从而对"我—你"共同体的未来可能世界保持积极的希冀与担当。如果学校教育只具有适应功能而缺乏超越价值，如果学生个体只具备常识经验而欠缺理性批判，不难想象他们精神将日渐封闭而终碌碌无为。

二、知识的工具价值凸显而内在价值不足

教学面向生活世界或者教学从学生的生活实践出发，肯定了实用性知识在教学知识体系中的主体地位，同时也把现实生活中缺少实用价值或不符合儿童兴趣原则的内容排除在教学内容体系之外——摒弃一切脱离人的实践经验的知识的合法性地位。只不过，这种满足国家、社会、个人日常功利需要的"现代教育"越来越缺乏"深度"。学校所传授的知识越来越浅层化、"信息化"，随着人的感官物欲的变化而随意贬值或者增值，它日益成为人们呼之即来、挥之即去的"符号代码"，无法引起学生精神上的惊奇和战栗之感，也难以激励学生严肃地审视自己的人生与信仰问题。

知识除了满足人的各方面需要的工具价值之外是否还有内在价值？答案是肯定的。知识的内在价值提醒我们，知识对于人的解放，知识对于人如何理解自己的历史与未来，知识对于人如何看待本民族与其他民族的关系，知识对于人如何更好塑造自己的"魂灵"，都有一种本体性的积极作用。而这一切都在我们面向生活，关注学生生命这种浪漫化的教学激情面前"失语"了。王策三先生提醒我们警惕"轻视知识的思潮"①，石中英教授坚持从知识转型的角度看待教育改革②，布鲁姆更是承认，"相信书本知识就是教育的全部固然愚蠢"，但书本知识是"必不可少的"，尤其"在一个高尚人格缺少活榜样的时代，就更是如此"③。我们需要学生在知识面前保持自由，但是我们更希望学生对每一种知识都保持一种敬畏，只有在真正的知识面前，我们

① 王策三．认真对待"轻视知识"的教育思潮[J]．北京大学教育评论，2004(3)：5-23．

② 石中英．知识转型与教育改革[M]．北京：教育科学出版社，2001：34-37．

③ 布卢姆．美国精神的封闭[M]．战旭英，译．南京：译林出版社，2007：71．

才不会沉湎于个别性之中，我们才能感受"教化"，我们才能真正实现由自然生命向精神生命的过渡与超越。

三、"生成性"实施取向日渐形式化、空洞化

怀特海在《教育的目的》中借鉴黑格尔正题、反题、合题的发展三阶段论，把智力发展明确分为浪漫、精确和综合运用三阶段[①]。根据怀特海智力发展三阶段说，审视"活动—生成"意义上的课程实施，不难发现浪漫阶段获得教育工作者前所未有的重视——从学生的个性、兴趣、需要、习惯、"活跃而纷乱的思想"（怀特海语）与直接生活经验出发去进行人性化的人文环境营造。它的精髓是"在知识王国里漫游和激发充满活力的创新"（怀特海语），从而最大限度地调动学生积极、主动的学习热情。但由于缺乏"精确阶段所必要的约束"[②]，使得学生活力有余而专注不足，缺少特定分析事实的原理与方法，当他们在展开和分析自己的日常生活世界过程中（综合运用阶段）时，就会暴露出"联想的贫乏与解释的无力"，无法看清楚"事物和事件的来龙去脉"，从而也很难养成"通观全局的视野与能力"[③]。因此，帮助学生在信息化高度普及、多元文化深度融合的变动社会中形成严密、系统、科学、整合、创新的思维能力十分迫切，教师的理智教化不应放弃，更应积极强化。

四、评价功能的"短视化"倾向愈发严峻

所有的教学改革都离不开评价方面的改革。知识价值取向的评估离不开对"知识与技能"目标的标准化、形式化设计，能力价值取向的测量离不开对"过程与方法"目标的观察与审视，生活价值取向的体认更是离不开对"情感、态度与价值观"目标的对话与理解。当前教师群体中流行的个性化、温馨化的"暖评价"客观上拉近了教师与学生之间的情感，某种程度上消解了学生及其家长对教师的不信任感与敌视，促使教师由关注优等学生的智力开发转向激发大多数学生的内部学习动机与个性自由发展意愿。但是，面向生活世界的教学评价仍然没有改变教师主导评价过程与结果的绝对地位，仍然没有改变学生学习动机、发展趋向与价值信条被学校"套装"的命运，反而以学生情感共鸣与自愿配合为基础的移情效应使得教师的主导权

---

① 怀特海.教育的目的[M].徐汝舟，译.北京：生活·读书·新知三联书店，2002:32.

② 怀特海.教育的目的[M].徐汝舟，译.北京：生活·读书·新知三联书店，2002:41.

③ 曾文婕.论学习内容的"实用"与"虚用"：对"教学回归生活世界"的再反思[J].课程·教材·教法，2008(4):12-16.

威更为合理化、有效化与隐蔽化。

要扭转教学评价的“短视化”倾向，必须把评价的主动权交还给学生，鼓励、锻炼与造就学生的自评意识与自评能力。“学习是他人操控越少越好的一种活动”①，“个人的成长并不是一个可测量的实体”②，学生只有在富有想象力的个人尺度鼓励下自主发展，才能发现更多事物的惊奇并实现个人的真正解放。

五、教师的责任伦理出现弱化的趋势

“交往—关怀”取向的师生关系需要教师采取更多的方式去迎合学生的需要：反思教师主导的课程设置，尊重每个学生的独特人格，对学生缄默知识的发掘，最大限度地迎合学生的情感体验，对小组合作、探究式教学、小班教学制的探索等。理论上对教师的素质要求更高了，但在实践中，教师们却面临着既要树立学生主体的新课程理念又要在传统的应试评价制度下琢磨如何提升学生应试技巧的矛盾。大多数教师索性放弃了自己的理论思考与责任担当，尤其是不加选择地套用新课程理念与方法以放弃对教学质量的关注，盲目迷信伦理学中的宽容原则以放弃对失范学生的价值规诫。实际上，传统讲授式的教学方法同现代探究、对话式的教学方法并不是非此即彼，“交往—关怀”取向的师生关系同对学生严格的德性教化并不矛盾。现实生活世界鱼龙混杂、良莠不齐，学生日益熏染可能出现物欲膨胀、极端自我、好逸恶劳甚至精神萎靡、封闭等不良倾向，教师不能因为任何借口放弃自身的责任担当，要坚持从底线上去重建学生的精神与意义世界。

六、无导向教育容易导致道德虚无主义

立足于开放、多元的现代生活基础上的价值澄清教育运动一定意义上有助于受教育者在纷杂、混乱与无序的观念冲突中主动探索一条有意义的生活形式，只不过这种坚持无导向与价值相对主义的道德教育某种程度上纵容了当前校园出现的精致利己和底线缺失现象。与此同时，远离现实生活世界、自上而下由国家统一推动的导向教育也可能因为缺乏更为普遍的人性基础而日益空洞、虚伪。因此，立足于学生的现实生活世界，面向未来

① 伊利奇.去学校化社会：汉英双语版[M].吴康宁，译.北京：中国轻工业出版社，2017：48.

② 伊利奇.去学校化社会：汉英双语版[M].吴康宁，译.北京：中国轻工业出版社，2017：49.

可能的理想生活世界去探索正确的、可操作的导向教育形式在当今时代显得日益紧迫。

第四节 生活本位教学价值取向的系统反思

生活本位教学价值取向在一定意义上，可以看作是知识本位与能力本位两种价值取向的调和和升华，因此比较受青睐，但在具体实践过程中，需要进行全新的探索。

一、涵养常识意识与哲学精神

教育的最大目的是追求人的幸福，这应该是教育学界兴起“教学回归生活世界”讨论的最大意义所在。什么是幸福，幸福教育目标的具体内涵是什么，不同的人可能有不同的理解与坚持。一般来说，人的幸福可以从“适应—超越”两个层次来理解。对于教育实践工作者来说，“适应”层次上的幸福概念容易把握，他们努力致力于学生日常生活需要的满足与情感愉悦状态的激发与维持。除了适应层次上的个性愉悦，超越意义上的幸福目标即常识意识与哲学精神，更值得追求。

所谓常识意识，就是把个体自身的视、听、嗅、味、触五种感官获得的分散感觉(外在感觉)融合成整体理解(内在感觉)并勇于做出判断的能力。这种坚持从感官经验出发的认识路线，不唯上，不唯书，只唯实，有助于一个人在日常生活中顺利行动，是其心智成熟的起点。健全的常识意识、常识判断需要学生尊重自我感性经验，摆脱专业知识外的无知恐惧，合理运用理性，抵制单一意识形态灌输，勇于推动核心价值共识的分享，等等。常识意识就是底线思维，每个学生都应该在真实的生活经验中恪守最基本的是非、善恶、对错的素朴观念；常识意识就是自由、多元发声，每个学生都可以在政治和道德议题中积极参与“什么对于我们是好的”问题的讨论，从而促进核心价值共识的分享；常识意识就是去科学化的理性行动，积极尝试用感官去切身感受自然界、社会与人际关系的真实变化，切实地改进、改善我们的周遭环境，以避免陷入物化和自我迷失。

虽说健康的常识判断在人的日常生活中不可或缺，但当遭遇学习与生活领域中的不寻常事物与未知情境时，恰恰是个体习而不察的常识思维影响自身的进步与发展。哲学精神作为“人类精神的最精致表达”[①]，在更高层次上表达对生活的批判与反思。一方面，个体应具有苏格拉底提倡的“牛虻精神”。苏格拉底明白，正是因为城邦像一只身体庞大的动物，充满惰性且总是睡眼惺忪，要使这头巨兽在该动的时候行动起来，就需要有一只专事叮咬的牛虻来唤醒它[②]。我们要像苏格拉底那样，用批判和提问的方式挑战自身和他人已有的观念，拷问其真实性和意义。另一方面，个体应该像边界的跨越者那样，以前所未有的“陌生人”视角来看待周遭的经验与常识。按照法国存在主义哲学家加缪的“陌生人”概念，长期定居在乡村的人往往会毫无怀疑地接受由祖先、宗族长老和权威人士传递下来的文化习俗，对新奇事物熟视无睹，而远离家乡的返乡人最易察觉，并用批判的眼光来加以审视。学生个体也应该如同返乡人审视家乡和乡人那样，以“陌生人的眼光”，即以一种质疑和批判的眼光来审视自己的常识观念与生活世界，审视自己的固有偏见与思维惯性，从而以更加开放的心态与更加多元的视野来超越传统和成见，从而真正地解放自己。

二、强化“未知—开放型”体系架构

对知识“内在价值”的肯定与强化，旨在鼓励教育研究者和教师抛弃过去那种旨在堆砌大量已知信息的内容编制模式，更加注重知识本身的思维本性与文化张力——不同学科的严谨认知方式与未知生活情境的深度关联能力；对知识“全局性理解”的呼吁与强调，旨在突破狭隘的生活配方性知识的局限，发挥所教知识在“深刻见解”、积极行动、伦理道德熏陶与未来不确定性生活中的作用等。[③] 总之，知识的内在价值与全局性理解，需要教育工作者突破僵化的传统“层级”框架窠臼，建构一个有生命力的、不断拓展与生成的、学科性单元与交叉主题单元并重的“未知—开放型”体系架构。这种网状结构主要有如下特点：

（一）面向未来视野与深度思维的学科单元设计

严肃、专业的学科知识学习虽然有所不足，但是着眼于人的长远发展与深厚涵养的经典学科性知识应该保留，当然可以进行适当的改进、调整。首

---

① 康兰波．哲学精神乃当代哲学创新之灵魂与动力[J]．求实，2007(3)：22-25．

② 陈建华．教师要超越经验层次上的教育常识[J]．教育研究，2012(10)：130-135．

③ 珀金斯．为未知而教，为未来而学[M]．杨彦捷，译．杭州：浙江人民出版社，2015：52-53．

先，将学科知识提升为学科观念。每门学科所体现的观念或思想相对稳定。舍弃烦琐却无法穷尽的“知识点”，精选核心学科的“大观念”①。其次，提供丰富的、能够反映各门学科独特认知方式的文化、生活应用案例，培养学生“像×学家一样思考”。最后，减少数学、物理、化学、生物等学科过于抽象与过时的内容，增加反映这些学科最前沿领域的研究进展、理论创新与生活应用知识；减少历史、社会、地理等学科事实性知识的单向陈述，增加这些学科不同视角、不同立场、不同方法的开放性问题设计、讨论、建构；减少母语、外语等语言类学科文法、词汇等机械记忆部分的训练，更加强调语言学习交流、阅读、思维方式等深层次的语言学习。

（二）面向未知视野与深度智慧的交叉性主题单元设计

教学面向生活世界肯定了经验取向的综合课程的主体地位，但是“为了活动而活动”“课程内容日益形式化、空洞化”造成了当前课程内容选择日渐凸显的质量危机。深化“综合—主题”型式的课程内容改革，必须着眼于适应未来世界的综合能力与未知视野的深度智慧养成，其调整思路主要有如下两个方面：一方面，围绕未来生活世界的“核心素养”选择主题。作为国际教育界谋划未来教育发展的理论与实践聚焦点，“核心素养”从“成功生活”与“健全社会”的教育目的出发，立足于当下及未来的生活与职业发展，通过交叉主题单元设计加强学生知识、技能、道德、情感之间的有效整合。比如欧盟的跨学科核心素养框架包括数字素养、学会学习、社会与公民素养、首创精神和创业意识、文化意识和表达。而美国面向21世纪的核心素养框架也包括五个新世纪主题（议题）即全球意识、理财素养、公民素养、健康素养、环保素养。另一方面，围绕“转识成智”的深度思索选择主题。教学的生活价值使得学生个体在知识的“技术和实用方面”得到更多满足，但在知识的“统摄能力、贯通能力、思考能力、创生能力”等方面显得“先天不足”②。教育工作者当然不能忽视知识的技术和实用价值，但更不能冷落知识的理性价值与超实用价值。围绕“转（知）识成智（慧）”的深远目标选择主题，就是希望运用主题内容的超越力量，超越现实生活世界与狭隘偏见，进行形而上的思索与理想信念激励，从而形成学生的理论思维与审慎智慧。

---

① 张华.论核心素养的内涵[J].全球教育展望，2016(4)：10-24.

② 李长吉.知识教学的使命：转识成智[J].清华大学教育研究，2010(5)：48-54.

三、为"意义炼制"而教

以建构主义理论为基础的生活课程在一定程度上肯定了学生兴趣、愿望、好奇心在教学环境设置中的首要地位，学生主动、积极的活动实践是比教师简单的知识传递更为重要的学习活动。但片面强调学习主体心智结构平衡的建构主义对学习的理解过于狭隘、简单[①]，学习是一种从个体自身思维的深层兴趣出发，依托自身先有概念，主动、积极地向周边情境发问，并进而经历反复的、持续不断的冲突、干扰与对质，最终解构自身的先有概念，炼制出与自身相容的新意义的过程。如果离开了个体层面的"意义炼制"，就没有真正意义上的学习；如果离开了外部环境和条件，学习也不可能发生。

（一）解构旧概念与建构新意义保持必要张力

学习是一个复杂的动态过程，解构和建构缺一不可。一个学习者要想掌握一项知识，就必须对其先有概念进行真正的解构。[②] 解构意味着对学习者根深蒂固的观念、经验、思维方式、情绪态度等方面造成一定的"冲击"，使其产生不舒适感与不协调感。教育者可以通过"错误"纠察、丰富经验、运用反例、对质辩论、支架建构等方式瓦解自身先有概念（旧概念）。了解学生的先有概念，设计、选择最合适的教学环境进行辅助，学习者就可以在与教育环境的互动中对自身的意向、认知与元认知资源进行积极调用，从而实现真正的新意义炼制。

（二）分析化的知识解析与系统性的文化实践保持必要张力

学习是悖论的乐土。学习者既要在学习面前保持必要的浪漫和自由，又要坚持严肃的过程理性与成就意识。学习者在炼制意义时主要有两种方式进行信息处理。一种是笛卡儿式的分解性知识解析，把要解决的问题分成几个部分，再对这几个部分进行更细致地划分，从而达到对各个部分更确定性的熟悉与理解的目的。传统教育基本上循着这种思路对教学内容按学科进行传授，学科被分成各个章节（单元），章节（单元）被分成若干个知识点，并对各个知识点分别加以处理，以落实教学计划。另外一种是系统性的文化实践，学习者围绕着自身感兴趣的问题或主题进行整体思考，以便站在更长的时间和更广的空间范围内使其充分境脉化，从而持续进行不断现实化的文化实践。

---

① 焦尔当.学习的本质[M].杭零，译.上海：华东师范大学出版社，2015：27.

② 焦尔当.学习的本质[M].杭零，译.上海：华东师范大学出版社，2015：88.

这两种方式是对立的，又是互补的，它们都不可能单独发挥作用。行家里手会很自然地把“遇到的每一个点都和问题的整体联系起来”，但初学者不会，他们很难理解“眼前的例子和整体结构之间的关系”[①]。只有在分析化的知识解析与系统性的文化实践之间保持必要张力，才能让一个学习者“转识成智”，走向成熟。

（三）教师的教育计划与学生的自我教育保持必要的张力

知识不能被教师直接传递，知识也不可能被学生即时习得。教师赋予知识的意义不可能自动转化成学生的知识意义，只有学习者可以“炼制”他们特有的、与“他们之所是”相兼容的意义[②]，所以教师必须赋予学生更多自我教育的空间、时间。与此同时，教师必须从学习者出发制订教育计划，甚至与学习者协商这项计划，目的在于时刻将“更多的东西”——经验、超越情境、单纯的实践咨询或是文化学习——带给学习者；另外，教师的教育计划对于学习者来说也是必不可少的约束，它有助于抵制消费主义社会对青年学生努力与专注精神的消解。总之，教师的教育计划要与学习者的自我教育保持必要的张力，促使教师更好地发挥唤醒作用，确保学生享有一个提问、炼制、参与和意识觉醒的时间与创造一个供学习者与环境、教育情境互动的空间，促进交流与对质。

四、适度进行“去评价化教学”

多年以来，教学研究者和教师致力于理想的教学评价体系的构建，除了追求更为精确和严格的终结性评价标准的制定之外，“教学面向生活世界”也鼓励他们致力于过程性与参与性评价。从传统的教学评价来看，密集的学习任务使学生失去了“学”的兴趣——分数、成绩单、书面测试题、评语、考试、竞赛等强调短期成就的教学评价充斥着学生的学校生活，使得学生更多感受到的是“束缚”“时间浪费”“知识灌输”“道德绑架”“精神缺失”等等。以这种评价为主导的教学必然盛行应试教育，因评价而生的教学也必然缺乏“本体”关怀。评价一步一步地使教学走向“死亡”——教学内容的受限和教学中意义与精神的匮乏。“去评价化教学”就是希望教学更多地从教师的“教”中挣脱出来，更加强调学生的学，赋予“学习”一词更加强有力的意义——强烈的动机，整合、炼制不同信息的方法态度，批判的思维，参与各种

---

① 焦尔当.学习的本质[M].杭零，译.上海：华东师范大学出版社，2015：135.

② 焦尔当.学习的本质[M].杭零，译.上海：华东师范大学出版社，2015：155.

知识交换小组以及从容应对变化世界的积极力量。

五、实践智慧——教师角色的价值担当

随着知识、权威来源多元化与学生主体意识的增强，教师职业的性质逐步发生变化，教师除了是知识传递的掌控者与伦理行为的规训者外，更多地开始充当学生与知识、资源、社会之间的“中间人角色”①，不断设计、丰富、创造学生学习与成长的条件。但这并不意味着广大教师应该弱化自身的伦理责任，反而应更加主动和积极地去思考自身的职业使命，践行亚里士多德德性维度的“实践智慧”，从以下三个方面着力：

第一，以鲜明的个性特征彰显自身的榜样力量。学生的成长离不开教师的陪伴。教师应该以其自身独特的声音、语言、肢体动作、性格气质等个性特征来展现自己的存在，从而给学生一种亲切感、熟络感。这样，学生也更愿意以向善向美的秉性去模仿教师的知识涵养、做事态度、审美情趣与处事风度，从而不断地健康成长。

第二，以审慎、理智的态度应对困境、混乱与社会流行风潮，对学生的自由散漫倾向形成约束。学生的学习自由值得提倡，但也要对其形成必要的约束。当前拜金主义、消费主义流行热潮逐渐影响到学校这片净土，学生也难免其俗。教师敢于逆潮流而动，就是为了让学生学会辨别，能够有所为有所不为，从而形成自我约束与自我克制能力。

第三，教师应该坚守“一切为了孩子”的热情。这种热情使教师拥有一种力量，一种潜能，能够吸引孩子们的爱与信任。这种热情本身就包含了行动的种子，它使日复一日的知识传授变得生动、有趣，它使年复一年的言传身教超越了道德教化变得可信、可敬。

六、道德教育要转向情感陶养与信仰严肃

主智主义的道德教育因为过于理想化、理性化、单一化，无法应对消费主义特征的现代社会与日益多元化的社会现实；无导向的“价值澄清”运动过于相对化、多元化、功利化与技术化，较能适应日益多元的社会现实和价值迷失中的个人，但却过于强调原子个人而失去应有的超越维度。日益浮躁、世俗的现实，道德滑坡与道德迷失并存。我们必须坚定地从“情感陶养”与“信仰严肃”两方面开展坚持公共与个体善的导向教育。

无论意识形态教育还是儒家传统道德回归，要让它真正成为改善当今

---

① 焦尔当.学习的本质[M].杭零，译.上海：华东师范大学出版社，2015：152.

社会风气的强大力量，就不能忽视情感教育的重要价值。情感教育要求家长与教师重视孩子的先天基因与后天环境的交互作用。从绘本、故事、榜样等方面，让学生有一种向上追求的精神向度。

道德教育必须建立在有"根"即信仰的基础上。教师以严肃的方式对待自己的人生信仰，做到有理想、有情怀、有节操、有底线，真诚地与学生交流，热情地帮助学生进步，同时也敢于对学生说"不"，积极矫正学生身上的错误观念与不良行为，使得学生能够信仰严肃、是非分明、坚守底线。

第五章　教学的灵性价值

教学的灵性价值虽然具有一些宗教与神秘主义的意味，但与教学的知识价值、能力价值、生活价值相比，它在人的精神层面的教导启发意义具有一定的独特性，是教学的三种基本价值和智慧价值的中间过渡，是一种实践样式。

第一节　灵性本位教学价值取向观点例举

灵性，最初作为一个宗教与神秘主义的概念，教育学界对其关注较少，它更多地同哲学、宗教学、社会学、心理学、精神病理学相连。当代许多国家和社会的公立学校体系，普遍受到现代化趋势和科学精神强调"祛魅"的影响，学校教育对宗教大多采取中立甚至回避的立场。有关儿童灵性的探讨，大多属于传统宗教领域的范畴。教育中的灵性论述，强调学生的主体觉察和心领神会，以及心灵内在世界的自我关照、意识深化和意识联结等。这种体现"整体"与"深度"的灵性本位教育价值，虽然从来没有占据主流，却也有其可以借鉴之处。

18—19世纪的裴斯泰洛齐可以说是近代灵性本位教育价值的先驱，除了因为其是第一个强调孩童道德素养的发展乃是筑基于孩童情意性之上，裴斯泰洛齐的人性观还强调人除了是自然的作品与社会的作品，更应该是自我的作品。换句话说，自我作品即是"统整自然与社会之后的自我完成"，灵性价值取向关键在“遵从自然本性与维护个体自发动源”[①]。以歌德、席勒为代表的德国新人文主义的教育主张也是教育灵性价值取向的重要典范，其中尤以席勒的美育教育哲学思想影响至深且巨。他的核心教育主张是：唯有完整的人才游戏，也唯有在游戏中，人才完整，游戏驱力是美感与艺术的源头与和谐人性的关键。

进入20世纪初期，蒙台梭利开始全力推广她的灵性教育理念。她认为人体有一个依照明确计划在发展的“个人灵性胚胎”，教育者最紧要的工作就是认识“这个未知的儿童”，并将他从“所有的束缚中”解放出来[②]。在蒙台梭利看来，成人既不是儿童外在肉体的创造者，也不是灵性的创造者。只要赋予恰当的滋养环境，儿童自身所具有的内在驱动力就会推动儿童自由、自发地学习和成长。成人眼中所谓的儿童的不良行为，皆因成人提供不恰当的环境，或是以自己的错误偏见来误导所致。蒙台梭利对儿童内在潜能的信念与行动，激发了后世研究者探索人类本性内在的开展。

与蒙台梭利几乎同时期的德国“人智学”创始人、华德福教育的开创者史坦纳认为，西方科学物质主义太过于窄化，而且无法包含宇宙所有的真实性。有一种灵性、超越感觉的真实性存在，“每一个人都可以依靠沉睡在他天性中的精神机能，来获取一种有关更崇高世界的知识”[③]。在史坦纳看来，灵性经验与科学方法之间并无冲突，只要科学的定义能够扩展到涵盖超越感觉的现象——建立一种“灵性的科学”。他的人智学学说目的在于由精神观察直接理解人类的本质，在教育过程中唤醒个体思想、感受、意志三元心灵能力的协调运作。在他看来，教育不是一种“科学”，也不是一种“专业技术”，而是一种需要“敏感性和直觉能力的艺术”。教师只有提升自身的“灵性敏感度”，才更有可能被儿童的“灵性深度”感动，从而与每位儿童建立一种“特别亲密的熟悉感”，以帮助他们展开灵性[④]。

美国人本主义心理学家、教育家罗杰斯针对传统教学中的弊端，如以教

---

① 冯朝霖. 十二年课纲系统图像与全人教育理念[C]//2013第九届生命教育学术研讨会. 台北：台湾大学，2013.

② Miller R. 学校为何存在？美国文化中的全人教育思潮[M]. 张淑美，蔡淑敏，译. 台北：心理出版社，2007：236.

③ Miller R. 学校为何存在？美国文化中的全人教育思潮[M]. 张淑美，蔡淑敏，译. 台北：心理出版社，2007：250.

④ Miller R. 学校为何存在？美国文化中的全人教育思潮[M]. 张淑美，蔡淑敏，译. 台北：心理出版社，2007：256.

师为中心的知识传递，注入式的教学方法，对儿童的生活指导的行为控制取向，儿童被放在依附的、被管制的位置上，没有自我、没有发展的探索权和主动权等，提出“非指导性教学”。以“自我实现”为根本宗旨的“非指导性教学”倡导“自发学习”(self-initiated learning)和“自由学习”。[①] 它的基本特征可概括如下：(1)极大地依赖于个体成长、健康与适应的内驱力，坚决排除各种有碍于学生成长和发展的障碍；(2)强调情感因素，强调教学情境的情感方面而不是理智方面，要求教学尽可能直接进入学生的情感世界，而不是借助理性的方法去干预或重组学生的情感；(3)强调学生“此时此刻”的情形，而不关心他过去的情感和经验；(4)强调本身就能促进学生人际接触和人际关系中的经验生长。[②] 因此罗杰斯更愿意称教师(teacher)是“促进者”(facilitator)。

灵性教育的集大成者美国米勒博士认为全人的思想主张是一种深植于整体、脉络和交互连接的认识论，而这样一种以“灵性层面”扎根的教育模式，更是以“生命为中心”的关怀，他在《生命教育——推动学校的灵性课程》一书中举出数位重要的全人(灵性)教育先驱，包括反对18世纪物质主义世界观的卢梭，卢梭教育理念第一位实践者裴斯泰洛齐，将卢梭理念实践于幼儿园的福禄贝尔，美国一批强调人类灵性层面的先验论者如强尼、爱默生、梭罗及艾尔科特等人。他提出“全人教育”是一种“灵性的”和“生态的”观点；一种全人的思考导向呼吁我们回归与自然界建立更有机的关系。[③] 米勒指出，全人(灵性)教育相信人性具有一种潜力，能以深奥的方式和生命与宇宙继起的演进互相联系，并在每一个人的灵魂中展开。理解全人教育意义之更根本性的问题在于质问：灵性之于教育的意义为何？米勒回应：“将教育视为一项提升灵性的作为，而不是一项由社会纪律所强加在学生身上的理性计算公式，这就是全人教育与传统之间的重要差异。”[④]

---

① 张华.课程与教学论[M].上海：上海教育出版社，2001：146.

② 张华.课程与教学论[M].上海：上海教育出版社，2001：147.

③ Miller R.学校为何存在？美国文化中的全人教育思潮[M].张淑美，蔡淑敏，译.台北：心理出版社，2007：108-109.

④ Miller R.学校为何存在？美国文化中的全人教育思潮[M].张淑美，蔡淑敏，译.台北：心理出版社，2007：15.

第二节 灵性本位教学价值取向的主要表现

灵性、生态、美感、鉴赏等词语，在教学价值的讨论中虽然不是那么常见，但这些词语所带来的全新感受值得重视，灵性本位教学价值取向所表现出来的新颖性能够带来不少启发。

一、“灵性”滋养的目标追求

在心理学领域，基于对传统智商理论（IQ）和情商理论（EQ）之局限性的反思，达纳·佐哈和伊恩·马歇尔研究发现，人类除了具有逻辑智力和情感智力之外，还存在着另一种内部的、天生的能力，一些触及我们并且从内部指导我们的东西，即灵性智力，也称为灵商（SQ）。灵性智力（灵商）不仅是人的逻辑智力与情绪智力发挥作用的基础，而且具有整合人的不同智能并且改变源于其他两个过程的物质的潜能。灵性智力为人的整体性发展提供了生长和转变的支点，塑造了一个具有能动的、统一的、意义赋予的自我，它可以把人的行动和生活置于更广大、丰富的意义赋予的背景中，帮助人超越自我的割裂与片断化的生活。① 教学的灵性价值，要求教育工作者将更多的精力、时间投入孩童的智商、情商与灵商的整体发展之中，灵商应该成为比智商和情商更为根本的人性潜能。灵性教育在国内还处于探索阶段，但在欧美发达国家已经成为教育改革潮流中的另类典型。灵性教育不再将人仅仅视为一种理性的动物或情感的动物，认为人从根本意义上更是一个“心灵动物”，总是“处于对意义和价值的渴求之中”。灵性教育必须把学生的成长发展置于“人的真实完整存在的基础之上”②。

灵性教育目标分为“三个相互联系而又逐渐递进”的价值层次。首先，灵性教育是一种基于“潜能发现和提升”的教育。教育者要相信人人皆有灵性，灵性来自人本身所具有的天赋潜能，教育的“基础任务”是科学地探查深藏在每个青少年内在心灵中的各种潜能，并且创造“适合每个学生的潜能向着正确方向”获得“提升和完善”的环境和条件，最终培养出能够对个人生命成长和社会进步和谐具有“精神自觉”的人。其次，灵性教育是一种呵护学

---

① 钟启泉，安桂清．课程灵性与人格建构[J]．全球教育展望，2006(1)：25-30.

② 杨颖东，郝志军．灵性教育的价值追求与实践方式[J]．教育研究，2016(12)：22-29.

生“精神健康”的教育。“精神健康”是个体拥有发展灵性本质的一种潜能，它能够帮助学生个体确认自身的人生目的与生命意义，使学生学会“享受当下，感受爱、喜悦、平静和成就感”，同时使“自身与自我、他人与外在环境建立良好活动关系，形成一种强烈稳固的价值与信念系统”①。只有具备了良好的情感素质，使学生的“精神意识得以不断提升并实现与认知系统的整合”，才能为学生的道德发展提供“坚实可靠”的基础。最后，灵性教育是一种持续提升“人的道德信念”并进而追求“止于至善”的教育。对于学生的精神发展而言，学生的潜能是开放的，而不是被限制的。教育通过培养学生“高层次意识”来最终促进受教育者对现实的理解。② 这里的“高层次意识”实际上就包括道德追求、价值信仰、精神信念和审美修养等。灵性教育就是让学生能够自觉接受这些“高层次意识”的指引，不断“超越自我、理性和现实”，使人性朝着更深更高的方向发展，从而逐渐达到一种“至善至美”的智慧境界。③

总之，作为教育的“本体性功能”④，人类潜能激发与灵性滋养应该居于教学目标的首要地位。灵性潜力发展充分的个体，能够在一切教育活动或学习活动中表现出对自我生命的极度尊重、对自我价值的充分自信，能够与自然万物与人群社会保持“深度”联结与沟通。

二、生态意义上的内容选择

具有灵性意蕴的教学内容体系，把课程视为“对人的精神生活需要的一种回应”，强调课程核心功能定位由“人是手段”到“人即目的”的回归。⑤ 灵性教育在课程内容选择上基本坚持自由、全面、平衡三原则。

课程选择的自由原则表现为对课程计划进行“系统完整的体验式学习设计”，为学生创造一种“自主的学习空间”，鼓励学生“将教材中的知识同自己已有的切身感受、生活经验、文化传统、个人思考等内外情境因素”建立起有力的联结，从而逐渐学会在学习中炼制出能够“不断引领自己前进的内在意义”⑥。课程内容选择的全面原则按照米勒的解释，是一种包含处理各种

---

① 杨颖东，郝志军．灵性教育的价值追求与实践方式[J]．教育研究，2016(12)：22-29．

② 杨颖东，郝志军．灵性教育的价值追求与实践方式[J]．教育研究，2016(12)：22-29．

③ 杨颖东，郝志军．灵性教育的价值追求与实践方式[J]．教育研究，2016(12)：22-29．

④ 朱新卓．教育的本体性功能：提升人的灵性[J]．教育研究，2008(9)：23-27．

⑤ 杨颖东，郝志军．灵性教育的价值追求与实践方式[J]．教育研究，2016(12)：22-29．

⑥ 杨颖东，郝志军．灵性教育的价值追求与实践方式[J]．教育研究，2016(12)：22-29．

关系的全面课程结构，这些关系包括线性思维与直觉思维的关系、精神与身体的关系、不同知识领域间的关系、个人与团体的关系、人类与地球的关系、个人同自我的关系等六个方面①。课程内容选择的平衡原则是指抛弃过去把学科分为主科和副科的固有偏见，平等看待学校开设的每一类课程，尤其加强艺术教育，“将艺术教育从课程的边缘拉回到学校教育的中心，让每一个学生都能通过艺术来学习”，实现学校课程内容选择在人文教育、科学教育和艺术教育上的平衡。甚至某些学校的教学与课程安排本身就是“一种全然的艺术活动”②。丰富的艺术课程本身即可激发儿童的“创造能力与对美好事物的体会”，而教师们“全然内化的艺术能力”也有助于其“了解人的本质、孩子的生命与发展的层次，进而将艺术的精神贯穿整个课程”③。此外，中国传统中的优秀文化仍然是滋养我们学生灵性成长的“血脉”，是激发学生“原始生命活力和建立内在身份认同的根基”，因此课程内容选择还要注意保持本土文化和外来文化的“平衡互补”。④

灵性课程内容中包含了阅读、写作、算数、历史、地理、植物学、动物学、物理、化学、体育、代数、几何学等拉丁文或希腊文（主要指欧洲国家）两种现代语言，以及绘画、制图、工艺、音乐、歌唱、舞蹈律动。前八种属基础科目，课程计划一般采取每天两小时的“密集”教学法（如阅读三周、算数三周、地理三周等）、连续三周“密集”主课程（结束后换成另外一门“主课程”），这有助于其潜移默化储存为学生有意识记忆的一部分，目的是让学生与所学知识建立“深度”联系。持灵性价值取向的学者认为“遗忘”是消化知识过程的必要一步，而将知识重新复习是一种很有帮助的练习方式，所学的知识最终会化为人（人格）的一部分⑤。

总之，灵性教育在内容上更加倾向于最真实的自然、心灵与社会。灵性教育学者认为，自然世界不是被现代欧洲文明（主要指科学文明）所过滤的客观主义世界，自然是变化的、有机的、不规则的、未曾修饰的生态世界。学

① 杨颖东，郝志军．灵性教育的价值追求与实践方式[J]．教育研究，2016(12)：22-29.

② 冯朝霖．十二年课纲系统图像与全人教育理念[C]//2013 第九届生命教育学术研讨会．台北：台湾大学，2013.

③ 冯朝霖．十二年课纲系统图像与全人教育理念[C]//2013 第九届生命教育学术研讨会．台北：台湾大学，2013.

④ 杨颖东，郝志军．灵性教育的价值追求与实践方式[J]．教育研究，2016(12)：22-29.

⑤ 威尔金森．善、美、真的学校：华德福教育入门[M]．郑鼎耀，译．台北：光佑文化事业股份有限公司，1997：10-11.

校提供给学生玩耍、摆弄、体验、操作、创作的物品应注重选用来自自然的天然材料，以最大限度激发学生的想象、创造能力；心灵世界是纯个人的精神世界，学校要尽可能地组织意象化冥思、禅坐、瑜伽、日志写作等课程活动引起学生精神意识的觉醒与触动；人群社会也应尽可能以躬耕（有条件）、和善、互助、分享的民主社区支持学校教育的乌托邦美梦。

三、美感、玩性意义上的课程实施

一直以来，由于受制于简单性思维的认知方式，教学被视为对静态的、确定的学科知识实体的传递、掌握和占有，课堂教学因此被异化为对公共知识传递的技术性灌输、程序性控制以及操作性压迫[①]。这是导致课堂教学窒息人的灵性成长的根源。[②]

灵性本位的目标假定，内在隐含着一种由外而内的教学价值转向：由专注于外在知识、技能、经验的向下“倾斜”到关注内在生命潜能的“觉察自知”。灵性学校一般谋求与学生、家长、社区建立更加密切的伙伴关系，鼓励家长、社区参与学校决策，并把学生参与社区服务整合成为学校的核心课程；学校积极优化校园与教室环境，有的教室甚至可以提供方便躺卧看书的地毯、长沙发，从而有助于学生体验自由自在的家庭式学习氛围；学校坚持有节奏和有规律的课程安排环节，以便学生形成内在的稳定感与秩序感；学校和教师以讲故事、音乐表演、戏剧演出、诗歌朗诵、举办重大节日的庆典仪式等方式，深化学生与社区的情感联系。

学生积极主动与大自然、社会、世界紧密联系，用喜悦的眼光看待周围的一切，以一种积极的心态看待周围世界的变化。学校尽量提供学生与大自然真实接触的机会，学生的敏感性与直觉能力就在这种真实环境中即兴发挥出来。强调学生主动地游戏，以一种做梦和玩性的形式看待学校提供给学生多元选择的经验。学校尽量提供允许学生内在生命绽放的生命课程。教师可以指导或者提供示范，透过意象化冥思、梦的运作、日志与自传写作等方式帮助学生平衡不良情绪，缓解学习压力，发展直观想象力并全身心投入学科课程的深度学习中去。

四、鉴赏意义上的质性评价

教学的知识价值与能力价值强调评价的控制与管理功能，往往将学校

---

① 张良.从简单性到复杂性：试论我国教学范式的重建[J].清华大学教育研究，2013(5)：103-108.

② 杨颖东，郝志军.灵性教育的价值追求与实践方式[J].教育研究，2016(12)：22-29.

中的教师和学生视为达成各类功利性目标(如学校排名、升学率、荣誉数量等)的手段,从而导致“思考的窒息以及对意义追求的丧失”,严重阻碍了学生的灵性生长[①]。教学的灵性价值并不是不要评价,而是没有标准化的纸笔测试。它强调的是对每位学生学习状态的个性化描述,目的在于塑造一种“灵性领导风格”,即通过学校的各类教育和管理活动来“唤醒教师和学生的深层潜能”,关怀师生的心灵成长与情感需求,使他们在完全参与的活动中不断探索新的意义和价值,进而提升其自身的灵性水平[②]。

灵性评价从鉴赏出发,更多地设计个性化、表达性的评价指标;为每位学生设立专门的在校学习档案并定期更新;家长主动跟学校保持密切沟通,了解学生每天的学习状态与需求,积极参与学生学习过程;采用自评与互评相结合的评价方式,要求学生“体验”用鉴赏的方式来看待自己的进步与同学的进步。

五、“临在”取向的师生关系

灵性本位的价值追求,呼唤灵性的教师与灵性的学生。不管是世俗抑或是宗教背景下的灵性课堂,灵性教师都需要保持全身心“临在”(presence)与真诚关心。无论是教学中的知识中心、能力中心抑或是儿童现实生活中心,都把教学中学生单方面的素质养成当作是课堂中师生关注的“焦点”。灵性本位的教学价值导向,教师通常以饱满的灵性敏感力与直觉力去全身心体验学生的“在场”,感受每个学生多姿多彩的创造、表现涌动。课堂上,教师要不断同学生保持一种知识学习的开放性、对话性,这样才能源源不断产生精彩观点;课外,教师要带领学生多体验大自然、社会的真实挑战,不断激发学生内在的与大自然、社会联结的愿望;此外,教师还需不断引导学生追求超越人格,超越本性,从而平衡内在的浮躁情绪。

下面就是一位老师在将这种全身“临在”也就是“时时刻刻当下的觉察”(moment-to-moment awareness)这种特质带入教室后所产生的心灵震撼:“身为一位老师,我现在变得更能在教室里注意到我的学生和他们的感觉,我不再匆忙赶课,每天我会花时间享受和学生在一起的时间及共同的体验。学生认为我看起来更快乐了,我更常微笑,这都是因为我现在比以前更能觉

① 杨颖东,郝志军.灵性教育的价值追求与实践方式[J].教育研究,2016(12):22-29.

② 杨颖东,郝志军.灵性教育的价值追求与实践方式[J].教育研究,2016(12):22-29.

察、觉醒以及全心临在，而非脑子里一直想着还要做些什么。”①

六、“联结”取向的道德教育

追求结果和绩效的机械式教育“要求量化所有的学习而不去关心学习品质”，已经严重抑制了学生的心灵发展。灵性本位的道德教育旨在“心灵（不仅仅是道德）重建”，帮助我们恢复“我们和宇宙最原初的关系”②。灵性无法单独以个人的生命来运作，它是一种“关乎个人与世界不可分割的联结方式”③。生命与自然“联结”，使个人以欣赏和呵护（不仅仅是保护）的情感对待大自然，尽情享受大自然的神奇、美与变幻；生命与他人（社会）“联结”（条件是需要一定的宁静沉思，开放心灵给自己），“服务他人成为一种自然的喜悦”④；生命与宇宙“联结”，我们就能体验到神圣与永恒，体会到“深刻的自我实现”。⑤

第三节 对灵性本位教学价值取向的批判

灵性本位教学价值取向追求超越而超越的目标却不够清晰，追求个体灵性的成长却对现实社会关注过少，极其推崇个性化内容却容易在策略上陷入神秘主义，这是灵性本位教学价值取向最为突出的问题。

一、目标本身的模糊性、超前性限制了它的推广价值

灵性目标强调学生的内在超越性的一面，对很多人来说，可能太过遥远，无法适应眼前的实际；灵性目标强调内在潜能、内在创造力的涌动，概念相对比较模糊，对很多教师来说，无法把它同具体的学科教学与主题教学产

---

① Miller J P. 生命教育：推动学校的灵性课程[M]. 张淑美，译. 台北：学富文化事业有限公司，2007：16.

② Miller J P. 生命教育：推动学校的灵性课程[M]. 张淑美，译. 台北：学富文化事业有限公司，2007：17.

③ Miller J P. 生命教育：推动学校的灵性课程[M]. 张淑美，译. 台北：学富文化事业有限公司，2007：33.

④ Miller J P. 生命教育：推动学校的灵性课程[M]. 张淑美，译. 台北：学富文化事业有限公司，2007：34.

⑤ Miller J P. 生命教育：推动学校的灵性课程[M]. 张淑美，译. 台北：学富文化事业有限公司，2007：39.

生积极的联结；灵性目标本身包罗万象的整合性特征使其较容易着眼于长远目标的树立，而对每一节课的具体目标指导性有限。灵性目标同知识、能力、生活经验相比，缺乏可操作、可衡量的指标体系，它与现代信息化、技术化的未来变革社会的旨趣差距太远，无法同现代科技社会的变革形成更积极的互动。

二、对教育中"维生"性知识重视不够

现代教育主要有三大功能：维生、交往与创造。[①] 不同本位的教学价值取向，对这三个功能有着不同的课程侧重。生态意义上的内容选择确实指向了现代教育的灵魂核心：促进人与世界的深层次互动。这种深层次互动，需要教育内容更多面向自然、原材料与耕读文化。而增强学生现代商业社会生存能力的技术性知识、职业类知识由于追求"工具理性"的旨趣而被灵性本位学校教育完全摒弃。这种绝对化对待现代文明的逃避方式，无法满足国家、大多数家长和学生的维生功能的期待，很难成为主流。

三、教师对教学策略理解不深

灵性本位价值取向呼唤有灵性的教师并有某种灵性的教学策略与之相适应。而教师受到现代化科技理性的熏陶，无法形成对灵性教育以及与之相对应的教育策略的良好理解。灵性大多与个人的超越性追求紧密相连。学生灵性的滋长离不开有灵性的教师，教师必须以更加整全与科学的方式带领学生认识自然、世界及宇宙的真实。在这方面，冥想、意象化联想、梦的运作、自传与日志写作等非常重要的灵性生命课程，都由于缺乏专业的指导团队而让学生徘徊于心理焦虑的现代亚健康之中。

四、评价的地位和作用尚未引起重视

灵性滋长的课程更强调教学展开的过程而不是结果。因此，灵性本位的教学价值取向尚未就教学评价形成一致看法。鉴赏取向的评价策略需要教师本人有极高的灵性素养。今后，教师应该与家长、社区一道，沟通探索适合灵性水平测试的灵性评价标准，助力灵性课程的推广与拓展。

五、教师缺乏对学生社会性发展的关注

教学的灵性价值，除了发展传统的知识、技能与情感关系之外，教师还不断以全场临在的方式关注学生各方面的发展成长，不断以自己的灵性去

---

① 黄武雄．学校在窗外[M]．台北：左岸文化事业有限公司，2003：56-57．

滋养学生的灵性，并特别注重学生内在生命灵性的自我展现与迸发。但是，教师对学生个性的重视与群体性的忽视是一体两面的。灵性价值倾向一面表现出对学生个性发展的极大热情，一面显露出对学生的政治认同与社会性发展的消极与无为倾向。教师与家长的沟通角色有待加强，教师应该更多地发挥家长与社区人士积极参与孩子教育的作用。家长与社区人士的参与也可以作为正式课程的一部分，共同促进孩子的健康成长。

六、道德教育信仰意味浓厚

灵性本位的教学价值取向，相信人灵性滋长的过程也是人格逐渐健全的过程。灵性在某种程度上促使人以关怀的、合一的、敏感的、直觉的态度对待自己所接触的人、自然以及世界。灵性本位的道德教育呼唤主体具备饱满的道德情感，但是饱满的道德情感未必产生合乎规范、礼仪的道德行动。如果缺乏必要的道德批判与道德反省能力，学生有可能在日渐复杂的现代社会中做出合情而不合理的道德行为，从而影响他们未来的社会适应性。

第四节　灵性本位教学价值取向的系统反思

鉴于灵性本位教学价值取向下教学活动的不系统、不稳定、不成熟等情况，对其实践改进可以有许多的探讨，一些追求学生灵性养成的教学实践为这种价值取向的修正提供了借鉴。

一、积极探索灵性目标——“全人”教育

灵性的发现、发展和提升只有通过精心适合的教育才能在实践中得以实现。教育作为一种以影响人的身心发展为直接目的的社会实践活动，其存在的基本根据在于只有通过教育才能使人从生物性个体转变为社会性个体，这个转变的过程实际上就是唤醒和发现人的灵性、尊重和保护人的灵性、引导和提升人的灵性的过程。[①] 灵性教育作为西方社会另类教育运动的产物，它有着极为复杂的文化背景与思想渊源。灵性教育有助于矫正现代化教育过于功利化、标准化、世俗化对人性冒险精神与创造欲望压抑的问题。公民个体需要通过自身的努力探索寻求生活的意义和存在的价值，从

---

① 杨颖东，郝志军．灵性教育的价值追求与实践方式[J]．教育研究，2016(12)：22-29.

而确立自己的精神信仰。[①] 灵性探索就是人重新寻找价值信仰，建立精神信念的过程。[②]

灵性是更加强调“全人”理念的一种方式。[③] 全人教育实践筑基于“开放而暧昧的人类图像”——人的未确定性，人的自我完成性、依他性，要求在核心思维上尊重个体之“自我完成性”，教育者（与机构）应提供充分与多元的机会。认识论上坚持整体与交互的世界观，把一个人看作是由身体、情绪、认知、社交、文化及灵性等层面所合成的一个整体。重视教室、学校、社区中的团体生活、家庭与学生互动产生的意义。“全人教育的主张本质上都是教育美学意识的投射，其意义都是人类对人性发展‘尽善尽美’的渴望与投射，全人教育的主张都是文化乌托邦的设计。”[④]

二、积极探索生态式课程内容的“复杂性”面向

从教育生态学的角度，灵性本位教学价值取向在教育内容选择上特别重视自然世界、社会世界与心灵世界的“本真”向度，它在一定程度上刺激着受教育者的敏感性、想象力、创造力、爱与责任心。但是，过于专注于“原初关系”的教育旨趣，使得学校在一定程度上忽视了确定性、逻辑性与一元性知识、经验的严肃传授。

生态教育内容选择的复杂性思维方式，就是要求我们打破“非此即彼”“静态整体”的生态教育观，强调在教育内容选择上超验性、经验性、体验性课程杂糅，文化性、现代性与技术性知识并重，做事型、共处型、生存型能力齐飞，沉思型、情感型、信仰型幸福俱在，等等。

三、教师要在“人智学”背景下提升自己的灵性

无论何等完美的教育计划与教学设计，最终都必须通过教师的日常教育实践予以展开落实。教师在很大程度上不仅关系着灵性课程与灵性教学的形成与否，而且其自身所具备的灵性素养对学生灵性水平的提升发挥着重要作用，“唯有使教师充满灵性，培育出具有灵性的教师群体，学校教育才

---

① 陈海萍.社会工作中的灵性研究[J].社会工作，2010(8)：15-17.

② 杨颖东，郝志军.灵性教育的价值追求与实践方式[J].教育研究，2016(12)：22-29.

③ Miller J P. 生命教育：推动学校的灵性课程[M].张淑美，译.台北：学富文化事业有限公司，2007：12.

④ 冯朝霖.十二年课纲系统图像与全人教育理念[C]//2013 第九届生命教育学术研讨会.台北：台湾大学，2013.

能产生出强大的内在力量，进而才会对学生的灵性成长发挥实质性影响”①。而教师灵性的普遍缺失已经成为当前教师教育领域最深层次的时代危机。

教师灵性的滋长可以通过某些有针对性的灵性训练来实现。史坦纳对人类的高等灵性有深刻的实证体会与指导策略，他曾经提出了有助于人灵性发展的七项戒律。②

四、坚持在“广义经验论”基础上探讨灵性评价指标

当前社会，现代性无可逆转的“精细分化”走向，致使灵性无法浮现。美国哲学家威尔伯在《灵性复兴》一文中特意强调，为免落入独白，灵性科学应尽可能地向世人公告其方法门径、材料与证据、效度与检验之道。③ 同真实科学一样，灵性也应该从广义经验论（一般体验）去界定。在此基础上，灵性水平的评价指标应尽量从人的自我神圣感、周边环境觉察敏感度、创造性思维、“辨认特征”能力等角度去综合考量。④

五、重视过程视角中的师生关系：生命自觉与真实行动

临在取向的师生关系，教师力图通过自身完整的生命整体主动介入学生的生命成长，并把促进学生身心灵全面和谐发展当作自己职业幸福追求的教育志业。但是，任何崇高意义上的教育宗旨都离不开教师自觉开展的教育实践行动。从过程与历史的视角去看待师生之间的临在关系，要求把师生关系看成一个只有起点没有终点的持续互动过程，教师不断以自身的“生命自觉”去带动和提升学生的“生命自觉”，具有这种“生命自觉”的教师将是一个真正具有创造性和智慧性的教师。⑤ 教师的“生命自觉”主要包括三个方面：对自我的生命自觉，即知晓自己的优势、劣势和潜势，对自己的人生有清晰的觉知并因此变得坦然、从容和有气度；对他人的生命自觉，其要义是对他人的生命敏感、尊重和敬畏；对环境的生命自觉，即能够对影响自身和他人生命成长的环境具有清醒的意识与明智的判断。⑥

首先，只有形成对自身的生命自觉，教师才能顺利地将自我的人生规划、所传授的学科知识与学生的成长统整到自己的精神生活世界之中，从而

---

① 杨颖东，郝志军．灵性教育的价值追求与实践方式[J]．教育研究，2016(12)：22-29.

② 张盈堃．从理论到实务的田野工作[M]．屏东：屏东教育大学出版社，2010：319.

③ 张盈堃．从理论到实务的田野工作[M]．屏东：屏东教育大学出版社，2010：318.

④ 黄武雄．童年与解放[M]．2 版．北京：首都师范大学出版社，2011：30-35.

⑤ 杨颖东，郝志军．灵性教育的价值追求与实践方式[J]．教育研究，2016(12)：22-29.

⑥ 李政涛．教育常识[M]．上海：华东师范大学出版社，2012：61-66.

使三者形成一个有机的整体。这样的教师才会形成深刻的“职业价值自觉”,不仅知道为何而教,为谁而教,还能够“依照内在本性”而教,从而以一种“真实存在的方式”同学生进行教育交往并在交往中保持一种“完全的在场”。①

其次,教师“对他人的生命自觉”在学校教育中主要体现在对学生生命成长的自觉,具备这种自觉,需要教师时刻观察每位学生潜能的萌芽,聆听每位学生生命成长的声音,捕捉每位学生“精神转变”的细节,尊重每位学生,认可每位学生的“多样性与可能性”②,鼓励每位学生生动活泼地参与、自由自在地思考和创造等。教师在角色上扮演着学生的启蒙者、传授者、支持者、灵魂的陪伴者,与此同时,学生也被鼓励成为教师不断进行教学改进的挑战者、批判者、修正者、建构者。

最后,只有具备对环境的生命自觉,教师才会在教育活动中因人而异、因时制宜地做出审慎的教育决策,灵活机智地运用“方法指导、反馈评价、活动组织、互动交流、个别辅导”等各种教导方式来影响学生的成长。当这些决策和方式无法解决问题时,教师不断催生“内在的需要”去学习更多的理论知识,主动借鉴同事和同行的方法和技巧,并在问题解决的过程中形成自己的教育实践智慧。③ 在此过程中,教师不断与社区、家庭、自然形成复杂的交往网络,从而促使学生打破狭隘的个人视限,从而与社会、自然产生更紧密的关联。

六、积极探索灵性德育的路径

灵性德育应该进一步鼓励学生与自己的“内在智慧”接触,重新忆起自己“是谁”“每个人是谁”,体验自己的终极真实。④

灵性取向的道德教育要求学生对社会中必要的人伦规范有一定的敬畏之心,不做危害社会与他人之行动;鼓励学生产生对人生终极意义和目的的思考与憧憬,从而平衡日常不良情绪的侵扰,产生幸福感;怀有一种绝对信任他人的真诚之心,摆脱利益倾轧与猜忌之心,走向“我—你”关系的情感满足。

---

① 杨颖东,郝志军.灵性教育的价值追求与实践方式[J].教育研究,2016(12):22-29.

② 杨颖东,郝志军.灵性教育的价值追求与实践方式[J].教育研究,2016(12):22-29.

③ 杨颖东,郝志军.灵性教育的价值追求与实践方式[J].教育研究,2016(12):22-29.

④ 冯朝霖.十二年课纲系统图像与全人教育理念[C]//2013 第九届生命教育学术研讨会.台北:台湾大学,2013.

第六章　教学的智慧价值

教学的智慧价值可以看作是教学的终极价值，朝着智慧价值而努力是当代教学的必然走向，教学的知识价值、能力价值、生活价值、灵性价值当中，都蕴含着智慧价值的种子。在当代社会，智慧价值的种子有了发芽成长的必要性和可能性。

第一节　智慧本位教学价值取向的发展历程

智慧是人类的永恒追求，对教学智慧价值的关注很早就开始了，但作为一个教学价值取向的范畴，对其内涵的讨论和实践的探索还远远不够。

一、神话时代的智慧

教育与智慧之间的关系可谓源远流长。即使在原始社会时期，最重要的教育知识或者说在一个氏族或者部落群体真正进行公开传播的，是有着神秘启示或者庄严仪式的“神话型”知识，只有它才能提供一种解释外在自然世界和内在精神世界困惑的完整模式，才能让原始人摆脱血缘纽带，以对某一神话的共同分享和信仰为基础凝结成一个真正的原始“社会”。① 通过口耳相传的方式进行传播的生产、生活知识则不配享有“知识”的名义，或者说不配以真正教育的名义对它们进行传播。

① 石中英.知识转型与教育改革[M].北京:教育科学出版社,2001:49-50.

在维柯看来，这一时期的"智慧"是从缪斯女诗神开始的。用荷马在《奥德赛》里的定义来说，智慧就是"关于善与恶的知识"，后来也叫作占卜术，也可称之为"凭天神预兆来占卜的一种学问"①。最早掌握这种知识或者精通这种"诗性智慧"的人被称作"巫"②或者"神学诗人们"③。他们是原始社会最初的哲学家，这些人"没有推理的能力，却浑身是强旺的感觉力和生动的想象力"；他们生来就对各种原因无知，却对一切事物感到"新奇"。④ 他们的诗起初都很神圣，他们还按照自己的观念，使让自己感到惊奇的事物各有一种实体存在，正像儿童把无生命的东西拿在手里跟它们游戏交谈，仿佛它们就是活人一样。"诗"就是他们生而就有的一种功能，他们被称为"诗人"。"诗人"在希腊文里就是"创造者"（汉语就是"作者"）。伟大的诗都有三重劳动：(1)发明适合群众知解力的崇高的故事情节；(2)引起极端震惊，为着要达到所预期的目的；(3)教导凡俗人做好事，诗人们也会这样教导自己。"惊惧的人们一旦凭空夸张地想象出什么，他们马上就信以为真。"⑤

二、文明轴心时代的智慧

随着这些诗性智慧的日益衰退，人类进入一个被称作为文明"轴心时代"的所谓古典时期。西方出现了真正的哲学即形而上学，而东方也出现了一批注重用非常质朴和简短语言进行本体论思考的思想家——孔子和老子等。⑥ 智慧(aophia)这个希腊词包括理论和实践两方面的意思但又与这两方面都不相同。智慧不是知识，也并非技术，而是比两者都更高级的东西，在知识中它是有预见性、能看出长远效果的东西，在技术中它又是体现出一种境界和层次的东西。⑦ 因此，它非具体层面而是全面、最高层次的知识；它非解决眼前问题，而是解决整个宇宙、人生的根本问题。可以说它是一种最高级的实践态度和人生境界，它包含有道德的和审美的世界观、人生观。毫无疑问，这种智慧在人类各大文明古国都有悠久的传统和丰富的蕴藏，当然

---

① 维柯. 新科学[M]. 朱光潜，译. 北京：人民文学出版社，2008：151.

② 石中英. 知识转型与教育改革[M]. 北京：教育科学出版社，2001：47.

③ 维柯. 新科学[M]. 朱光潜，译. 北京：人民文学出版社，2008：151.

④ 维柯. 新科学[M]. 朱光潜，译. 北京：人民文学出版社，2008：158-159.

⑤ 维柯. 新科学[M]. 朱光潜，译. 北京：人民文学出版社，2008：159.

⑥ 石中英. 知识转型与教育改革[M]. 北京：教育科学出版社，2001：53.

⑦ 邓晓芒. "爱智慧"辨义：西方形而上学史导言[J]. 湖北大学学报(哲学社会科学版)，1999(6)：34-36.

也各有不同的特色和偏重。如智慧在中国偏重德性方面，在古希伯来偏重信仰方面，在古希腊偏重理性方面。虽说亚里士多德也提出了实践智慧（德行方面），但随着理性认识论在科学技术方面的突飞猛进而被日益“遮蔽”。

中国的德性智慧同中国古代的教育概念紧密地联系在一起。石中英认为“学”的意义比较复杂，比我们今天所说的与“教授”过程相对的“学习”一词的含义更为广泛。主要是指：第一，“学”以为人，这是目的，也是内容，是二者的统一。“学”不单单是为了获得知识，更主要的是学习如何做人，做一个有高尚德性和德行的人。“学”的内容也不是一些有关宇宙自然的人生以外的知识，而是与日常生活密切相关的人生以内的知识。第二，“学”则由己，这是根本方法。第三，“学”须有恒，这是“为学”的基本前提。第四，“学”无贵贱。“人皆可以为尧舜”，“涂之人可以为禹”。① 石中英虽然认为这四点阐述并不是很全面，但是这四点阐述可以让我们体会到“学”的真谛所在：“学”主要关心的不是有限的知识世界和知识生活，而是无限的道德世界和道德生活；“学”主要追求的不是个体某方面心智的发展，而是整个人的成长，整个生活世界的构造；“学”所依托的也不是纯粹的理性，而是人的整个内在世界和外在世界的参与。“学”与生活不是脱离的，“学”本身就是一种永无止境的高尚的生活方式。在这个意义上，“学”就是“行”，“行”就是“学”，怎么学就怎么行，怎么行就怎么学。“教”也莫过于“行”，而“行”之“教”对于“教”者来说又是“学”。人人都是“教”者，人人都是“学”者。“教”与“学”是使整个人生与社会生活富有意义、富有价值的前提，营造了鲜活的生命和社会浓郁的文化氛围。……“学”的概念包含着、浸透着、显现着、传承着一种强烈的人文精神。②

不管是古希腊的理性智慧还是古希伯来的信仰智慧都有着浓厚的宗教背景，认为智慧是最高知识，不是人人都能得到的，甚至认为是人所不能或不配得到的。所以“爱智慧”一说，本来是一种谦虚的说法，据说最早由毕达哥拉斯提出，意思是：我不敢自称具有智慧，但我能够并愿意去追求、去爱神所具有的智慧。这与基督教认为人擅自吃智慧之树的果是对上帝的冒犯有内在的一致性。③ 这种说法既透露出对神圣性智慧的虔敬态度，但又不像孔

① 石中英.教育学的文化性格[M].太原：山西教育出版社，2001：126-128.

② 石中英.教育学的文化性格[M].太原：山西教育出版社，2001：126-128.

③ 邓晓芒.“爱智慧”辨义：西方形而上学史导言[J].湖北大学学报(哲学社会科学版)，1999(6)：34-36.

子那样"敬鬼神而远之"。人内心充满着"爱"的冲动和力量。爱是一种痛苦、不知足，知足虽然能"长乐"，但也没有真正的爱。正是在爱中，才透露出真正的哲学精神的成长，它表明了一种反思的态度。反思就是对一个既成的事实反过来追溯其来源，问它一个"为什么"。这就需要对这个事实保持一点距离，否定它有不容置疑的真实性和自满自足性，认为它只不过是某种与它完全不同的东西的表现（反映、现象、镜像）。所以，在西方，哲学又称"爱智慧"。

尽管哲学和哲学家在柏拉图之前就已经存在，但是柏拉图却是古代最有影响力的教育哲学的创始者。① 柏拉图在自己的《理想国》里用一个"洞穴隐喻"的描述指出了受过教育的人与没有受过教育的人之间的本质区别。没有受过教育的人就像一群被锁在黑暗世界中的囚徒，他们"头颈和腿脚都绑着，不能走动也不能转头，只能向前看着洞穴后壁"②。他们把投在洞穴远处墙上的影子看作真实的事物。我们可以设想其中一个囚徒被解除了禁锢，被硬拉着穿过一段陡峭的斜坡走到阳光下，经过一段时间的适应后看见了太阳，这才认识到太阳是热和光的来源。他因发现了真实的知识而高兴，甚至希望能够进一步沉思。但是，他忘不了仍在洞穴中的朋友，因此他重返洞穴，告诉他们外面真实的世界。然而，因为他现在已经不能用关于影子的知识与囚徒朋友进行辩论，所以，没有人听得进去他所说的话。如果这个幸运的囚徒坚持要解放他的囚徒朋友，那么，他的囚徒朋友可能会杀了他。

这个隐喻意指：我们生活在影子和幻象的洞穴中，被无知和冷漠束缚着。当我们试着去打开身上的锁链时，教育便开始了。陡峭的斜坡代表把我们从现实的可变世界带入永恒的理念世界——甚至是把我们带入关于由太阳所代表的善的沉思——的辩证法，同时也说明了求知路上的艰辛。需要注意的是，柏拉图的这个隐喻告诫我们，那个进入真实知识领域的人必须返回洞穴把光明带给其他人。这表明柏拉图坚信，哲学活动不仅是一项智力活动，而且，哲学家必须要和别人分享他的学问，尽管这样做可能要面对厄运，甚或死亡。③ 柏拉图第一次把智慧和教育尤其是制度化的教育放在一

---

① 奥兹门，克莱威尔. 教育的哲学基础[M]. 7 版. 石中英，邓敏娜，等译. 北京：中国轻工业出版社，2006：13.

② 柏拉图. 理想国[M]. 郭斌和，张竹明，译. 北京：商务印书馆，1986：272.

③ 奥兹门，克莱威尔. 教育的哲学基础[M]. 7 版. 石中英，邓敏娜，等译. 北京：中国轻工业出版社，2006：13.

起讨论，认为教育的过程就是选拔和培养有智慧的人即“哲学王”来治理国家的过程。只有他们才能透过各种“模糊影像”，看见“美者、正义者和善者的真实”，从而对国家进行“清醒的管理”。①

柏拉图认为，人并不能创造知识，至多只是发现知识。他推测，在人的灵魂中原本就有真正的知识，但是在把灵魂装进肉体的时候，真正的知识因被扭曲或污染而丢失。因此，人的一项艰辛的任务就是努力回忆自己曾经知道的东西。② 苏格拉底证明了这一“回忆说”，他说人“生而有知”，但是知识本身并没有随人的出生一起出现，而他就是知识的“接生婆”。

以柏拉图或者说由柏拉图的老师苏格拉底开启的理性智慧追求之路要求我们：(1)在教育目的上，我们必须鼓励学生打破无知的锁，踏上启蒙之路。哲学的智慧或者真正的理念是教育的最高目的并且所有人都应该为之奋斗。以智慧的人的培养为中介，教育与社会、国家的前途命运紧紧联系在一起。(2)在教育方法上，我们应倾向于那些有深度的学科，并且应坚决摒弃一种观念，这种观念认为人们学习某种东西只是因为它们是新的或能够满足物质的需要。与学科化的学习相比，我们更应该关注整体式的学习。这种整体是一种内在的、渗透着灵性的有机整体，而不是由许多部分拼凑在一起的联合体。整体式的学习方法将带给人们更为自由的学习态度。柏拉图相信，最好的学习方法是辩证法。辩证法是一个扬弃的过程，它使各种观念处于相互辩驳之中，只有那些更加本质的观念才能经受住最终的考验。③(3)在师生关系上，我们应该坚持师生之间的人格平等。教师和学生共同面对未知的世界进行真诚的探讨，我们的师生都不畏艰辛，忍受精神和肉体的劳苦，“以无知为恶”。

柏拉图的弟子亚里士多德也推崇这种独立自主探索真理的理性智慧品格，其表现就是沉思，一种类似苏格拉底的自我反省的批判的沉思，一种包含了所有严肃的理论学习的最高级的思维活动。的确，好像只有沉思“这种活动才会因其自身而为人所爱；因为除了沉思之外，没有别的东西从它产生

---

① 柏拉图．理想国[M]．郭斌和，张竹明，译．北京：商务印书馆，1986：279.

② 奥兹门，克莱威尔．教育的哲学基础[M]．7版．石中英，邓敏娜，等译．北京：中国轻工业出版社，2006：15.

③ 奥兹门，克莱威尔．教育的哲学基础[M]．7版．石中英，邓敏娜，等译．北京：中国轻工业出版社，2006：31.

出来，而从实践的活动中，则除行为本身之外，我们或多或少总是有所得的。”[①]除了推崇这种沉思事物终极本源的理性智慧(sophia，希腊语)之外，亚里士多德还最早明确提出“实践智慧”(phronesis，希腊语)的概念。有学者指出，我们可以从亚里士多德的本体论思想和灵魂学说入手来定位其“实践智慧”概念。[②] 在亚里士多德看来，“实践智慧”主要用来指导伦理和政治行为，它是一种“同善恶相关的、合乎逻辑的、求真的实践品质”[③]。实践智慧“作为一种特殊的理智德性……为我们计虑达到每一具体目的的正确手段”[④]，以实现我们最终的幸福目的，即生活得好，行动得好，德福双全。实践智慧在亚里士多德的心目中是一种纯粹人性的或属人的智慧，它体现了亚里士多德分类解决问题的思维方式，强调个人对伦理、政治等有关个体和群体福祉的实践性问题进行理智思考、明辨选择的重要性。它同理性智慧最大的不同点在于它只有模糊的确定性，它同技艺能力最大的不同点在于它需要拥有这种德性的人不断重复这种行为才能得到。

三、近代社会的智慧

在洛克看来，“有智慧，就有神性”[⑤]。他对智慧的理解更倾向于亚里士多德的实践智慧。它“使得一个人能干并有远见，能很好地处理他的事物，并对事物专心致志”[⑥]。这种智慧需要一种善良的天性、心灵的努力以及经验的聚合，儿童不可能很快养成。儿童对于这种智慧养成的“最合适的准备”在于他们习惯于“获得关于事物的真实观念，不获得就不满足”，把他们的精神用在“伟大的有价值的思想上面，不要接近虚假与具有大量虚假成分的狡猾”[⑦]。

在洛克稍后一个特别值得注意的思想家是意大利人维柯。他除了把原始人的神奇创造力和想象力称为“诗性智慧”外，毕生都致力于关于人类智

---

① 亚里士多德.尼各马可伦理学[M].廖申白，译.北京：商务印书馆，2003：306.

② 徐长福.实践智慧：是什么与为什么：对亚里士多德“实践智慧”概念的阐释[J].哲学动态，2005(4)：9-14.

③ 亚里士多德.尼各马可伦理学[M].廖申白，译.北京：商务印书馆，2003：173.

④ 徐长福.实践智慧：是什么与为什么：对亚里士多德“实践智慧”概念的阐释[J].哲学动态，2005(4)：9-14.

⑤ 洛克.教育漫话[M].傅任敢，译.北京：教育科学出版社，1999：174.

⑥ 洛克.教育漫话[M].傅任敢，译.北京：教育科学出版社，1999：117.

⑦ 洛克.教育漫话[M].傅任敢，译.北京：教育科学出版社，1999：118.

慧的研究。[①] 他首先质疑的就是笛卡儿以来的现代科学方法论。他认为这种方法除了增进我们关于自然方面不变的真理的认知之外，无法解决“关于人、关于国家的各种问题”，它也不会对“融合事物中具有较高可能性和较高的真实性”的审慎智慧感兴趣，它也无力让我们比“古人雄辩”[②]。维柯比任何人都清楚由笛卡儿开启的科学认识论转向所导致的知识同智慧之间的分裂。维柯同亚里士多德一样，也把真理分为最高真理与最低真理。但与亚里士多德不同的是，相比于对最高真理的沉思，他更加推崇从生活实践出发所形成的审慎智慧。“他们在生活实践的曲折不定中采集着永恒真理，而因为真理不可能直接达到，他们就通过迂回曲折的道路来实现。他们高瞻远瞩，能够放长线钓大鱼，一旦时机成熟，自然就会产生有利的结果。”[③]而这也是他们比愚人、聪明的文盲、不审慎的学者更为崇高之所在。有学者指出，维柯更在乎建立长治久安制度的立法者之智慧，以及这一制度的维护者——朝臣与法官们的德性。研究这种智慧在历史中的作用，是《普遍法》与《新科学》的主题；帮助养成这些智慧，则是《维柯论人文教育：大学开学典礼演讲集》的任务。[④]

杜威认为智慧是一个具有道德意义的词……它指的是我们需要去做某件事的决定。它较知识更为宽广。“智慧是一种智识化（intellectualized）的期盼，一种经受得起理性辨识与检验的渴望，一种可以付诸实践的社会希望，一种对于未来的预言，但同时也是一种深思熟虑的结果”，一种反思性的思想。[⑤] 因此杜威的教育思想绝对不是简单的儿童中心思想，而是一种“共同体中心”。“教育即生长”意味着教育的目的在于使儿童（学习者）向“好”的方向生长发展。这也意味着儿童当前的经验并不是不言自明的，需要我

---

① 比如他的三部最伟大的著作《新科学》《普遍法》《论意大利最古老的智慧》都是对人类智慧的详加阐释。在他的《维柯论人文教育：大学开学典礼演讲集》中更是呼吁用“德性和智慧”来塑造学生的精神。智慧在他心目中关系到人文教育的整全性，伦理德性、公民德性、法律心灵的坚守，国家强盛乃至人类幸福的期许。

② 维柯.维柯论人文教育：大学开学典礼演讲集[M].张小勇，译.桂林：广西师范大学出版社，2005：149.

③ 维柯.维柯论人文教育：大学开学典礼演讲集[M].张小勇，译.桂林：广西师范大学出版社，2005：141-142.

④ 维柯.维柯论人文教育：大学开学典礼演讲集[M].张小勇，译.桂林：广西师范大学出版社，2005：19.

⑤ 多尔.杜威的智慧[J].余洁，译.全球教育展望，2011(1)：3-10.

们不断引导儿童发展他们的初始潜能。教师最重要的任务是帮助学生发展他们自己的思考及其道德选择。作为一种实践性活动，智慧必须实践一种民主的生活方式，一种通过"严密"的探究与"严肃"的反思来实现的"社会希望"①，必须对科学理性日益膨胀的"单眼思维"保持警惕与怀疑。正是在这一点上，多尔将杜威的"智慧"与中国传统儒家的"中庸之道"也即孔子的智慧联系起来②。

而在怀特海看来，"从古人向往追求神圣的智慧，降低到现代人获得各个科目的书本知识，这标志着在漫长的时间里教育的失败。……智慧是掌握知识的方式。它涉及知识的处理，确定有关问题时知识的选择，以及运用知识使我们的直觉经验更有价值。这种对知识的掌握便是智慧，是可以获得的最本质的自由。"③我们可以看到怀特海更倾向于从柏拉图的理性传统中去理解智慧，这一点他严格区别于杜威。怀特海对柏拉图推崇备至，他认为近现代哲学的发展只不过是柏拉图哲学的一系列注脚。怀特海的智慧概念离不开知识，只不过他把这种知识也理解成一种动态的、探究的及形成性的知识。

在怀特海哲学中，直接和"智慧"相关的论述且论述最多的是在《教育的目的》中。怀特海在这本书中指出，"教育的全部目的就是使人具有活跃的智慧"④。在他看来，智慧至少包含以下三重含义⑤：

第一，智慧是掌握知识的方式。智慧涉及"知识的处理，确定有关问题时知识的选择，以及运用知识使我们的直觉经验更有价值"。具体地说，智慧就是以一种有序把握、整体还原和快速应用的积极方式来掌握知识，使知识充满活力。

第二，智慧是一种风格。风格，按其最完美的意义，"是受教育的文化人最后学到的东西"，"也是最有用的东西"。它既是一种智力习惯，也是一种行动力量，它能以"简约的方式直接达到预见的目标"，代表了"智者的最高德行"。

第三，智慧是自由的最高境界。最本质的自由体现为知识与文化、原理

---

① 多尔．杜威的智慧[J]．余洁，译．全球教育展望，2011(1)：3-10.

② 多尔．杜威的智慧[J]．余洁，译．全球教育展望，2011(1)：3-10.

③ 怀特海．教育的目的[M]．徐汝舟，译．北京：生活·读书·新知三联书店，2002：54.

④ 怀特海．教育的目的[M]．徐汝舟，译．北京：生活·读书·新知三联书店，2002：66.

⑤ 怀特海．教育的目的[M]．徐汝舟，译．北京：生活·读书·新知三联书店，2002：54.

与应用、实现和约束之间的融会贯通和恰到好处的平衡，享有充分的活力与创造精神，亦即智慧。

简而言之，智慧起于知识，显于风格，达于自由，代表了最完满的生活方式，是智力范畴、伦理范畴、审美范畴和实践范畴的统一。

第二节　前提思考：教育中的隐喻世界

谈起教学，我们头脑中往往会出现知识、能力、经验、生活乃至灵性等概念，教学通常就意味着是围绕这些内容的活动。就教学最为根本的价值而言，智慧价值才应该是其终极关怀。

一、教学与知识隐喻

我们知道，对一般教学法进行系统阐述的是夸美纽斯，随后的赫尔巴特与凯洛夫也把知识放在重要的教学地位中去。他们虽然对知识的内容要求不一样，但都普遍把知识的传授当作教学的首要目的；认为教学过程的本质就是知识传授的过程，教学有着非常浓厚的知识隐喻（metaphor）。教学作为教育的核心，源于教学培养道德的崇高使命。所有的知识本位论者，都不承认先验的道德律令。他们都认为知识的教化是形成良好品行的必要条件，不管这种品行是传统社会培养顺民的需要，还是现代社会教化公民的愿望；不管这种品行强调的是对超验的宗教的膜拜，抑或是对世俗大众疾苦的慰藉。

二、课程与能力隐喻

课程理论一开始注重活动分析，“有着不可避免的实证主义的味道”①。有学者指出，课程中的活动分析固然重要，但对活动目的分析的重要性在于，在活动中经常隐藏着抽象化的更高层次的能力隐喻和价值②。课程的能力具有时代性，也就是说，随着课程理论的发展，课程背后的能力隐喻也不断以新的面目出现。教育的综合理论必然包含课程必须——教授什么的假

① 范梅南．教学机智：教育智慧的意蕴[M]．李树英，译．北京：教育科学出版社，2001：12.

② 浅沼茂．近代的两种价值与课程理论的目标[J]．方明生，译．全球教育展望，2001(10)：37-44.

设。这种假设是关于知识的性质的假设。①

三、生活世界与个体经验隐喻

生活世界理论虽然是哲学界最早提出的，但是面向儿童生活世界的教育理论却问世更早。教学理论界对生活世界的强调标志着教学理论的一种重大转向。教学再也不仅仅是一种简单的文化知识传承问题，也不是简单的儿童生活向未来成人生活世界的充分准备与过渡。教学本身就是儿童一种特殊的生活历程，教学本身就是对儿童的经验不断地改组与改造的过程。教学应该来源于儿童，依靠儿童，一切为了儿童。我们应该把教学看成是一个儿童之间相互影响与陶冶的过程，一种儿童在教师的帮助下体验知识与创造知识的过程，一种儿童的生活、生存经验得到成年人更多膜拜和学习的过程，一种文化反哺的过程，一种儿童和成年人共同面对不确定的未来持续不断对话的过程。教学更重要的是关照个人终身学习技能的形成过程。

四、精神陶养与灵性隐喻

“灵性”(spirituality)从词源上说正是源于“精神”(spirit)一词的“变形”，用来表示人所具有的“主动性”和“自由性”，充满“生气活力的精神状态”，即“人的精神性的自我展现”②。宗教仪式、民俗仪式、艺术鉴赏活动在传统社会中之所以发挥着更为根本的教育作为，源于这三类活动或者单独或者联合不断强化着学生的直觉想象力、信仰乃至实践行动。榜样法、诗歌朗诵、说唱与戏剧表演、歌舞会、音乐体验、瑜伽练习、禅修等形式都通过参与个体内在的精神共鸣与意义认同而促使他们不断体会到自身与某种神圣性的自然、历史与文化发生有意义的“联结”。这种不断提升内在灵性的精神陶养逐渐在现代“祛魅”化的知识、技术教育中走向迷失。作为一种更高层次的“精神性”，“灵性”隐喻的是一种“无限上升之路和对终极关怀的追求，力图表明的是人性的内在发展存在着不可预知的无限可能”③，以至于能够“超出凡俗世界，升入另一个世界，与神灵世界自由交往，获得对内在世界一面的认识”④。由此，情感丰富、灵性直觉、寻找内在之光的精神陶养之旅将会对过于追求外部功利目标的现代教育起到根本的自我疗愈作用。

---

① 穆尔.知识与课程[J].钟启泉，译.外国教育资料，1995(8):36-43.

② 杨颖东，郝志军.灵性教育的价值追求与实践方式[J].教育研究，2016，(12):22-29.

③ 杨颖东，郝志军.灵性教育的价值追求与实践方式[J].教育研究，2016，(12):22-29.

④ 杨颖东，郝志军.灵性教育的价值追求与实践方式[J].教育研究，2016，(12):22-29.

五、教育与智慧隐喻

教育自古以来就有着深厚的智慧传统。教育之所以成为必须或者必要，不仅仅源于生产、生活知识传递的需要，也不仅仅是一种由自然生命向社会生命过渡的“社会化”过程，更是来自人类个体自由自觉的探索需要。人需要“不满足于现实光色，为人类远景而凝眸”，人需要对习俗和传统保持一种审慎和怀疑的态度，人需要对任何一种单一化的问题解决方式保持警惕，人需要一种“知行合一”的学习态度和人生境界……这些都要求我们的制度化教育（乃至非制度化教育）不仅仅关注知识、能力、个人经验、精神陶养，更要求我们的教育关注人的智慧养成。在范梅南看来，“教育学”（pedagogy）或者“教育”（education）虽然都是规范性的定义，也有着细微的差别，只不过这种差别源于“教育”（education）在北美地区仅“用于指代在诸如学校、学院和大学等机构化的环境下大人和孩子的教与学的活动”的狭隘用法①。范梅南的“教育学”概念同“课程”（curriculum）、“教授”（teaching）或“教学”（instruction）之间有着严肃的区别，它“涵盖了所有大人为了孩子的健康、成长、成熟和发展而与孩子打交道的事件和领域。当然，它也包括了学校的学习活动”②。他认为迈向智慧的教育学，就是要求我们的教育工作者摒弃简单的管理取向、企业取向以及技术取向的教学追求，更加关注儿童的生活世界（lived world）和体验世界，时刻与自己的学生保持一种“替代父母”的亲情关系。教育的智慧性是“一种以儿童为指向的多方面的、复杂的关心品质（mindfulness）”③。

六、基本启示

通过对以上教育中“隐喻”现象的考察可以发现，要在教学中实现智慧价值就必须跳出教学传授知识本身来关注教学的价值实现，教师在课堂中的教学活动也必须站在一种教育（pedagogy）的立场上才能真正实践这种智慧事业。教学，好的教学，优秀的教学，它主要不是一种知识传授的使命，也不是一种能力训练的使命，也不必然表示在尊重自然生命的浪漫想象面前的“无所作为”，更不是一种放弃现代文明而向往绝对精神自由的灵修之道，

① 范梅南．教学机智：教育智慧的意蕴[M]．李树英，译．北京：教育科学出版社，2001：28．

② 范梅南．教学机智：教育智慧的意蕴[M]．李树英，译．北京：教育科学出版社，2001：38-42．

③ 范梅南．教学机智：教育智慧的意蕴[M]．李树英，译．北京：教育科学出版社，2001：12．

它本身就是充满价值关怀的事业，它本身就需要我们与之相联系的一切人的努力。教学价值取向的知识本位价值—能力本位价值—生活(命)本位价值—灵性本位价值—智慧价值的阶段性变迁之路，映衬了教学研究乃至教学实践过程中的实体(客观)思维—实践思维—关系思维—直觉思维—机体思维的教学本质认识的变迁之路。

第三节　作为方法论的机体哲学

在怀特海的有机哲学中，充满了对智慧关怀、对智慧问题在本体论意义上的确证，这为我们探讨教学的智慧价值提供了基本的方法论。

一、机体哲学概述

机体哲学，即怀特海哲学，又称为有机哲学、过程哲学，其创始人为20世纪英国哲学家阿尔弗雷德·诺思·怀特海(A. N. Whitehead，1861—1947)。在19世纪50年代经美国哲学家查尔斯·哈茨霍恩、小约翰·科布、大卫·格里芬等人的发展，逐渐形成了具有广泛而深刻影响的过程哲学流派，在现今已经成为一门显学，以"过程—关系"思想而著名。狭义的机体哲学特指怀特海个人的哲学思想，广义的机体哲学指以怀特海哲学为旨趣的其他哲学家的思想和学说①，后者又常常被称为建设性后现代主义哲学。机体哲学是一个庞大的理论体系，其硬核学说涵盖了多个方面，包括宇宙论学说、可检验性学说、过程—机体学说、关系—联系学说、知觉的非感觉论学说、两极有神论学说等。② 这里以对怀特海哲学的借鉴为主，但并不局限于机体哲学的特指意义，也扩展到机体哲学的泛指意义，意在从狭义与广义相结合的角度来探讨教学的智慧价值问题。

二、判读教学价值的基本视角

有学者认为，教学价值研究的问题域包含三个方面的内容："教学的价值(指教学活动对于人的生存和社会发展的意义)、对教学的价值(指人或社会等事物对教学活动的意义)、教学活动内部的价值问题(指教学活动中的

---

① 曲跃厚.过程哲学的硬核学说及其神学旨趣[J].求是学刊，2007(4)：21-27.

② 曲跃厚.过程哲学的硬核学说及其神学旨趣[J].求是学刊，2007(4)：21-27.

价值取向、价值冲突、价值引导等)。”[①]然而,在机体哲学看来,对教学价值问题的探讨,不仅仅包含对教学作为事实存在的静态层面的分析,而且还包含对教学的动态关照,涵盖着教学价值理想和对教学的追求。从“教学的价值”“对教学的价值”和“教学活动内部的价值问题”其中任何一方面考察实际上都割裂了教学的整体性。我们需要超越这种分离和碎片的视角,以一种关系性和过程性的视角来重新梳理该问题。透过机体哲学的视野可以看到,教学实际上是一个由教师、学生、教学内容与教学环境四种因素构成的机体。基于“教学是机体”这一论断,本书认为,机体哲学给教学价值研究的方法论启示主要体现在两个方面。

(一)机体生成:过程的首要性

1.价值生成的过程解释

机体生成即是价值的生成。机体哲学对价值的理解是一种广义的理解,超越了一般的从主客体关系的角度来界定价值。它不将价值看作是客体满足主体需要的属性或客体之于主体的意义,而引入了“机体”这一概念,从实在的角度将价值看作是机体的自我实现和机体之间的相互满足,确切地说,是机体形成自我及机体与机体之间相互享受与满足的意义。因而实在就是价值,现实性就是价值。价值的生成就是机体由潜在性或可能性向现实性转化的过程。生成即机体的某种需要的暂时性满足,或者说集合体合生的暂时满足,集合体在此时呈现出一种和谐状态。从现实性的意义上来理解价值,意味着生成与价值是相互需要、不可分割的:生成必定是某物的生成,必定是现实性的获得,某物获得现实性即某物具有了价值。因而理解“价值生成”不能仅从过程或仅从结果的角度来理解,而应将其看成是过程和结果的统一体。此外,在过程哲学中,机体自身就含有一种向上的意义,因而价值在怀特海看来,必定是在正向的意义上进行理解的。

对“价值”和“价值生成”的这一界定,既含有关系的维度,也含有意义的维度,超越了关系与意义对立的层面,是从生物与非生物、有机体与无机体相融与共存的宇宙论层面来论说价值,认为关系与意义本密不可分。

2.“主体”:过程的突现物

机体哲学认为,机体形成自我的过程即确证其主体性的过程,因此,主

---

① 赵文平.教学价值研究:教学论亟需深入关注的领域[J].教育理论与实践.2011(3):53-56.

体并不先于活动，“作为主体的自我是在过程之中出现的突现物……感受者(feeler)是从自己的感觉活动中出现的统一体”①。主体是“自我创造的”②，是将多种角色转化为一种连贯的角色统一体的过程。③

主体在怀特海看来实际上是“超体”。“‘主体’一词意味着某种存在物，它是一种成为感受之中的某种成分的潜在性；而‘超体’一词则意味着那种由感受过程所构成的存在物，并且包含着这一过程。”④对于机体哲学而言，“主体”更强调其自身建构的过程，而“超体”除了包含这种自我建构的过程，更强调了自身作为其本身和其他机体生成材料的潜在性，体现了一种生成的导向。这正体现出了个体生成的正向力量。

3. 机体生成：经验的历史性、共时性与超体性的整合

对机体生成的分析即是对经验的分析。而对经验的分析“会把我们引导到超越经验自身，引导到它的现在、过去和未来，并且引导到它的确定性据以被揭示的共相上。”⑤

机体哲学认为，价值生成具有先前环境所遗留下来的某种“给定性”。这种“给定性”可以从宏观和微观两方面来分析。就其宏观意义而言，价值生成是在一定的系统环境中进行的。这种系统环境是我们所不能回避和将自身从其中抽离出来的，它有前景和背景之分。“前景”是指我们用感官所能触及的在场的物理和心理环境，“背景”是指我们不能用感官直接感知到，但在遥远的虚空中确实对当前场合发生着影响的某种环境，这种环境更多地涉及传统、社会习俗等心理层面。就价值生成所依赖的“给定性”的微观意义而言，主要是指机体在生成过程中从先前的材料中获得的某种遗传。这种遗传的存在，使得价值的生成不是凭空的，而必定是某物的生成。由遗传所带来的相似性，使机体具有了一定的稳定性和同一性，正是基于此，我们才能对机体进行分析。如怀特海所说，“历史路径中的那些连续场合之间所具有的任何相似性，在它们与任何后继的实际存在物的材料的归属中，获得了一种相应的同一性；因此，它在这种强加的一致性中保护了某种相应的

① 怀特海.过程与实在：宇宙论研究[M].杨富斌，译.北京：中国城市出版社，2003：译者序言，18.

② 怀特海.过程与实在：宇宙论研究[M].杨富斌，译.北京：中国城市出版社，2003：40.

③ 怀特海.过程与实在：宇宙论研究[M].杨富斌，译.北京：中国城市出版社，2003：44.

④ 怀特海.过程与实在：宇宙论研究[M].杨富斌，译.北京：中国城市出版社，2003：162.

⑤ 怀特海.过程与实在：宇宙论研究[M].杨富斌，译.北京：中国城市出版社，2003：25.

强化"①。

在分析直接性的现在时，怀特海区分了两种分析方式，一种是"因果效应方式"，一种是"直接性的知觉方式"。"因果效应方式"表明机体既隶属于一定的实际场合的"给定性"，这些给定性存在于机体的因果性的过去；也表明了该机体自身归属于未来场合的潜在性，这些潜在性存在于机体的因果性的未来。② 还有一些实际场合既不存在于该机体的因果性的过去，也不存在于该机体的因果性的未来，这类实际场合叫作该机体的"共时性存在物"。"直接性的知觉方式"在某种程度上是对"因果效应方式"的深化和补充。该方式认为，我们知觉不到由于时空关系所产生的因果效应，我们只能知觉到在"现在"这样一个横截面中机体自身在其他机体中的直接性呈现，以及其他机体在该机体内的直接性呈现。简而言之，我们能知觉到自己本身以及与我们相互摄入的那些共存的、独立于我们因果性的其他机体。由此，怀特海提出了"生成的和谐"这一原则，认为"和谐构成了这种共同体中所有场合与它们之中任何一个的肯定关系。这个共同体的构成要素具有共同的直接性；它们与它们的生成处于'和谐'状态之中"③。这个共同体正是机体生成所依赖的系统环境，我们能感知它却无法完整言说它，因为我们无法完整言说与该机体共存的所有其他机体。

对于机体来说，现实世界既为机体的价值生成提供了材料，同时也提供了超越这种材料的潜在性。在这个意义上，这种实在的潜在性即是机体超体性特征的显现。机体来源于给定的世界，但又被当下的环境激发，能够超越已经生成和被确定的现实世界，具有一种朝向更高合乎目的的可能性，价值的创造性正是产生于此。"这具体地说明了每一种'存在'都是'生成'的一种潜力这种形而上学原理。现实世界是每一种新创造所具有的'客观内容'。"④机体的超体性着重表明了机体生成的方向性和目的性。也就是说，机体的生成不是随意的，必须以"更好的存在"这一进化目的为引导。这是

① 怀特海.过程与实在：宇宙论研究[M].杨富斌，译.北京：中国城市出版社，2003：101.

② 怀特海.过程与实在：宇宙论研究[M].杨富斌，译.北京：中国城市出版社，2003：226.

③ 怀特海.过程与实在：宇宙论研究[M].杨富斌，译.北京：中国城市出版社，2003：227.

④ 怀特海.过程与实在：宇宙论研究[M].杨富斌，译.北京：中国城市出版社，2003：118-119.

机体在生成过程中获得享受和满足对方的享受、给世界带来更大价值的基础。只有如此，价值的生成才具有意义。由此，我们可以看到怀特海对正向价值的肯定和提倡。

值得指出的是，“过程”作为机体哲学本体论的意义在于，怀特海将机体的生成看作是一个由过去、现在和未来连接的连续不可分的运动，看作是一个由自身和共时存在的其他机体的相互摄入的整体活动。“过程”的含义内含了时空的含义。

(二)机体生成：个体性与相关性的统一

机体哲学对事物的内在关系十分重视。内在关系理论本质上和过程理论相连，作为机体哲学的本体论而存在。怀特海认为，“实际存在物由于彼此摄入而相互关涉”，从而使宇宙成为一个万物相互联结的整体。“摄入”是机体以某种经验的主观形式把其他机体纳入自身生成过程的最为具体的分析方式。“联结”则是由于机体与机体之间的摄入而产生的一种共在事实。“那些直接的现实经验的终极事实就是这些实际存在物、摄入和联结。对于我们的经验来说，所有其他一切都是派生的抽象物。”①现实世界就是由机体构成的联结。怀特海进一步指出，“有机体的本质依赖于其环境的本质”②，即是说，机体的本质必须在该机体与其他机体的关系中加以考察，但机体是有生命的，“由于‘生命意味着创新’，因而生命体不只是被动地适应环境，同时，也要创造环境、改造环境，使环境来适应生物的生存”③。这种在个体性与相关性之间的动态平衡使怀特海的内在关系理论独具色彩。

1. 秩序与无序都是“给定的”

“对有机体理论来说，秩序问题具有首要的重要性。”④秩序首先意味着“给定性”，意味着实际存在物(或构成集合体的各元素)的生成依赖于现有的经验基础，不能超越现实世界所允许的范围。但秩序仅是“给定性”的一部分，它还意味着超越给定性，因为秩序代表着集合体内的某种主导的目的或“理想”。秩序力量的发挥表明实际存在物在一定程度上能实现这种理想

---

① 怀特海. 过程与实在：宇宙论研究[M]. 杨富斌，译. 北京：中国城市出版社，2003：33.

② 怀特海. 过程与实在：宇宙论研究[M]. 杨富斌，译. 北京：中国城市出版社，2003：202.

③ 陈奎德. 怀特海哲学演化概论[M]. 上海：上海人民出版社，1988：172.

④ 怀特海. 过程与实在：宇宙论研究[M]. 杨富斌，译. 北京：中国城市出版社，2003：151.

的满足。之所以说是“在一定程度上”是因为“根本不存在这样一种理想的‘秩序’：所有实际存在物都应当达到它，但实际上都达不到”①，理想的满足必然有强弱等级之分。这种部分实现所留下的空地正是“无序”存在的地方。因而对于机体哲学，“无序”也是“给定的”。由秩序引出“无序”，这正是秩序的超越性所在。秩序和“无序”构成了实际存在物的某种完整的“给定性”。

2. 秩序具有层级性

怀特海认为，集合体是一组具有相似特征的元素的联结，这种确定的特征是由该集合体本身所提供的环境造成的，“因此，对于每一个元素来说，一个集合体就是一种环境，其中具有某种秩序要素。它之所以能够维持自身的存在，是因为它自身的元素之间具有各种遗传关系。这种秩序要素正是充斥于该集合体之中的秩序。”②但是，怀特海同时也指出，秩序不仅仅存在于集合体内部，它也存在于集合体之外或者说更大的集合体环境中。“没有孤立存在的集合体。对每一种集合体都必须从它的诸实际存在物所构成的宽阔环境这一背景中加以考察”③，也就是说，“每一个集合体都要求有一种它自身就是其中的一部分的集合体作背景”④。因而，在集合体中存在着不同等级的秩序，这些由更大的集合体产生的高一级的秩序预设了集合体内各元素的某种更为普遍的本性。高一级的秩序在对集合体内元素的影响上具有更大的优先性。如怀特海所说，“所谓‘元素身份’永远是指那些实际场合，而不是指那些由诸如电子或人的生命之类的实际场合所构成的从属性持续客体。后面这些集合体是已进入诸多集合体之中的‘个人’秩序的组成部分”⑤。

---

① 怀特海. 过程与实在：宇宙论研究[M]. 杨富斌，译. 北京：中国城市出版社，2003：153.

② 怀特海. 过程与实在：宇宙论研究[M]. 杨富斌，译. 北京：中国城市出版社，2003：164.

③ 怀特海. 过程与实在：宇宙论研究[M]. 杨富斌，译. 北京：中国城市出版社，2003：164.

④ 怀特海. 过程与实在：宇宙论研究[M]. 杨富斌，译. 北京：中国城市出版社，2003：165.

⑤ 怀特海. 过程与实在：宇宙论研究[M]. 杨富斌，译. 北京：中国城市出版社，2003：167.

3.机体应朝向“未特化”的集合体生成

机体哲学认为，每一个集合体都要求有一个更大的集合体环境作背景。但在这个集合体环境中，不同集合体的生存能力是不同的。有的集合体要生存下去对环境会有一些特殊的要求，这种集合体相对于那种环境来说，可以称为是“稳定的”，由于其结构的稳定性，因而能够为该集合体内元素之间的强度满足提供有利的条件。而有的集合体则对环境没有什么特殊的要求，其自身能够不断应对环境的改变，这就是“未特化”的集合体。“未特化的集合体能够经受其环境中的各种重要变化而生存下来”①，但在这类集合体中，其元素的满足强度又不能得到充分的保证。因而，怀特海提出，“对自然界来说，其难题在于产生那些具有高度的‘复杂性’和‘有结构的’，同时又是‘未特化的’集合体。从这一方面看，强度与生存是一致的”②。

怀特海所说的这种对环境适应能力极强同时又达到深度自我满足的集合体，是一种由有序占据主导地位，但同时又存在无序、有序引导着无序的集合体。

4.集合体中无序是十分必要的

“‘无序’一词是指集合体只是部分地把它的影响施加到那些普遍存在的规律形式所具有的特征上。”③也就是说，在集合体中对大多数元素来说的确定特征对其他一些元素来说不起作用，这些不受主导特征控制的元素就成了集合体中的无序因素。机体理论重视集合体中无序的价值。因为无序表明了不同于以往的遗传特征，代表着与现有集合体不同的新质的可能性。对于有机体而言，无序的存在表明了该机体是有生命的。但值得指出的是，无序必须控制在一定的范围内，因为无序总是意味着现实性的降低，意味着对机体实现深度满足的阻碍。一定程度上的无序能够激活该机体的生命活力，使机体不至于凝固，具有“未特化”的性质，使其能够更好地在环境中生存。但当无序因素过大，无序的力量超越有序的力量，无序由一种生命的激活因素变成一种完全的干扰因素时，就会威胁到有机体的存在。当有序失

① 怀特海.过程与实在：宇宙论研究[M].杨富斌，译.北京：中国城市出版社，2003：183.

② 怀特海.过程与实在：宇宙论研究[M].杨富斌，译.北京：中国城市出版社，2003：183.

③ 怀特海.过程与实在：宇宙论研究[M].杨富斌，译.北京：中国城市出版社，2003：169.

败时，从无序中产生的秩序逐渐成为一种主导的新秩序。因此，怀特海指出，除非想发生某种实质性的变革，否则对现有性质良好的集合体而言，有序必须在其中占据主导地位，这是满足的深度中必不可少的条件。机体理论最终追求的是一种有序与无序共存、有序引导无序、富有生命力的和谐状态。

5. 和谐的境界

机体哲学认为，机体运动的最佳状态体现为“和谐”。这种和谐状态既是指机体作为一种结构体，其内部的各元素都得到深度的满足，从而形成一种相互支持、和谐相融的局面；同时也是指机体本身已进化为一种“未特化的集合体”，能够最大限度地利用自身的经验性质，在个体元素与整体功能之间、在有序与无序之间、在享受与创造之间、在稳定与活力之间实现一种平衡。这是一种建立在尊重多样性基础上的具有“创造性的和谐”。

第四节　教学价值的迷失及其原因

纵观教学的知识价值、能力价值、生活价值与灵性价值，都在一定程度上存在价值迷失的情况，改变这种情况的出路，在于认可和追求教学的智慧价值。

一、教学价值主体的迷失

关于教学价值主体，一般从两个层面来理解。从显性主体而言，教学价值主体是教师和学生；从隐性主体而言，教学价值主体是社会（国家、集体）。前者也可以称为是教学价值的直接主体，后者则是教学价值的间接主体。由于教学价值本身属于微观层面的问题，因而学者们多在教学价值的显性主体或直接主体层面来探讨该问题。

（一）追求“单眼人”——学生整体发展的缺失

从教学价值研究成为一个独立的研究领域以来，学生就享有教学价值主体的天然地位，是教学价值研究中最受关注的一极。然而，这一天然主体地位并没有使学生获得健全的发展——教学对于学生智力发展的注重远远大于对其他能力发展的注重。这直接受到了教学过程的“特殊认识说”的影响。传统教学认识论认为，教学过程的本质是一种特殊的认识过程，学生以发展认知能力为主要目的，教师的教和学生的学都以达成这一目的为旨归。

这就把学生的发展局限为一种单纯的理性能力的培养，学生的兴趣、情感、态度、价值观等非智力因素仅仅作为服务于其智力发展的工具和手段而存在，其内在的目标价值没有从根本上进入“主智主义”者的视野。学习成为一种学生压抑自己情感和内在需求的单纯的知识追求活动，而非一种全身心通达的身体和精神上的愉悦享受，学生丰富多彩的人格和好奇灵动的天性逐渐丧失。这种压抑学生本性、不遵循学生内在发展冲动的教学，使学习从根本上沦为一种教师控制下的接收信息的机械活动。这种建基于主客二分思维模式之上的教学过程本质观，使学生不可避免地走向一种智力上的“单眼人”，丧失了生命的多彩与欢乐。

（二）追求依附性——教师“自我”的缺失

教师成为教学价值的显性主体，应该说是经历了一段时间的。这和教育价值主体问题的探讨直接相关。以往认为社会和个体是教育价值的主体，而个体毫无疑问指的是学生。这样，教师作为教育价值主体就被排斥在这个思考之外。具体到教学层面也是如此。一直以来，学生都被认为是教学价值的天然主体，而教师作为教学价值主体的说法却是 20 世纪 90 年代以后的事。比较有影响的是 1997 年叶澜教授在《教育研究》上发表《让课堂焕发出生命活力：论中小学教学改革的深化》一文。这篇文章直接提出了教学活动是教师的生存方式的观点，从而实现了教师从服务于学生的工具到教师成为教学活动的主体这一根本转向，提出了教学之于教师生命发展的意义。这一转向有着深刻的时代背景：20 世纪 80 年代末再次兴起的教学活动中师生主客体地位的探讨在很大程度上促成了人们对教师作为教学价值主体的深入认识；哲学主体间性理论的引入使学者们普遍达成了一致意见，师生之间是一种民主平等的互主体关系。这样，教师作为教学价值主体的一极就在新的背景下开始了探讨，“教学之于教师生命发展的意义”“教学作为教师的生存方式”等观点就进入到学者的视野中来。

应该说，这些努力是非常值得肯定的，它使教师由教学价值中被忽略的对象成为教学价值名正言顺的主体，使教师对教学本身的享受价值得到重视。但这种理论上的进步并没有给教师在教学价值实践中的地位带来根本的改观。究其原因是在教学活动中，教师与学生的地位与作用问题一直是教学论中的难点问题。教师作为主体如何既服务于学生的发展又实现自身的发展，“以生为本”与“以师为本”二者如何实现内在统一，等等，由于主客体思维根深蒂固，这些问题都未能从理论上得到根本性的解决。在教学价值实践中，教师的工具性价值明显。教学生活在教师智慧与德行养成中的意义没有得到根本重视。教学价值仍然是指向了学生发展的一极。

（三）追求工具性——教学内在目的的缺失

从主客体思维出发，教学一直是作为满足教师和学生需要的价值客体而存在，成为服务于师生发展的手段。这种工具性的思维极大地控制了教学活动。教师和学生受预定的教学目标的约束，对可见的教学目标孜孜以求，丧失了对教学过程本身的享受。师生互动满足于一种表层和形式化的交流，对彼此作为人的情感、道德与内在的创造冲动漠视。教学本身的内在价值和目标价值被深深地压制在工具价值之下，教学成了一种无冲动、无惊喜、无新异的流程，丧失了生命力和敬畏感。

随着教学价值研究的发展，不少学者开始注意到教学本身的价值，提倡对教学内在价值的探寻，这集中体现在对教学与生活关系的探讨上。刘铁芳就认为，“教育即生活，教育应当关怀人的生活及其价值，教学则应当体现对可能生活及其价值的关怀。好的教学是生成性、给出性的活动，是有价值的教学，使人与世界的关系完满、丰富、鲜明，使人与人之间的交流广泛、深入、全面，使师生之间的关系民主、轻松、和谐”①。这种探索已经开始打破主客体思维，从“意义说”的角度来理解教学价值，强调“教学的价值”和“对教学的价值”。熊和平的《课程与生活》也可以看作是在“意义说”的角度上所做的努力。他认为课程与生活是互蕴的，我们应关注课程本身的生活意蕴，课程回归生活是在课程实施之上的一种价值选择②。然而，这些探索只是从某一个维度指出了教学或课程作为价值世界的一种可能取向，对于教学为什么是一个价值世界，师生如何达成这种教学境界还没有明晰的机理分析。

二、教学价值实现过程的迷失

（一）追求僵化的知识教学

关于知识教学自新课改以来产生了较大的争论，集中体现为课程与教学领域中的“钟王之争”。该争论焦点不在是否教授知识上，而在怎么教授知识，教授什么知识，以及对“知识”的重新界定上。究其实质，是基于不同的知识观而展开的探讨。知识是发展其他一切能力的基础，知识教学有其

---

① 刘铁芳. 教学：一个可能的价值世界：教育的价值关怀[J]. 教育理论与实践，2000(4)：8-11.

② 熊和平. 课程与生活：来自思想考古学的启示[J]. 教育研究，2005(6)：79-83.

必要性，这一点是有共识的。

然而，正如争论中所提及的一样，在现今学校中，所教授的知识往往是静止的知识，是片面的知识，是无活力的知识。这集中体现在知识教学中文化意蕴的缺乏、知识细节与整体的割裂。无可否认，学科建制在一定程度上为教师的教学增加了难度。学科之间的割裂与分化使得教师在进行知识教学时缺乏一种超越不同学科的整体视野，不能从一种回归人类整体文化的角度来对所教知识的来源、发展历程等进行教授。学生在进行知识学习时也越来越碎片化和静止化，无法实现知识之间的灵活贯通、转化和应用，无法体会到人类文化的整体性，更无法通过知识学习获得一种通达自身、他人与世界的内在力量。教学逐渐成为一种注重细节而丧失活力和情趣的单调劳作。而在教学中出现的过于注重逻辑而忽视直觉，过于强调识记和努力而忽视运用和兴趣的行为，更加深了这一弊病。学生的想象力在缺乏想象力的教师的打磨中丧失殆尽。教学要超越僵化，亟须变换一种思维方式，教师应以一种具有想象力的方式来开展教学。这不仅体现为对知识的文化意蕴的把握，而且也体现为一种对教学活动运转机理的想象力，教师要从更大的背景和更长的阶段中富有弹性地开展自己的教学。追求僵化的知识教学，归根结底，是知识教学的教授方式出了问题。

(二)追求确定的教学目标

“目标不仅是教学活动的预期结果，而且是教学互动的调节者。教学目标一经确立，就会给教学活动以积极的影响。”①然而，这只是对合理的教学目标而言，不合理的教学目标则会干扰师生的正常互动，甚至成为一种压迫师生主体性、阻碍教学实施的工具。在具体的课程与教学领域，师生还远没有从“目标模式”中解放出来，对可见、可操作的确定性教学目标的追求仍然是教育工作者孜孜以求的东西。过于确定的教学目标使得师生难以有机会建构属于自身的教学内容体系。教学被认为是按照固定的教学目标，传授固定的教学内容。对教案的尊崇，对精细、有条理和可操作的教学设计的追求，使得师生丧失了反思和批判的能力，沦为了确定性目标的奴隶。教学为完成教案而生，而非教案服务于教学，教学的生命力不见了。虽然新课改意在解放师生的主体性，还教师以课堂实施的权利，然而对确定性目标的追求已根深蒂固，对自己生命价值体认的缺失、固化的思维方式以及对简单化工

---

① 李秉德，李定仁.教学论[M].北京：人民教育出版社，2001:63.

作的追求，使得教师很难摆脱这种目标模式的控制。教师依然是以一种“适应”的态度来对待已给定的教学目标，以一种“拿来主义”的态度来对待众多的教学参考书。控制性目标下的教学并没有真正成为解放师生主体性的阵地。

（三）追求同质的教学环境

学校是一个复杂的系统，学校内部的一切事物——物质的和社会的、有形的和无形的，几乎都可以说是教学环境的构成要素。良好的教学环境不仅能陶冶师生的性情，激发师生的教学热情和教学动机，还能保障师生身心的健康发展，提升师生对美的感受。[①] 然而，“什么是好的教学环境”，却是一个值得深思的问题。以往的研究往往追求教学环境的可控性、同质、稳定。这一方面体现在班级建设上，教师往往倾向于为学生营造一种有序、整齐、具有集体凝聚力和向心力的氛围，追求班级发展的统一步调，以学习成绩优秀、全面发展的学生作为标兵，而对个性突出或与众不同的学生则采取否定或改造的策略。另一方面体现在课堂教学氛围的营造上，对教学中出现的不同答案、其他选择、“放肆行为”、师生冲突等情况采取忽视甚至打压的态度。这种对完全同质化的教学环境的寻求，实际上是对学生差异发展和个性发展的否定。重视良好环境本无可非议，然而班风过于单调，班级成员过于稳定，学生个性过于整齐划一，发展过于同步，班级过于团结和凝聚，在其开始可能利于班级成员的成长，但当其发展到一定程度时就难以实现一种质的突破，容易限于一种封闭的、狭隘的“假集体主义”中。这会让教学缺乏一种长久的生机和活力，陷入一种僵死的状态，学生多样生命的迸发受到限制。这实际上也是教学控制性取向的体现。

三、教学价值迷失的症结：实体思维

我们认为，教学价值迷失的根本原因，在于其背后的实体思维。实体思维是指“把存在预设为实体，把宇宙万物理解为实体的集合，并以此为前提诠释一切的思维”。实体思维有以下特点[②]：

第一，“直观的视角”。实体思维认为主体与客体、主观与客观是分离的；主体与客体之间的相互作用不对实践本身产生影响。

第二，“以实体主义为依托的诠释存在的方式”。实体思维以“本体论承

---

① 李秉德，李定仁．教学论[M]．北京：人民教育出版社，2001：271-278.

② 孙美堂．从实体思维到实践思维：兼谈对存在的诠释[J]．哲学动态，2003(9)：6-7.

诺”为基础，强调无限复杂的宇宙可以还原为某些基本实体，也就是具有既定或固有质的绝对本体；绝对本体超越于我们的感性和现实世界之外，但却是形成现实和感性世界的基础。

第三，“以‘存在者’和‘什么’为思考对象”。实体思维重在分析“什么”，而不是“是”本身；关注结果，而非生成和“成为”这一过程。用海德格尔的话来说，就是“追求存在者而忘记存在本身”。

这种思维下的教学价值理论存在如下两个根本缺陷。

第一，追求教学的片面价值，而非整体价值。实体思维认为，主体是外在于事物本身的，主体及其实践不构成客观事物的要素。与此相对，主体参与客观事物对主体本身没有影响，因为主体是先于客体的，主体与客体、主观与客观是分离的。主体的形成与主体的活动互不影响，二者割裂而存在。这种思维指导下的教学价值理论认为，师生主体性的形成和教学活动无关，师生的本质先于或者说外在于教学活动，是事先由所谓的“始基”和“质料”决定的。师生参与教学活动的唯一目标就是达成教学目的，回归到事先已规定的轨道和本质上去。由此，不可避免地带来学生与自身经验的割裂，师生的割裂，以及师生与教学的割裂。学生的成长和自身丰富多彩经验的相互作用被人为分离，教师作为教学价值主体的一极受到忽视，教学作为工具和手段的价值客体地位被固化。教学迷失了主客体的界限，都沦落在作为客体而存在的价值世界中。

第二，追求教学的线性价值，而非发展价值。实体思维认为，教学的本质是先在的、绝对的，由其内在的“始基”和“质料”决定。教学活动的开展只是其本质的序列性展开，所谓的教学的发展也仅仅是线性累加的，没有也不允许有质的转变。这样，教学互动过程中出现的差异、对立和冲突等等不稳定性方面就成为有违其本质展开的不正常波动和消极因素，混沌与自组织的存在被忽视被否定。师生互动囿于一种简单封闭的线性秩序中，“发现而非创造”“展开而非生成”是其认识论特点。这种取向下的课堂教学观，将教学目标的先在性及其对教学活动的控制性提到至高无上的地位，教学活动沿着预定的轨道进行，师生互动成为达成教学目标的工具和手段，教学活动缺少自身的享受和创造价值，课堂呆板、死气沉沉。对僵化的知识教学方式、确定性目标、同质教学环境的追求使得教学成为一个线性展开的流程，而不是真正有质变凸显、师生生命得到充盈和跨越的过程。教学的深层价值失落。

总之，实体思维视角下的教学价值理论追求的是一种片面价值，而非整体价值;追求的是一种线性价值,而非发展价值;追求的是一种浅层价值,而非深层价值;追求的是一种断代价值,而非永续价值。对教学的终极价值的探讨,急切地呼唤一种具有整体性和发展性的思维方式。以“过程—关系”理论为本体论的怀特海机体哲学,以其深邃性、生态性、包容性和开放性引领了20世纪的形而上学走向,正日益向各个领域渗透。这一新的思维方式,为我们在一个更宽广的视域内思考教学价值问题,无疑提供了良好的契机。这既是当今哲学思维理念的新发展赋予教学研究的历史契机,也是提升教学质量,增强对人的生命关怀的现实要求。

第五节　教学价值的追求——智慧价值

教学的智慧价值符合当代社会发展需要,符合学生成长的需要,能够为当代教学的发展提供正确的指引,是教学价值当代转型的基本方向。

一、教学智慧价值的内涵

(一)重新理解“教学价值”

理解教学智慧价值问题首先需要对“教学价值”进行重新界定。以往对“教学价值”界定的“需要说”、“属性说”和“关系说”等都是从主客体关系的角度来界定价值,进而推演出教学价值的概念的。在机体哲学的视界中,对“价值”问题的理解需要超越传统哲学思维模式下主客体关系的视角,从“过程—关系”思维的视角来界定。

在机体哲学看来,“价值”即机体在生成过程中对自身、对其他机体、对整体所具有的意义。“机体”不同于传统哲学下的主体,也不同于传统哲学下的客体,它既是“主体”,也是“客体”,是主客体的统一。但这种对主客体的理解,绝不能在传统主客二分的思维模式下进行,而需要超越主客体,以一种新的意蕴来看待主体和客体的含义。

怀特海认为,主体能生成、变化和消亡,是在过程之中产生的。主体进行自我建构、成为直接性主体的过程,也是其他机体将其作为材料和对象进行摄入、使其成为客体的过程。因而怀特海认为,主体和客体的划分不是绝对的,没有绝对的主体,也没有绝对的客体。主体和客体在共时性中统一于该事物本身,世界就是由这样的事物构成的。这种事物具有不断朝向更好方向生存的开放本性,具有不断超越自身的进化性,即某种“超体”的性质。

"主体"实际上是"主体"和"超体"的统一。怀特海把这种具有新型特征的事物称为"机体",并指出机体是现实世界的终极实在物。"机体"既是主体,又是客体,还是超体,三者统一于共时性和历时性之中,不可分割。

这实际上已经和传统哲学静止的"实体—性质"观有了根本上的不同,事物之于事物的意义不仅仅是主客二分的认识论意义,还具有了生命与生命相勾连和嵌入的存在论意义,或者确切地说是以整体性和过程性为基础的价值论意义。

因而机体哲学视角下对"教学价值"的考察实际上是基于整体和过程的思维来理解教学所具有的意义的。它不仅考察教学作为机体对自身所具有的意义,还考察教学对其他机体和整体所具有的意义;不仅以共时性的角度来考察其横向联结关系,还以历时性的角度来考察其纵向发展脉络。这实际上已经内含了将教学活动本身作为一种机体的理念。

(二)"智慧"的机体哲学解释

当我们从机体哲学的视角来重新界定"教学价值"的时候,实际上已经进入教学智慧价值层面的探讨上来了。因为在机体哲学中,"智慧"从其最宽泛的意义而言,就可以被理解成一种"过程—关系"思维。但怀特海关于智慧还有其具体的论述。

在怀特海哲学中,"教育的全部目的就是使人具有活跃的智慧"①。在他看来,智慧至少包含三重含义(见本章第一节)。怀特海对"智慧"的论述虽然不能代替我们对教学智慧价值内涵的理解,但却在某种程度上指明和拓展了我们的视野,点出了在智慧与教育的关系中智慧所具有的内核。在这基础上,我们可以试着这样来理解教学智慧价值。

教学智慧价值,指教学机体对学生、教师、教学本身具有满足、享受与创生的意义。从主体维度而言,指向学生、教师、教学本身;从行为维度而言,指向满足、享受与创生;从过程维度而言,指向教学自身的一种调整、再构与转化。这三个维度相互融合,不可分割。

(三)智慧内涵的基本面向

1.对万物和内在心灵的充沛想象与表达

我们知道,最早的哲人是诗人。诗人是英雄时代最早的立法者和创造者。他们对万物和人与自然的关系能够用一种整体、有意义的方式来表达。

---

① 怀特海.教育的目的[M].徐汝舟,译.北京:生活·读书·新知三联书店,2002:66.

这种表达方式是一种创生性的语言，能让人感受到一种存在的意义感。教学中的诗性智慧就是要求我们学生在教育的旅程中，有一种参与的冲动，有一种表达的渴望。只有在这样的课堂上才能爆发出生命的活力，才能涌动创造的激情，才会有真性情的流露，才能彰显瞬间的永恒。学生对教学的知识讲授不满意，并不是通过改变知识的动态性、形象性或者生动性的方式就能得到彻底的改变，这种不满意是学生对他们在课堂上的“失语”状态的不满，每个学生内心都涌动着一种参与的热情、一种创造的冲动。教师纯粹的知识讲授对学生来说，只是用一种语言去引导学生的思维，而不是让学生的思维去创造语言表达的舞台。

2. 对永恒和确定性的不懈沉思与超越

苏格拉底一直是西方理性智慧的化身，被称作“人类的导师”。教学中的思辨智慧就要求我们的教师和学生在课堂上不断地反驳与辩论。我们不允许任何人以一种独断的名义来限定一种唯一答案。教学离不开教师普遍化的讲授，但是这种普遍化必须经由学生的内化与应用化。同时，教育旅程也不仅仅是课堂上人为安排的上课时间。这种旅程要求我们的学生在时时刻刻的学习和反思过程中不断地展望与畅想。如果没有永恒和确定性对学生理智的挑战，恐怕学生的精神会随着任意的浪漫畅想而变得干瘪而使学生最终一事无成。

3. 对情境和可能性的不断行动与反思

20 世纪 70 年代以来，寻求教育情境的多重意义开始成为主流。越来越多的理论研究者开始关注教师的“教学智慧”，这种教学智慧要求教师瞬间采取行动，与学生保持一种真正的“面对面的关系和亲密的个人关系”①，它需要全身心爱的投入。教学中的这种行动智慧表现在教师身上就是指“教学智慧”或者“教学机智”。只有有智慧的教师才能造就有智慧的学生。这种行动智慧的养成就要求学生以一种灵活和敏捷的行动来从事现实各种活动。它要求我们善于观察外在环境，反思内在心灵，积极与人沟通，勇于行动，并善于从反馈和结果中学习一种实用主义的生存技巧。

二、教学智慧价值的基本特征

以机体哲学为视角来认识教学智慧价值，即是认识教学作为机体，其运

① 范梅南. 教学机智：教育智慧的意蕴[M]. 李树英，译. 北京：教育科学出版社，2001：149.

动、变化的过程及如何向更好的方向生成这一问题。具体来说,我们可通过如下五个方面来把握教学智慧价值的基本特征。

(一)教学是机体

教学作为一种机体,实际上指的是要从整体有机和互动生成的角度来理解教学的结构。教师、学生、教学内容与教学环境,作为构成教学机体的四个要素,并不具有先于教学而存在的独立性和优越性,而是在与其他要素的互动当中不断生成自身并构成教学整体的。各要素内在于这一互动关系而界定自身,成其为自身。

也就是说,教师、学生、教学内容与教学环境的生成是同时的、一体的。真正的教师是处于师生互动中的教师,真正的学生是处于师生互动中的学生,真正的教学内容即在师生互动中师生实际领受到的内容,真正的教学环境即在师生互动中师生实际领受到的环境。在师生互动前,这一切要素都是以抽象的形式存在着,不能真正称其为"教师"、"学生"、"教学内容"和"教学环境"。

这是从实在的角度来理解教学四要素的内涵。教学作为一种机体,其得以具有调整、转化与再构的能力,从根本上而言,取决于教师和学生这两个有生命的机体的互动。在这个互动中,生成了教师和学生,生成了教学内容和教学环境,生成了教学。

指出教学是机体,是我们探讨教学智慧价值的本体,也即是教学智慧价值的一部分。

(二)教学在浪漫与专注中螺旋回归

"浪漫"与"专注",是怀特海在描述个体智力成长的节奏性时所提到的一对范畴。二者作为机体内部自发的一种需求,是机体进化的直接动力。在此处,"浪漫"指教学活动的一种模糊性和广阔性,"专注"指教学活动的一种精确性和细节性。教学就是在浪漫与专注之间不断转换并螺旋上升的过程。

这首先指的是学生成长规律的节奏性。怀特海对此有专门的论述,提出了智力发展的三重节奏说。他认为,个体的智力发展是浪漫阶段、精确阶段和综合运用阶段渐续交替并相互包含的过程。浪漫阶段即开始领悟的阶段。在这个阶段,学生的思绪纷飞而活跃,充满了浪漫的好奇与遐想。经过浪漫阶段的经验探索,个体逐渐进入精确阶段。在这个阶段,个体开始分析事实并关注精确的知识细节,"已了解了一些确切的知识,已养成了学习的悟性，已清楚地理解了对一般规则和原理的系统阐述和详细例证”[①]。而综合运用阶段则是“摆脱知识细节而积极运用原理阶段”[②]，在这个阶段，个体脱离了被动训练而进入主动应用知识的自由状态。这是一种复杂有序的、圆融与和谐的浪漫。这三重节奏循环“包含一种交织在一起的若干循环周期，而整个过程作为发展中的小旋涡，又受一个具有相同特点的更重要的循环周期的控制”[③]。

教学在浪漫与专注中螺旋回归还指个体在细节与整体之间灵活贯通的能力、通过整体来把握细节的能力。具体来说，学生应透过知识领悟到其背后的文化意蕴，以部分知晓整体，实现浪漫与专注之间的流动。教育的目的是造就“既有文化又掌握专门知识的人才”[④]。教学“需要解决的问题就是使学生通过树木看见森林”[⑤]。这种在整体与部分之间通达的能力，从根本上说是一种想象力。教学实质上“就是教师与学生运用想象力来从事意义创造和分享的过程”[⑥]。要培养这种想象力，教师本身就应具有这种能力，以自身的想象力“唤醒学生的求知欲和判断力，以及控制复杂情况的能力，使他们在特殊情况下应用理论知识对前景作出展望”[⑦]。师生在想象力的漫游中，走向了整体和无限。

（三）教学在稳定与冲突中蜕变

如果说教学在浪漫与专注中的螺旋回归偏重于体现教学机体的整体本性，那么教学在稳定与冲突当中蜕变则着重体现了教学的动态生成性。具体体现为两个方面：一是教学是预设与生成的统一，二是教学是同质与异质的统一。

过程理论在机体哲学中具有本体论地位。怀特海常常强调，要在经验之流中，在过去、现在与未来的连接中理解机体的生成。机体的生成既来源于现实的确定性世界，又由于生命的新颖性因素具有面向未来的不确定性。

---

① 怀特海.教育的目的[M].徐汝舟，译.北京：生活·读书·新知三联书店，2002：65.

② 怀特海.教育的目的[M].徐汝舟，译.北京：生活·读书·新知三联书店，2002：67.

③ 怀特海.教育的目的[M].徐汝舟，译.北京：生活·读书·新知三联书店，2002：50.

④ 怀特海.教育的目的[M].徐汝舟，译.北京：生活·读书·新知三联书店，2002：1.

⑤ 怀特海.教育的目的[M].徐汝舟，译.北京：生活·读书·新知三联书店，2002：12.

⑥ 金生鈜.理解与教育：走向哲学解释学的教育哲学导论[M].北京：教育科学出版社，1997：131.

⑦ 怀特海.教育的目的[M].徐汝舟，译.北京：生活·读书·新知三联书店，2002：10.

充分参考机体生成对现实环境的依赖，把握机体由于遗传而在未来将出现的某些继承性特征，以及现实世界里的种种新异性和生命性，在确定性中寻找可能性，在不确定性中寻找确定性，以实现机体有方向的自我生成和自我意义建构，实现一种更好的进化。这就是过程理论之于机体生成和机体建构的价值。

换句话说，教学作为机体，需要在目前的条件和背景下充分把握自身的确定性，从而能在一定程度上有序开展并预见未来活动的发展走向。因而，教师先前的教学设计就非常重要了，这是引领教师开展教学、达成效果的基础。但同时，教学机体的运转并不仅仅依赖于这种确定性，还有着无穷的不确定性，这是由于教学内部各元素的差异引起的。元素由于自身具有不同的特性，因而有着不同的发展需求，在互相进行资源交换时会产生多样化的摄入形式。这种来自元素内部的主观性使得教学具有了模糊性和不可预见性，也使教学具有了新颖性，为教学的深度满足提供了契机。这尤其点出了教学设计的弹性因素，涉及何为一个好的教学设计的问题。

怀特海指出，"对自然界来说，其难题在于产生那些具有高度的'复杂性'和'有结构的'，同时又是'未特化的'集合体。从这一方面看，强度与生存是一致的"①。也就是说，最好的集合体是一种对环境适应程度极高同时又达到深度自我满足的集合体，是一种由有序占据主导地位，但同时又存在无序、有序引导着无序的集合体。这样的集合体不仅能实现其各个组成元素的深度满足，而且还不至于固化或僵化，具有源源不竭的生命力。

教学智慧价值就是要寻求这样一种集合体。从其外显特征来看，这集中表现为一种稳定与冲突并存的教学环境的创设，并更多地表现为对冲突或者异质环境的寻求。因为师生具有共同的目标——促进学生积极健康地成长，因而教学能处于一种有目标引领的、可控制的状态。这样的状态是平稳的，也可以看成是同质的。这种一致性和相似性使师生之间得以相互理解、相互支持，并进而能保证教学目标的实现，是师生实现深度满足的基础。但同时师生又是具有差异性的个体，由于个性、兴趣、生活经历不同等带来的碰撞使教学具有了新异的可能性。机体哲学不仅倡导尊重这些差异性，更强调挖掘和利用这些差异性。在这些不稳定因素中找到可利用的价值，从而使教学向某种活跃和更高的水平转化。此外，对异质环境的寻求还包

① 怀特海.过程与实在：宇宙论研究[M].杨富斌，译.北京：中国城市出版社，2003：183.

括把教学内容和教学环境这两个教学的无机构成要素也纳入考虑的视野中来，强调对教学内容的个性化理解和对教学环境的包容性。这实际上与教学是预设和生成的统一在本质上是一致的。以智慧为教学价值取向的教学对稳定和冲突、无序和有序具有极大的包容性和提升性。

（四）教学充满爱与敬畏

教学充满爱与敬畏，这是从伦理的角度来考察教学智慧价值的特征。具体来说，师生在关系性力量的发展中成为爱的“伴侣”，在包容和远见中使自身不断趋于成熟，教学也因此得以走向了一种神圣和崇高的境界。

机体根本上是在一种与其他机体和整体的相互摄入当中生成自身的。机体和机体所进行的摄入活动是分不开的，也就是说，经验者和经验是不能分开的，经验本身构成了经验者的一部分，而经验者又不断地延展和创造着新的经验。如过程哲学家梅斯勒・罗伯特所说，“经验者和经验是交织为一体的……‘实际实有’一语实际上包含了经验者和经验，这二者脱离了对方都是不能存在的”①。这就是说，作为教学机体中的生命性因素——教师与学生不仅不能分离，还需要在互动中发展出一种关系性的力量，如此教学才能走向更好的境界。这种力量建立在彼此尊重、关心和体贴的基础上，它的本质是爱与说服。与单边力量不同的是，关系力量并非要相互排斥，因而不是竞争性质的。关系力量犹如爱，师生越是彼此相爱，越是能在爱中共同成长。要达到这样的境界就要求师生在某一方的感情稍减之时轮流负起爱的重荷，从长远的角度不断地去增强对方的爱、增强对方的关系力量。如卢默尔所说，“在关系力量的生命中，所谓的不公平意思就是，包容能力大的必须要经受更大的痛苦，承受更重的负担，以维护那些关系，那些关系有望弥合我们全体生活于其中的那些相互依靠之无缝大网中的裂痕”②。从这种深度的相互关系中，真正的善得以产生。

但这种关系是不容易建立的，它的形成需要机体自身复杂程度的提高。这是因为，只有当机体自身的复杂性增强，它才能对它自身和周围环境的关系越来越敏感，才能有多种可能性去建构它与周围环境的关系，才能发生深度的理解和实质的行为变换，才会产生爱的勇气与承担的力量。因为“说

① 梅斯勒.过程　关系哲学：浅释怀特海[M].周邦宪，译.贵阳：贵州人民出版社，2009：中译者序，3.

② 梅斯勒.过程—关系哲学：浅释怀特海[M].周邦宪，译.贵阳：贵州人民出版社，2009：72.

服”与“被说服”都是需要爱与远见的。“在某种程度上，说服，犹如关系力量，是向下一直延伸到底的……但是要坦然接受说服……就必须要有意识，要有用概念构想不同将来的那种能力，要有能力想象另一个世界，它不同于至今被实际化了的这个世界。”①关系性力量的构建，需要师生从理性、情感与技能上发生深刻的改变，走向一种复杂多样，具有丰富多彩人格的自我。这是师生基于对自己存在实质的洞见而从心底产生的根本性生长力量。

（五）教学、教师、学生和谐共生

教学、教师、学生和谐共生，这既是对教学机体共时性层面的一种静态分析，同时也是从历时性层面指出了教学所追求的境界——“创造性的和谐”。

怀特海认为，机体与机体之间是相互依存的，机体的生成既是摄取材料、自我享受的过程，也是以“客观化”的形式作为被享受的材料融入其他机体生成的过程、生成其他机体的过程，这种共同的相互摄入与彼此联结过程称为合生。合生是一个包含所有机体全部生成过程的整体运动。也就是说，不同机体的生成过程实际上是一体的，机体只是合生的一部分，合生从其包容范围及复杂程度来讲是一种最大的生成。从过程的意义上来理解，合生就是生成世界的主体，就是世界的生成。在过程哲学中，“主体”是超越了属人的范围的，“这种自我发挥功能的过程，就是实际存在物实在的内在建构过程。它就是这种实际存在物的‘直接性’。实际存在物可被称为它自身的直接性的‘主体’”②。

教学的智慧价值首先表现为一种教师与学生的共生。教师与学生间的互动既决定了自身的价值，也决定了对方的可能形态，既是自己原有状态的表现，也决定着将来的发展。二者的生命绝不是分裂的教和学的双边过程，而是相互勾连、密不可分、互相影响的共同生成过程。这是属于更大机体的合生过程，而怀特海的智慧理论除强调这种密不可分的勾连过程外，还着重指出了机体的“超体”性——一种朝向未来的生命性，朝向更好方向的进化本性。这就明确地指出了师生互动向上的生长性，指向了一种促成学生积极生存和发展的教育学意向。

其次，一个以智慧为价值取向的教学，其本身就应是享受与创生的统

① 梅斯勒.过程—关系哲学：浅释怀特海[M].周邦宪，译.贵阳：贵州人民出版社，2009：74.

② 怀特海.过程与实在：宇宙论研究[M].杨富斌，译.北京：中国城市出版社，2003：44.

一。教学若脱离过程的内在享受，单纯作为实现教学目标的手段，仅着眼于结果的产出，并且要使产出有某种创造性而不是简单的继承和复制，则这样的产出只能是空想，在实践中是不可能的，因为我们不可能一下子由毫无创造性和生命力的教学活动进入一个作为结果的有创生性的新天地，我们不可能从“无”到“有”。过程就是我们创生的新天地，在教学过程中就有某种新颖性的东西出现并刺激着我们的感知，它不是一下子蹦出来的，而是慢慢连续展开的。在其中出现的所有新奇丰富的体验，我们称之为“享受”。享受在某种程度上意味着教学之于师生的自足性。但享受并不是一个独立的过程，它同时是创造的开始，对新奇的探知和体验就是创生性的源泉。这既是过程，又是结果。没有终结的结果，所有的结果在一定意义上都是过程。结果和过程具有同一性，享受和生成具有同一性。如怀特海所说，“‘过程’是那些感受要素的附加物，……这种实际存在物在成为其自身的过程中也解决了它要成为何物的问题。因此，过程就是创造性观念面向确定性个体的界定和获得而起发挥作用的阶段。过程就是增长和终极目的的获得。对这种终极目的的过程性界定是其获得所需要的功效条件”①。

再次，教师、学生与教学是相互生成，相互滋养的。师生互动不仅决定了自身与对方的生成，而且还决定了由二者共同创设的教学是什么样子。教师的生成、学生的生成以及教学的生成三者是共时的，一体的，不可分割的。而教学成为什么样，也反映了师生的生命状态与生命激情。具有智慧价值的教学一定是优秀的教学。在这种教学中，教师善教乐教，学生好学善学，教学成为师生享受与创生的新天地，成为实现自身生命价值、实现人生价值的美妙场所。教学就像一个磁场一样，将师生吸引于此，乐此不疲地生活，教学走向了一种“游戏”境界。在这个过程中，“师生双方忘却了外在的期望、压力，‘全心全意’地投入于教学之中，为教学情境本身所吸引、引导，师生按照此时此刻的教学情境应有的方向共同前进，师生不再作为引导教学的主体，教学的主体成了教学本身，师生双方完全沉浸于当下的教学愉悦之境，享受教学之境中的自由、轻松、和谐、融洽、光明、温暖”②。教师的教育智慧、学生的创造潜能在此完美地绽放，教学真正达到了一种“和谐”的境

---

① 怀特海.过程与实在：宇宙论研究[M].杨富斌，译.北京：中国城市出版社，2003：274.

② 刘铁芳.教学：一个可能的价值世界：教育的价值关怀[J].教育理论与实践，2000(4)：8-11.

界，一种精神上的无限欢愉和自由。教学成了工作、娱乐和生活的“三位一体”。

简而言之，当我们谈论智慧作为教学的终极价值的时候，不仅包含了行为取向，也包含了活动取向；不仅意味着教学应对学生、教师和教学本身具有智慧意义，而且还意味着这种智慧意义必须是通过智慧的方式实现的，亦即其实现过程就必须是智慧的。只有当目的与手段、结果与过程相统一的时候，我们才能说这在一定程度上真正接近了智慧。

三、教学价值取向的终极选择——智慧

（一）智慧是解决教学基本矛盾的需要

冯契先生曾说，近代以来也就是笛卡儿提出主客二元的认识论以来，哲学的基本矛盾就是知识与智慧之间的关系问题，他认为中国哲学的基本问题也是知识与智慧之间的关系问题。因此他提出了“转识成智”的时代课题[①]。其实，近代以来的教育问题何尝不是知识与智慧之间的关系问题。夸美纽斯的《大教学论》突出了教育教学中的知识问题，他把对知识传授的强调放在教育中的基础地位，为此还提出了班级授课制的课堂组织模式。在这一课堂组织模式中出现的教师同学生的对立，书本同生活的对立，教育客体同教育主体的对立，知识传授同知识创新的对立日益在教学发展过程中显现出来。教育中出现的种种对立与分裂，归根到底其实就是知识传授同智慧生成之间的矛盾问题。不管是随后出现的教学日益市场化、企业化、管理化，还是教学中对生活世界的呼唤，其实关注的也仅仅是教学发展过程中的某个方面、某个层面的问题，不能解决教学中的根本问题。教学中只有解决好知识与智慧之间的关系问题，才能更好地思考教师和学生的主体问题，书本世界同生活世界的关系问题，学生现在幸福同未来发展的关系问题，连续性教育形式同非连续性教育形式的关系问题，德育同智育的关系问题。

（二）智慧是解决教学现实困境的需要

新课程改革以来，我们面临着国家课程同地方课程、校本课程关于课程话语权的分配和争夺，课堂上知识灌输同焕发教师和学生生命活力的冲突和分歧，教学评价上关于掌握知识和提高能力之间的意见和碰撞，教学目标上悠久传统文化的继承同现代文明的角力，教学实践上面向学生生活世界同适应学生未来发展之间的选择和困境等问题。

---

① 陈晓龙.转识成智：冯契对时代问题的哲学沉思[J].哲学研究，1999(2)：14-22.

当前的教学困境不是特殊的教学认识问题，也不是简单的概念重建问题；既不是教学方法上的心理学化问题，也不是教学方法上的社会学化和人类学化问题。不可否认，以上任何方法和思考都有助于某些局部问题的解决，但根本上，我们的现实困境还是在教学价值目标上缺少终极意义上的思考和探讨。只有教学理论研究者和一线教师真正从培养学生智慧出发也即只有以“智慧”的名义，才能对各种各样、五花八门的教学理论和教学策略进行拷问，做出正确的选择和行动。

（三）智慧是师生正视自己“生存”的需要

可以这样说，教学之所以长久存在，是因为有“爱”的成分在里面，是因为我们的教师或者父母希望把某种表达“爱意”的东西呈现在学生和孩子面前。不论是知识本位的教学还是能力本位的教学，我们都希望我们的教育是为孩子的未来“做准备”的，希望我们的学生或孩子在将来更有前途，更有力量。而面向儿童生活世界的教学追求，则源于我们对学生和孩子在受教育阶段的关心，我们不应该为了将来的幸福而牺牲现在的幸福。不管是“准备说”还是“生长说”，都是一种长辈心目中对孩子幸福的界定，我们恰恰忽视了学生本身对幸福和理想的看法，我们很少站在学生个体的角度去审视什么是真正的幸福。关注学生的智慧养成就是希望教师真正尊重学生个体的尊严，真正为了自己学生或孩子的成熟和“成人”而“操劳”。

每个人都是被抛入世界之中的。生命的意义和价值只能每个人独立去面对。学生个体在接受教育或者更准确地说在领受教育的过程中，应正视自身的生存问题，这种生存不是沉湎在自然状态下的任意嬉戏和游戏，也不是追逐消费主义文化泛滥下的感官物欲，更不是迎合外在权力、话语、意识形态、习俗、禁忌的犬儒主义的处世“哲学”，而是“以有意义的方式来与我们的人类和自然世界相联系的谦卑或能力”。它要求我们时时审视自己的人生，感受普遍的文明教化，紧绷日益松弛的精神之弦，对任何的极端行为表示怀疑。除了智慧，学生用什么来应对这种“生存”挑战？随着亚里士多德的“实践智慧”逐渐被引进到教师的专业发展中来，教师的“实践智慧”得到了越来越多学者的关注与重视，但却很少有学者从学生智慧养成这一角度来谈论教师的专业发展问题，我们教师仅仅停留在自我专业化的迷失之中。所以，对学生智慧的呵护，才是教师职业生命走向成熟的起点。

第七章　教学智慧价值的实现

教学智慧价值的实现，需要对当代教学体系进行重建，无论是教学目标、教学内容还是教学策略，都需要按照这个终极价值进行设计和实践，这样，才能使教学的知识、能力、生活、灵性等价值实现融合共生，在弥补各类价值取向不足的同时，实现新的超越。

第一节　全人目标——教学智慧价值的目标追求

教学智慧价值的目标，可以从诗性维度、理性维度、实践维度、行动维度四个方面来确立，这四个维度所包含的丰富内容，是实现智慧价值的前提。

一、诗性维度：生命的喜悦与创造的勇气

诗性是一种反叛，诗性是一种创造，诗性是一种觉醒，人类最早的智慧维度是属诗的，它与生俱来（孩提时代）而又古已有之（原始社会）。学校教育重视诗性智慧，意味着教育价值的生命向度与创造特质，它把彰显学生个体生命的喜悦与呼唤学生创造的勇气作为根本的价值指向。

既然人类最初的智慧维度是属诗的，那么诗人就是英雄时代最早的立法者和创造者。远古时代，当人类第一次为天空、树木和万物命名的时候，一定充满了惊奇、喜悦和奥妙感。我们的孩提时代也是属诗的，儿童在生活中表现的无处不在的直视、惊讶与触摸，正是他们保持同我们祖先所共有渊源的精神纽带。每一个儿童身上“都有一股巨大的诗意的力量；当他带着这

股力量去探索世界，并找到语言为他自己的经验命名时，诗就发生了”①。每当诗发生的时候，就会有一股力量进入学生的生命，迫使学生同生活的惯性脱离，真正的生命又重新开始了。无处不在的诗性喜悦需要给孩子提供体验被爱与幸福的教育场域。只有符合人性的教育场域，才容易激发学生“发自内心的幸福感”，从而增强其“自我价值感与生命尊严感”。学校教育的“终极任务”在于积极回应上述的人性需求——经由“自我价值感”与“爱的体验”所浮现出来的“生命喜悦”。② 自我价值感是诗意的生命敢于直面痛苦、险境与困难，并不断尝试转化出路，从而不断为生命的存在意义进行“赋值”的过程。爱是守护生命、习惯生命并且不断地赞美自身、赞美社会与赞美万物的一种诗意躁动与整全关联。

勇气并不是各种人格价值中的一种美德或价值，勇气是其他一切品德与人格价值的基石与支柱。③ 而一切的勇气之中，“创造性勇气”尤为珍贵，它是为了发现“新的形式、新的象征与新的模式”，以便在此基础上建立一个新的社会。④ 创造不是艺术家、诗人、科学家所专享的，每个人都应该有，它在这样一个急剧变迁的社会中愈发重要。每一个小孩来到人世间，他都充满好奇，勇于体验，不管体验何其艰辛，小孩的探索、体验从不止步——“不曾将他跌跤的次数写在脸上”，这种“生之勇气”，即为小孩极为珍贵的创造特质。⑤ 随着个体经验世界的拓展，人们把生动活泼的创造力与抽象能力相互攀结⑥，从而实现个体与世界的真正联结。除了来自孩童时期的自发性纯真冲动，创造更离不开个人日渐成熟的生命激情——超越死亡的不朽渴望。⑦ 在创造的过程中，人寻求发现与获得的意愿，人同自我之外伟大的社会作品、自然作品与艺术作品的“邂逅”，人在持久关注与适当放松间的弹性切换，都是创造必不可少的条件，而勇气更是这一切条件的基础。人本心理

---

① 李崇建. 移动的学校：体制外的学习天空[M]. 台北：宝瓶文化事业有限公司，2006：315-327.

② 冯朝霖. 十二年课纲系统图像与全人教育理念[C]//2013 第九届生命教育学术研讨会. 台北：台湾大学，2013.

③ 冯朝霖. 十二年课纲系统图像与全人教育理念[C]//2013 第九届生命教育学术研讨会. 台北：台湾大学，2013.

④ 梅. 创造的勇气[M]. 杨韶刚，译. 北京：中国人民大学出版社，2008：10-11.

⑤ 黄武雄. 童年与解放[M]. 2 版. 北京：首都师范大学出版社，2011：47-48.

⑥ 黄武雄. 学校在窗外[M]. 台北：左岸文化事业有限公司，2003：56.

⑦ 梅. 创造的勇气[M]. 杨韶刚，译. 北京：中国人民大学出版社，2008：20-21.

学家罗洛梅认为若没有勇气，我们的爱就会成为依赖而面临褪色；若没有勇气，我们的忠诚亦难坚持，然后变为妥协。人类唯一的幸福在于创造，在于有勇气不断地追逐自由，超越自我。

二、理性维度：学习的渴望与批判的精神

学校教育中所学习的各种学科知识，代表着人类历史上理性智慧的积累与完善。智慧价值的理性维度不在于学生对各种知识的背诵与记忆能力，而更强调学生不断寻求学习的热情与渴望以及批判反思的超越精神。

作为智慧价值的必要维度，理性品格从不缺席。理性要求个体自觉地求证事实，反躬自身，损益传统，勇于质疑。与其说拥有理性知识，不如说保持理智激情才是智慧的应有之义。学习的渴望是一个必须创新的社会的生命源泉。① 在知识变迁日益迅速的现代社会，若要成为终身学习者，学会学习的方法比学会特定知识与技能重要，而保有学习的热情与动机却又比拥有学习的方法更为根本。学习的热情与渴望使得个体成为"永恒的追求者"，永远具有自我完成的可能性。② "成为自己"或自我实现乃是人类生命内在的召唤，却也是永恒的挑战，只要宇宙的演化大戏持续上演，只要人类社会文明的变迁始终持续，人类自身的求知激情与创造渴望也将永远同步。宇宙演化自身就是学习的进程，而"学习的热情与渴望"将影响自身在社会与世界上参与演化的表现。

批判的精神对处于信息泛滥的现代社会洪流之中的公民个体至关重要。人与动物之所以不同，就在于人能"批判地审视自己的行动与他所生活的这个世界"③，当人能够发展他的批判能力时，这个世界就拥有了丰富的可能性。德国哲学家马克斯·霍克海默认为，作为一种理智上的否定性的思考，批判精神"不满足于接受流行的观点、行为，不满足于不假思索地、只凭习惯而接受社会状况的那种势力；批判指的是那种目的在于协调社会生活中个体间的关系，协调它们与普遍的观念和时代的目的之间的关系的那种努力"。④

---

① 焦尔当. 学习的本质[M]. 杭零，译. 上海：华东师范大学出版社，2015：174.

② 冯朝霖. 十二年课纲系统图像与全人教育理念[C]//2013 第九届生命教育学术研讨会. 台北：台湾大学，2013.

③ 陈建华. 教师要超越经验层次上的教育常识[J]. 教育研究，2012 (10)：130-135.

④ 霍克海默. 批判理论[M]. 李小兵，译. 重庆：重庆出版社，1989：255-256.

三、实践维度：审慎的谦卑与共生的智慧

智慧的实践维度在西方起源于亚里士多德的本体论思想和灵魂学说①，也经常在东西方的宗教和伦理经典中有所体现。这种致力于个体和群体福祉的德性智慧概念是一种完全属人和人性的智慧。实践智慧要求我们在处理个人和群体关系时保持审慎的谦卑和共生的智慧。

作为一种规范性与价值性的个人德性，审慎的谦卑建立在"对生命的极度尊重"以及"对生命未知来源的虔敬"基础上②。它拒绝接受某种有着意识形态或政治意义的特定的世界观——经由传统、规范、价值与知识等所中介的对世界的特定观点，它认为"教育的正当性"应该在于"为学生开启一切可能世界观的窗户，并且帮助他们能对这些世界观具有批判的态度与抉择的能力"③。

"共生的智慧"呼唤学生作为未来公民勇于承担责任，与全球其他地区的成员一道，共同维护地球上的和平、生命与生态。首先，"共生的智慧"联结人权伦理、他者伦理、大地伦理与生态伦理。其次，"共生的智慧"要求学校在校园坚持实践一种"生命共同体"的师生、生生互动模式。教师与学生共同决定生活和学习的主题、进度、方式以及效果。再次，学校、家长与社区工作者一起努力，打造一个系统性、参与性、合作性的社区网络。非洲有句谚语，"教育一个孩子需要整个村落的力量"。它需要教育并非独善其身，而是每个关系连接者（孩子、教师、家长、学校、社区、环境等）形成"同村协力"的共生状态。④

四、行动维度：生活的自信与即兴的美学

智慧的行动维度在迅速变迁的信息社会中日益凸显，个体需要树立极度的生活自信与即兴的美学品位，并能够以一种灵活而敏捷的行为反应来从事现实各种活动。行动智慧既意味着明察外部环境（机遇、风险），反思内

---

① 徐长福．实践智慧：是什么与为什么：对亚里士多德"实践智慧"概念的阐释[J]．哲学动态，2005(4)：9-14.

② 冯朝霖．十二年课纲系统图像与全人教育理念[C]//2013第九届生命教育学术研讨会．台北：台湾大学，2013.

③ 冯朝霖，蒋兴仪．关于反思性与主体性吊诡的一些联想[J]．应用心理研究，2006(31)：133-137.

④ 冯朝霖．十二年课纲系统图像与全人教育理念[C]//2013第九届生命教育学术研讨会．台北：台湾大学，2013.

在心灵，积极与人沟通，勇于行动，并善于从反馈与结果中学习的一种实用主义的生存技巧；又代表着一种蕴含勇敢与机智的想象能力，不取左、不取右、不取中间，彰显“空性”智慧、无尽活力与共生情怀，即兴美学主要彰显自身的游戏本性需求，滋养自身的文化创意，迈向灵性与艺术向往的境界。

未来的公民需要保持对自己的信心与追求知识的内在热情。学校作为学生接受教育的主要机构，应该把启动学生“学习动机”与培养学生“学习自信”作为首要任务，使学校成为一可能性的场域！PISA 测试之父、经济合作与发展组织教育和技能部部长安德烈亚斯·施莱歇尔说：“若是对自己有信心，即使遇上不会的问题，也相信自己能通过询问或找资料来解决，认为自己能突破困境，这是一种持续学习能力，这样的人就能够不断迈向成功。”[①]生活充满风险，自信没有失败，“生活的自信”是个体面对后现代流体社会(liquid society)的必要核心素养，在生活、职业生涯或公民诸领域的各种实践，没有自信很难纾解压力、赢得尊重与获得成功。

“即兴不见得必须是全然的创新，却关乎人类内在深层的自我与创造力，其最终的目的在于让人们去发现自己内在的声音，发掘个人独特的即兴方式。”[②]即兴无外乎是一种无时无刻不具有的审美境界，一种全然自由自在的存在方式，也是一种全然快乐的情感状态。“即兴”与“复杂的生活经验”两者间存在着重要而潜在的“关联”，而“即兴”将是个体独立面对日趋复杂、难以预测，甚至可能有点混乱的存在状态所必须培养的能力——对不可预知的事件做出反应，并在学习与演化之间解放游戏天性、拓展行动疆界。“真正的即兴”毫无疑问是一种“态度与精神”，学习它的唯一途径便是去“经历与体验它”[③]。即兴之本质超越二元特征，其关键在于以一种“既……且……”(both…and…)的包容性，超越科学与艺术、严肃与游戏、理智与激情、创造与一致等二元对立典范。即兴不纯粹是为了自由而打破形式与限制，更是运用它们作为发现自我、超越自我的途径。

---

① 冯朝霖.十二年课纲系统图像与全人教育理念[C]//2013 第九届生命教育学术研讨会.台北：台湾大学，2013.

② 冯朝霖.十二年课纲系统图像与全人教育理念[C]//2013 第九届生命教育学术研讨会.台北：台湾大学，2013.

③ 冯朝霖.十二年课纲系统图像与全人教育理念[C]//2013 第九届生命教育学术研讨会.台北：台湾大学，2013.

第二节　必要的平衡:教学内容的选择

智慧价值取向的教学内容选择,应该在游戏化、复杂化、生态化、情境化取向的知识、经验结构之间维持一种动态的平衡。

一、游戏化取向的教学内容选择

游戏化的课程内容,某种意义上也称为艺术化的课程内容。沿着康德、席勒的脚步,游戏同人的完整、人的自由、人的创造力都紧密相连。甚至到了20世纪荷兰学者胡伊青加那里,游戏成了人类最本源性的存在方式,是产生人类各种文化的"母体"[①]。"游戏人"的人性假设,是20世纪人类自我认识的一次重要飞跃。它明白无误地告诉我们,发现、维护、提升人的游戏精神,是坚持教学改革的智慧向度,是完成教学价值转型的重要举措。游戏化的课程内容,主要包括如下三个方面。

(一)对话取向的游戏精神

过去两个世纪以来,理性人、制造人的人性假设使人逐渐失去了游戏精神。若没有游戏精神,学习与演化便不可能发生。借着对现实的重新阐释与新奇经验的引发,游戏精神将师生从一成不变的窠臼和限制中解放出来,一面拓展了师生思维与行动的疆界,另一面则提升了师生的弹性与适应能力。游戏精神就是对成长无限可能性的追寻,反对终极答案与固定套路,促使游戏者在游戏中实现着自我超越与自我转变的"螺旋递进"[②]。作为教学发生的可能前提,教学价值的实现离不开师生之间的真诚对话、交往。教学对话"包含一种游戏的动力"[③],教学的对话属性旨在促进教师、学生、文化(教材)之间"视域融合"。学生正是通过对话,形成理解、批判和反思的能力,既倾向于又能够对文化传承过程中所提供的一切信念和假设做出理性

① 胡伊青加.人:游戏者:对文化中游戏因素的研究[M].成穷,译.贵阳:贵州人民出版社,1998:270,9-10.

② 鲁正一,张广君.游戏隐喻下的教学对话:理解、问题与可能性[J].高等教育研究,2011(3):76-80.

③ 鲁正一,张广君.游戏隐喻下的教学对话:理解、问题与可能性[J].高等教育研究,2011(3):76-80.

反思。[①] 教学的目的正在于"文化成人",而这一目的只有在对话中,在理解自我、理解他人、理解世界中才能完成。

(二)审美游戏化的学科调整

德国新人文主义代表人物席勒认为,人是由感性和理性共同构成的,但是人的这双重天性往往使人处于两种不同冲动的分裂之中:不是表现出感觉(感性)支配了原则(理性)的感性冲动,就是显示出原则(理性)支配了感觉(感性)的理性冲动。而他认为实现人的和谐全面发展的唯一途径是审美游戏。[②] 正是在审美游戏中,感性冲动与理性冲动实现内在的完美结合——游戏冲动。游戏冲动的对象就是广义的美,"人处于游戏冲动中亦即处于一种自由的(既摆脱了感性的奴役又不会受到理性的强制)审美游戏——一种既能使人的感性天性得到最大限度的呈现,又能使人的理性天性得以充分发挥的创造性活动——之中"[③]。

教育的真正本质也正在于追求人的感性与理性之间的双重天性的和谐、完美。这种审美游戏与教育本质上的一致性更能从学校所开设的各个学科中呈现的审美游戏特征中挖掘出来,"语文和哲学是关于语言和解释的游戏,音乐和数学是关于符号和序列的游戏,美术和历史是关于时间和变化的游戏,地理和物理是关于空间和运动的游戏,生物和化学是关于模拟与复制的游戏"[④]。推崇科学性、严谨性,以教师讲授式为主要特征的传统教学遮蔽了知识教学的游戏(主要指审美游戏)特征。由美国进步主义教育运动所开启的儿童经验课程之所以在高年龄阶段同样也收效甚微,一个重要原因在于过于强调学生的兴趣因素而忽视了学科知识体系及教材的积极价值。对学校的学科课程进行审美游戏化的系统改造,一是要肯定教材知识体系在游戏教育中的作用,二是要有效地将游戏教育的素材(学科知识)改编或转换成游戏脚本。这意味着整个教学过程不能再被视为传统的教师备课、学生预习、课堂教学、练习、辅导等要素的组合,而应该是"教师和学生一起

---

① 巴罗,黄向阳. 文化的繁衍与教育[J]. 华东师范大学学报(教育科学版),1996(1):21-28.

② 席勒曾将游戏分为自然游戏和审美游戏,前者是低级的感性的,后者既是感性的又是理性的,是人所特有的区别于其他种类的根本标志。

③ 卢世林. 审美游戏与中学课程教学[J]. 教育研究,2008(4):74-79.

④ 卢世林. 审美游戏与中学课程教学[J]. 教育研究,2008(4):74-79.

将游戏素材(学科知识)编导演绎成创造性自由游戏这一行为本身"[①]。

(三)回归闲暇式的生活世界

当前的生活世界已经显露出更多休闲化的特征,劳动已经不再是人们的主要活动方式,甚至劳动本身也越来越休闲化。社会的休闲化必然带来休闲文化的兴起。在这种背景下,游戏化的课程内容更应回归闲暇式的生活世界。呈现更多闲暇特征的生活世界是"教育"与"游戏"最内在和本质的联结点,师生都在生活中游戏,生活世界也就成了理想的教学之境:没有教师的"教",也没有学生的"学",有的只是无拘无束的猜想、尝试与体验。也只有在这个意义上,"课程即游戏"才成为可能。生活世界呼唤学校成为一个师生绽放心灵自由的悠闲之所。"悠闲意味着拥有无限的时间,去观察身边以及内心正在发生的事情,去倾听,去清晰地看……悠闲意味着拥有一颗平静的心,没有动机,因而也没有方向。"[②]

二、复杂化取向的教学内容选择

复杂化取向的教学内容选择,主要指的是在"复杂性理论"——混沌、自组织、歧义性——指导之下的师生共同经历的复杂性思维碰撞。复杂性的本质意示着"学习发生在许多层面上,而且以多样的方式发生"[③]。作为智慧化的理性品质,复杂性首先意味着一种思维上的超越性,它有助于我们从各种表面的、现象的、利益的、关系的、地域性的意识局限中抽调出来,能够让自己更深刻地认识到自然、生命与科学的本质。复杂性思维主要包括开放而多元的思维情境,严肃而有趣的成就动机,"平衡—不平衡—再平衡"的认知过程,谦卑与歧义的主体间性。

(一)开放而多元的思维情境

现代课程的机械特征,根源于对学习者主观性、内在知觉、内在经验与内在演化能力的根本性忽略,因此复杂性思维视野下的后现代课程鼓励人们重新寻回已被自身所遗忘或摈弃的多元整体性、脉络性与自我组织之能

① 卢世林.审美游戏与中学课程教学[J].教育研究,2008(4):74-79.

② 克里希那穆提.教育就是解放心灵[M].张春城,唐超权,译.北京:九州出版社,2010:7.

③ 多尔.后现代与复杂性教育学[M].张光陆,译.北京:北京师范大学出版社,2016:253.

力，使其体现在师生共创的教育经验特征中，为“学习的返魅”[①]开启可能的道路。虽然学生的认知能力是多面性（包括语文的、音乐的、逻辑—数学的、空间的、肢体—动作的、人际的、内省的、自然观察的，甚至还包括灵性的）与个性化的，但这些认知能力各自却不是独立作业而是并行不悖、相互补充与整体运作的。因此，为学习者提供的学习情境必须植根于多元、丰富与相互作用的经验，这些经验必须是大部分开放的、准备好以待学习者去发现并加以统整的。[②] 也就是说，学习（思维）情境必须具有足够的丰富性，以便提供机会让教师及学生去使用所要学习的事物之语言，探问与研究关键性的问题，解决对立的观点与意见，并从事批判性思考与个人式反省。

（二）严肃而有趣的成就动机

古希腊哲学家亚里士多德曾经把专注于理性沉思的哲学生活称为最大的幸福。拥有理性的人不偏执、不极端，也不轻易被大众意见与传统习俗束缚，做事有条理并符合“黄金中道”原则。这种抽象沉思的理性思维从来都是学校教育努力追求而误会最深的教育价值目标。

现代学校教育经常出现两种情况：一种是混乱班级，表现出的典型特征是“大声的噪音、未受限制的走动，以及轻佻的社会互动”[③]。在这种班级中，学生狂热的兴奋取代了学习，如果无法控制过度的兴奋更会导致行为的失序。此种情况学生有自由而缺乏必要而严肃的思维挑战，允许甚至漠视这种混乱状态的教师，要么无能要么放纵，他们可能爱护学生，但却缺乏指导与构造认真的学习动机。另外一种是严格秩序管理的班级，“班级很少有噪音、走动或社会互动”，学生在固定的位置安静地做教师布置的作业，这里教师以“预先建立好的高度明确之例行事务、课程表、规则与目标”来指导学生的结构化学习[④]。此外，教师也严格监督学生规定作业的完成情况，并及时矫正或消除所有的分心事务与失序行为。众所周知，混乱教室的缺点很容

① 黄永和. 后现代课程理论之研究：一种有机典范的课程观[M]. 台北：师大书苑有限公司，2001：208.

② 黄永和. 后现代课程理论之研究：一种有机典范的课程观[M]. 台北：师大书苑有限公司，2001：208.

③ 黄永和. 后现代课程理论之研究：一种有机典范的课程观[M]. 台北：师大书苑有限公司，2001：260.

④ 黄永和. 后现代课程理论之研究：一种有机典范的课程观[M]. 台北：师大书苑有限公司，2001：261.

易被看见，学生通常缺乏认真动机并产生脱轨行为。然而，严格秩序班级中的学生学习动机则常常被忽略或无视，学生会对教师预先决定的例行事务感到厌烦且无动于衷，并对严格的管理感到焦虑，结果导致许多学生因为感到无趣而只愿意付出最低限度的努力，甚至有些学生因反叛严格控制而变得目无法纪。多尔通过对怀特海《教育的目的》的解读告诉我们，正是因为通过"好的"教学所传授的"僵死的、无生命力的和贫瘠的知识"，造成了学生"创造性智慧"发展的受阻与"学习的损伤"①。

因此，无论混乱或严格管理的教室，学习动机的乐趣都被遗漏或遭到严重的危害。对于这个两难困境，有学者建议了一种舞于混乱边缘的解决方案，将严格与有趣加以统合，形成一种复杂的秩序，他将这个动机的新秩序称为"严格而有趣"，并定义为"带有目的的游戏"。"严格而有趣超越了严格秩序的无趣，以及混乱的过度兴奋，产生了一种允许结构内自由与限制内有趣的复杂秩序（有序的混乱）。"②简言之，他将成就动机视为一种随时间演进而变化的动态系统，一种存在于"目的型"与"非目的型"动机之间的不断变动状态。因此，摆在教师面前的一项非常重要的任务就是尽量帮助学生去厘清与使用他们的内在动机，并提供丰富且具激励性的环境，不仅让学生有机会去追求自己的兴趣，让教师支持学生的创造，同时也能向学生推介这个世界为他们呈现的东西。

（三）"平衡—不平衡—再平衡"的认知过程

自组织是复杂性理论非常重要的一个概念，如果没有自组织，复杂性理论对世界的描绘可能只有混乱而不可能产生转化与秩序的可能。教育中的自组织可以是小组或个人。复杂性理论视野下的教育理论更应该把每个学生当作主动的、转化性的、追求鲜活知识与成功经验的自主学习体。自组织理论安排下的复杂性教室学习活动的实现，必须满足如下三个条件。

首先，自然而然发生。多尔发现自组织的一个很重要的特征是它是"突然和自然而然发生的——几乎是莫名其妙出现的"，"学生们在某一时刻所

① 多尔．后现代与复杂性教育学[M]．张光陆，译．北京：北京师范大学出版社，2016：181.

② 黄永和．后现代课程理论之研究：一种有机典范的课程观[M]．台北：师大书苑有限公司，2001：261.

看到的不同于以前看到的”①。因此，教师面临的一个“非常棘手”的任务就是将弹性时间与被指导的时间按照正确的比例进行结合，允许和鼓励结构的重新构造。

其次，通过不平衡而发生。自组织的另一个重要特征就是只有当遇到需要克服的困难时它才会发生——普利高津称之为“远未平衡”情境。正是在这一时刻和在这种条件下，内部的再组织发生了。皮亚杰称之为不平衡，并且使这一概念成为他的“平衡—不平衡—再平衡”的发展模式的核心。“然而，不平衡产生，它是发展的驱动力……没有不平衡，就不会有‘不断增长’的再平衡。”②换句话说，皮亚杰认为知识的建构必须以其原本的“错误想法”为基础，透过认知失调的过程，逐步发掘自己“错误”的地方，逐步修正自己的想法，独立自主才有可能。通过“不平衡而获得的自组织”启发教师提供足够的“刺激”来激发学生重新思考他们“习以为常”的方法——只有对自己深以为信的观念产生怀疑才能出现智慧。正如多尔曾经作为数学教师所做的那样：要求学生挑选出或者“取出”一个问题的事实，用这些事实形成新问题。这一技巧的一个变体就是让学生改变或重新安排这些事实，进而鼓励他们形成“深刻看待原初问题和被建构的问题的结构的洞察力”。③

最后，在关键时刻发生。根据普利高津的观点，自组织的第三个方面跟时间有关，但不应该从“数量的和累积的”方面来看待时间，而应该“从质的和发展的方面看待时间”。他认为，在发展时期有关键节点即“分歧点”，这时再组织就会发生。④ 学生“所形成的洞察力”可称为教育上的关键（时间）节点，为了这种洞察力的时间节点出现，教师应该允许甚至鼓励学生之间的多样合作与交流、对质。

（四）谦卑与歧义的主体间性

理性是一种力量。作为一项普适性、普遍性的教育目标，理性受到所有

---

① 多尔.后现代与复杂性教育学[M].张光陆，译.北京：北京师范大学出版社，2016：250-251.

② 多尔.后现代与复杂性教育学[M].张光陆，译.北京：北京师范大学出版社，2016：251.

③ 多尔.后现代与复杂性教育学[M].张光陆，译.北京：北京师范大学出版社，2016：252.

④ 多尔.后现代与复杂性教育学[M].张光陆，译.北京：北京师范大学出版社，2016：252.

现代化国家的热烈追求。人的理性与抽象能力可以通过严密的学科知识体系的训练达到，但是普适性、普遍性不等于绝对化，超越性不代表本质化。复杂性理论就是提醒世人，理性的本质化、概念化、结构化、一元化是有局限性的。法国哲学家米歇尔・塞雷斯曾说，当我们对单一的方法担忧时，智慧就会开始。所谓的担忧时，指的是当我们放下我们自大的心态时，当我们消除任何想控制的冲动时，当我们获得了谦卑时。① 复杂性理论视野下的理性是一种更加强调关系、回归、直觉、歧义性、差异与多元立场的交互理性（也称"主体间性"）。

可能在复杂性思维所有的特征当中最具有挑战性的就是接受以及与"歧义性"共存。我们目前就生活在一个复杂的、每一种情境都有其独特特征、没有确定性、预测总成问题、我们的解释总是被"歧义性和不确定性所包裹"的世界。② 保罗・卡西利亚斯将"歧义性"视为其固有的一部分（开放的）系统思维进行评论，并断言这样一种思维"不会被矛盾和对立所吓倒，而是将它们转为利用这一系统的力量"③。歧义性思维要求我们摆脱独断论、确定性与一种"正确感"占上风的错误偏见，告知我们在艺术著作欣赏甚至更广泛知识的学习之中"不一致的解读（解释）的持续存在未必是一件坏事"，面对"许多不同的视角，我不应该感到惊讶或者不舒服"④。

三、生态化取向的教学内容选择

生态化的教育内容，着眼于人的实践智慧的体察涵泳，谋求人与自身的超越世界，人与经济、人与社会、人与自然建立更为永久、平衡、和谐、共荣的价值关联。这样的伦理追求，明显不同于由现代科学所激发出来的以"操纵"为特征的价值观。⑤ 它意味着学校教育必须打破狭隘的教育视界，更多地同个人修行或灵性提升、永续经济、民主社区、生态保育等更为崇高的伦

---

① 多尔. 后现代与复杂性教育学[M]. 张光陆，译. 北京：北京师范大学出版社，2016：372.

② 多尔. 后现代与复杂性教育学[M]. 张光陆，译. 北京：北京师范大学出版社，2016：369.

③ 多尔. 后现代与复杂性教育学[M]. 张光陆，译. 北京：北京师范大学出版社，2016：369.

④ 多尔. 后现代与复杂性教育学[M]. 张光陆，译. 北京：北京师范大学出版社，2016：336-337.

⑤ 黄永和. 后现代课程理论之研究：一种有机典范的课程观[M]. 台北：师大书苑有限公司，2001：110.

理追求建立联结。下面主要从四个方面阐述生态化取向的教学内容的主要结构。

(一)灵性提升意义上的个人伦理

生态教育首先意味着个人层面的灵性提升。每个个体作为自由的学习者,不仅通过学校教育,还可以通过在家教育、社区教育来实践一种基于内在需要的自我陶养。① 学校最好建在山水环绕的自然优美之地或者切断"围墙"与生态乡村的联系,积极利用各个地方建设"美丽乡村""乐乐小镇""梦想小镇"的契机发挥乡村社区的校园意义功能。学生利用在其中生活的机会,学习各种永续性相关主题。正如法国南部的凡斯弗雷内学校一直坚持创始人弗雷内教育学中的生态教育精神,"必须将学校建造为一个能让各个物种都能充分发展与延续其高贵的灵魂的场域"②。一方面,学校尽量多为学生提供一些"基础工作",建设畜牧工作坊、木工工作坊,开设缝纫、烹饪、建筑、园艺等课程,从而在与村落不同学习点的实际操作中,获取真实的生活智慧。另一方面,学校提供一些自然小农场,鼓励学生学习一些简易的耕作方法,并倡导健康饮食,从而在疗愈土地的同时也疗愈自身的心灵;也可以在广大的自然生态环境中,进行自然科学或是生物学的探索、实验与学习③。

(二)永续、共生意义上的经济伦理

生态教育还意示着一种新型的生活与消费方式。它需要每个公民、每个国家都摒弃那种过度消耗资源的扩张性的资本主义经济逻辑。永续经济主要不是GDP,作为一个更为宽广的经济范畴,地球上的土壤、山川、湖泊、河流、森林、家园都是我们地球公民不可或缺的财富范畴。具备与自然万物共生共荣的生态意识,既是每个学生走向成熟人格的必备素养,更应该成为每个学生身体力行的一种价值追求。比如永续农业、有机农业、可再生能源、绿色消费、健康素食等等都可以成为自觉实践与土地长久相处的智慧之道。

---

① 冯朝霖,许宏儒.学习的自由与地球的未来:另类教育与生态村运动的汇流[J].教育研究,2014(5):139-152.

② 冯朝霖,许宏儒.学习的自由与地球的未来:另类教育与生态村运动的汇流[J].教育研究,2014(5):139-152.

③ 冯朝霖,许宏儒.学习的自由与地球的未来:另类教育与生态村运动的汇流[J].教育研究,2014(5):139-152.

(三)责任、民主、共识基础上的社会伦理

生态教育鼓励学生积极参与一种自由、负责任、民主、多元、沟通、合作的共同体生活实践。智慧价值的社会面向意味着学生能够对“我是谁?”“我们是谁?”有着清晰的界定与体认。学校教育的基本理念应该从儿童的自然学习出发,学习的冲动表现于追求自我完美的内在自发性意愿。学习的动机出自儿童自身,“学校提供的环境不能干扰孩童本身的学习冲动”,学校在“组织、方法与内容方面均无预先的固定规范”[①]。生态社区中每个成员都对全区的大小事务负有责任。这里实践民主的首要原则是“人人都是领导者”,全村重大事务的决策尊重每一个成员的声音。事项的决定并不是简单的“少数服从多数”,而是在达成“共识”的基础上完成。总之,“孩子们需要100个父母”“教育一个孩子需要一整个村庄的力量”把整个村落生活世界都当成是孩子学习与体验的范围,重视人际关系与文化沟通,定期举办具有学理依据的心灵成长工作坊,引导学员的思维模式从“自我”走向“我—你”,终于“我们”的成熟阶段,从而促使学员学习过一种“圆满和谐的社群生活”。[②]

(四)谦卑、多样、整体意义上的生态伦理

“生态保育”要求我们学生树立“盖亚世界观”,也即视地球上一切生命生物皆为互相联结之整体。保护生物的多样化与文化的多样化,不仅仅是为了地球,更是为了我们人类自己。生态学意识所强调的是一种“谦逊的、自我节制的和统整的”价值观。[③] 虽然为了人种的生存,对大自然的干预是不可避免且必须的,但人们的开发不能毫无批判地成为人类征服自然的合理化理由,生态意识的基本价值允许人类与非人类的各种合法利益在一动态平衡的历程中相互作用。在生态学的描绘中,“这个世界的形象既不是一个有待开采的资源矿坑,也不是一个不可接近的荒芜之地,而是一个需要照料、尊敬、采收与爱护的复杂花园”。[④] 生态学、机体论世界观发展与向整体

---

① 冯朝霖,许宏儒.学习的自由与地球的未来:另类教育与生态村运动的汇流[J].教育研究,2014(5):139-152.

② 冯朝霖,许宏儒.学习的自由与地球的未来:另类教育与生态村运动的汇流[J].教育研究,2014(5):139-152.

③ 黄永和.后现代课程理论之研究:一种有机典范的课程观[M].台北:师大书苑有限公司,2001:110.

④ 黄永和.后现代课程理论之研究:一种有机典范的课程观[M].台北:师大书苑有限公司,2001:110.

性的人类意识转化启发人类应该谦卑地向大自然学习更适当的共生智慧。

四、情境化取向的教学内容选择

情境化取向的教育内容，着眼于21世纪人的行动能力的修炼与提升。学科知识情境的叙事与阐释能力、生活世界情境的感受能力、未来职业情境的模拟能力等等都是面向未来化社会与“为未知而教”的深度学习智慧，在人的核心素养形成中扮演着越来越重要的作用。

（一）学科知识情境的叙事与阐释能力

学科知识的传承是学校教育的重要任务，人类历史积淀下来的群体智慧往往通过完整的学科知识教育才能转变成每个受教育者的行动智慧。“保持知识的鲜活性”，也就是知识的实际应用能力往往成为教育最重要的目的。不同学科之间及其与真实情境之间的联结，乃是使学科内容产生脉络化意义的重要条件。① 此外，对于“真实情境”的强调，乃是肯定近代学校教育的科学世界背后隐藏着它的母体——生活世界。复杂的、结构不良的、模糊的、随机变化的、多面向的发展趋势恰恰是生活世界的真实与现象世界的真实。学科符号背后的逻辑性、严密性、确定性与主观世界外显的随机性、可能性与对话性形成巨大的创造空间与行动张力。对人类已经形成的客观经验世界进行重新发现、整理、建构、阐释有助于学习者从客观外在世界被动的模仿者走向未来世界主动的改造者与建设者。增强受教育者学科知识情境的叙事与阐释能力，可从对学科知识进行主题、设计、问题解决、个案、故事化模式等五个方面的改造入手。② 然而必须强调的是，这些课程模式的运用必须奠基于后现代典范的基础之上。换言之，我们可以运用这些模式架构来协助师生共创统整性的课程经验，而不是借由这些模式来产生实质的套装课程，再交由教师将其传送给学生。

（二）生活世界情境的感受能力

正如陶行知所说的，没有生活外的教育，也没有教育外的生活。面向生活世界是学校教育的重要目的与主要途径。生活世界情境的感受主要包括现实生活意义上的情境感受、理想生活意义上的情境感受、超验生活意义上

---

① 黄永和. 后现代课程理论之研究：一种有机典范的课程观[M]. 台北：师大书苑有限公司，2001：254.

② 黄永和. 后现代课程理论之研究：一种有机典范的课程观[M]. 台北：师大书苑有限公司，2001：254-257.

的情境感受三个方面。

1. 现实生活意义上的情境感受

现实生活是以个人的家庭、天然共同体等直接环境为基本寓所，旨在维持个体生存和再生产的日常消费活动、日常交往活动、日常观念活动的总称，它是一个以重复性思维和重复性实践为基本存在方式，凭借传统、习惯、经验以及血缘和天然情感等文化因素而加以维系的自在的类本质对象化领域。现实生活意义上的情境感受意示着个人对日常消费活动、日常交往活动、日常文化活动的充分理解、参与、体验并自觉内化、行动化。教学回归现实生活世界，有助于学生更好理解当前的社会生活、家庭生活与学校生活，从而有助于实现家庭与公共生活领域的喜悦、自由与分享等幸福状态；有助于学生理解学校每个教学单元的“教学内容和任务”，从而完成对学科知识的实际关联、牢固掌握与深度内化①；有助于实现教学世界的“本真状态”，从而避免人的异化与知识的异化。

2. 理想生活意义上的情境感受

生活世界分为两个世界，一个是日常、具体的生活世界，另外一个就是精神层次、理想意义上的生活世界。在物欲化的现代社会，理想层次的生活世界常被忽视。“过去，制定教育目的的最常用的媒介是思辨哲学。今天，教育又摆向了另一相反的极端，着手编制生活的全部‘实际价值’的一览表。”②生活智慧不能满足于“实际生活技能的训练”，应该着重思考和认识“生活的意义、目的、价值以及什么样的生活值得去过、什么样的生活境界最美好”等等精神层次的生活境界。③ 理想生活意义上的情境感受主要包括日渐更新的大数据时代的生存能力、未来可能生活的建构能力，以及多元文化社会的共同生活能力等等。

3. 超验生活意义上的情境感受

无论是现实生活意义上的情境感受，抑或是理想意义上的情境感受，可能更多地考虑个体对外在生活世界的体验、理解与适应。生活世界除了以上这两个层次之外，还有一个“直观给定的世界”④。教学向生活世界的“回归”，不是要用教师对生活世界的理解来限制学生生活世界的图景，而是为

① 李长古，秦平. 教学应该回归怎样的生活世界[J]. 中国教育学刊，2005(10)：39-41.

② 瞿葆奎. 教育学文集·教育目的[M]. 北京：人民教育出版社，1989：626.

③ 李长古，秦平. 教学应该回归怎样的生活世界[J]. 中国教育学刊，2005(10)：39-41.

④ 加达默尔. 哲学解释学[M]. 夏镇平，宋建平，译. 上海：上海译文出版社，1994：190.

了避免对学生“主人身份和主体地位的篡改”①。对日常家庭生活和理想职业生活的过度准备，让学生的内心“变得越来越狭隘、局限和不完整”②。超验生活意义上的情境感受，就是鼓励学生作为“完整的人”对生活中的痛苦、喜悦、美、丑、爱等加以“整体”的了解，从而在内心实践一种有信仰、有情怀、有温度、不断发现自身天赋、寻找自身“存在”的独特人生。

（三）未来职业情境的模拟能力

教育民主化与大众化的发展现实，意味着现代教育必须把关照学生未来的职业成长作为自己重要的价值考量。随着信息技术的突飞猛进，21 世纪的职业工作越来越强调人的批判性思维、创造性思维、协作能力与交往能力等综合素养。“倘离开真实情境，可能有知识技能熟练，断无素养发展”。③学生职业情境的模拟能力可以通过“情境学习”（situated learning），即“通过学徒制与导师制，基于真实的、现实世界的任务而学习”④。一方面，将知识学习与真实情境相连，并以“做课题”的方式使学生在“学科知识与其应用之间建立即时联系”⑤；另一方面，素养一旦在某一真实情境中形成，就尽量鼓励学生超越具体情境的限制，广泛应用于不同场合，适应情境的不断变化，“为迁移而教”，经过知识的“迁移性”孕育素养的“迁移性”。特别应引起注意的是，虚拟环境（virtual environment）和“增强现实”（augmented reality）为情境学习的深化和拓展提供了新的机遇与挑战，我们要恰当正确地应用。⑥

第三节　必要的冒险：教学的实施策略

“必要的冒险”是怀特海的用语，它为教学智慧价值的实践提供了基本策略：学校规模的小型化、学校品位的经典化、教育行动的全员化、学习形式

① 李长吉，秦平．教学应该回归怎样的生活世界[J]．中国教育学刊，2005(10)：39-41．

② 克里希那穆提．教育就是解放心灵[M]．张春城，唐超权，译．北京：九州出版社，2010：1．

③ 张华．论核心素养的内涵[J]．全球教育展望．2016(4)：10-24．

④ 张华．论核心素养的内涵[J]．全球教育展望．2016(4)：10-24．

⑤ 张华．论核心素养的内涵[J]．全球教育展望．2016(4)：10-24．

⑥ 张华．论核心素养的内涵[J]．全球教育展望．2016(4)：10-24．

的自由化。

一、学校规模的小型化

印度著名思想家克里希那穆提认为，学校教育要致力于培养具有智慧的自由而完整的人。① 在他看来，现代社会规模宏大的学校越来越多，将千百个儿童聚集起来共同接受同质化的知识教育与职业训练，这些在名利上成功的学校注重的是外在的效率，它们无法培养出完整的人来。真正的教育是要研究每一个学生，让他们都获得自由且完整的发展，而不能像制造机器似的大规模生产。在他看来，“有希望的只是完整的个人——而唯有小学校才有助于造就这种完整的个人”②。这是因为在这种小型化的学校中，教师有充分的时间注意到每一个学生和了解他们的兴趣、能力与性情以及他们遇到的困难。此外，学生相互之间也可以有更多的了解，从而产生“关心和体谅他人的品质”。③

师生心灵自由绽放的学校必然要求有一些独特的气质。首先，学校必须是一个悠闲的地方。法国的蒙田就曾在其名著《我知道什么》中，把悠游自在的独处当作人世幸福之所寄，“懒洋洋的时光，可以孕育新奇的想法”④。“悠闲意味着拥有无限的时间，去观察身边以及内心正在发生的事情，去倾听，去清晰地看……悠闲意味着拥有一颗平静的心，没有动机，因而也没有方向。”⑤学生只有处在悠闲的状态下，心灵才不会被各种欲望占据，才能够自由地学习、自由地思索，他们的智慧成长就是从这种摆脱了外在机械式的练习开始的。要让学生获得悠闲的状态，以至于改变“被谋生占据的社会结

---

① 马多秀.我们需要什么样的学校：印度心灵导师克里希那穆提的学校观及其启示[J].宝鸡文理学院学报(社会科学版)，2016(5)：98-101.

② 克里希那穆提.一生的学习[M].张南星，译.深圳：深圳报业集团出版社，2010：96.

③ 马多秀.我们需要什么样的学校：印度心灵导师克里希那穆提的学校观及其启示.宝鸡文理学院学报(社会科学版)[J].2016(5)：98-101.

④ 蒙田还特别强调自由自在独处对一个成年人的重要意义，他说“我们会有太太、孩子、物品，尤其是健康，如果我们能够的话；但我们不必如此紧紧地与这些连在一块，好象幸福非仰赖这些不可的样子。我们必须保留一间后房完全属于我们本身，彻底的自由，在那儿建立真正地自由自在，作为我们主要的休憩及独处的场所。”详见林玉体.西方教育思想史[M].北京：九州出版社，2006：194-195.

⑤ 克里希那穆提.教育就是解放心灵[M].张春城，唐超权，译.北京：九州出版社，2010：7.

构”，教师的责任重大。[1] 只有教师本身在学校能够体验到悠闲，深刻认识到闲暇教育对个体成长的意义和价值，他们才会自觉地为学生创造悠闲的生活和学习氛围。

其次，学校必须是一个安全的地方。在这种小型化的学校中，学校应该为教师和学生带来安全感。对于教师来说，他们应该在学校享有经济上和心灵上的安全感，应当感觉到和在家里一样“安全和被照顾，没有财务上的忧虑”。[2] 这样，教师可以把更多的精力和时间投入到关心学生和工作中去。“如果教师自身没有安全感，因而不能自由地去关心学生和他们的安全，那么他就不能完全地负起责任。”[3]教师获得在家一般的安全感，就能让学生产生在家一样的感觉，获得安全感。特别值得注意的是，师生如果不能免除恐惧，也就不可能获得真正的安全感。“恐惧使思想萎缩而限制了自发创造的行为，一个心怀恐惧的教师，显然无法毫无畏惧地把生活的深刻意义传授给他人。”[4]消除教师的恐惧，需要校长坦诚、平等地与教师相处。同样，消除学生的恐惧，需要教师放弃高傲的态度，打破和学生之间的樊篱并与他们平等交流，还需教师承担起“替代父母”的角色，帮助学生成功抵御来自亲生父母的伤害。没有恐惧感，师生才会感觉到心灵上的安全感，才可能获得心灵自由的绽放。总之，在克里希那穆提看来，“整个学校的存在就是为了这个目的，为了营造这样一种氛围：让教师和学生可以在善中绽放”。[5]

对于那些内心充满真诚，以及爱自己的孩子和周围的孩子的人来说，可以在自己的家里或家附近建立这种小规模的学校，也可以对当前的农村学校进行特色化改造。[6] 正是在这个意义上，有爱心、耐心、细心和智慧的教师才是一所学校实施正确教育的关键。

---

① 马多秀.我们需要什么样的学校：印度心灵导师克里希那穆提的学校观及其启示[J].宝鸡文理学院学报(社会科学版)，2016(5)：98-101.

② 马多秀.我们需要什么样的学校：印度心灵导师克里希那穆提的学校观及其启示[J].宝鸡文理学院学报(社会科学版)，2016(5)：98-101.

③ 克里希那穆提.教育就是解放心灵[M].张春城，唐超权，译.北京：九州出版社，2010：30.

④ 克里希那穆提.一生的学习[M].张南星，译.深圳：深圳报业集团出版社，2010：120.

⑤ 克里希那穆提.教育就是解放心灵[M].张春城，唐超权，译.北京：九州出版社，2010：63.

⑥ 马多秀.我们需要什么样的学校：印度心灵导师克里希那穆提的学校观及其启示[J].宝鸡文理学院学报(社会科学版)，2016(5)：98-101.

二、学校品位的经典化

产生于20世纪30年代的永恒主义教育思潮对我们思考智慧价值的实现有着重要的启示。永恒主义的哲学基础是欧洲古典实在论。这种实在论认为个别的、具体的事物及其发展是非本质的、不真实的，一般概念才有真实性，共相才是事物的本质。有着明显复古倾向、主张古典文科教育传统的永恒主义把培养人的理智美德视为教育目的的重中之重。理性虽然不是智慧的全部，但是理性生成过程中所磨炼出来的知性的品位却是智慧教养的基础要素。

实施智慧教育的校长和教师，应把提升学校的精神品位列为学校的重要发展规划。而学校品位的提升离不开学生持久的经典诵读。对经典阅读书目的坚持，恰恰是从容应对信息爆炸时代人的知识匮乏的必由之路。赫胥黎在一本文集 *Texts and Pretexts* 的序言里就曾描绘出他那个年代，科学由于不断有新的发现而飞速进步，经济也以惊人的速度不断改变，就是一般受过教育的人也不得不拼命"赶上"时代，以至于没有时间静下心来只读一本书，尤其是不可能去读那种思想深邃、感情丰沛、文笔优美的经典文本。他说："在一个飞速变化的时代真有一种危险，那就是一个人信息灵通和这个人有修养，很可能是互不相容的两件事情。要信息灵通，就必须快速阅读大量仅提供信息的指南之类的书。而要有修养，就必须慢慢去读、细细去品味很少的几本书，那是一些生活、思想和感情都有声有色的人写的书。"①赫胥黎把信息和修养（即真正的经典阅读）区分开来，而且明确表示信息灵通和有修养是互相排斥的两回事，从而把一般信息（包括具体操作的技术性细节）从真正的经典目录中除名。什么是真正的知识、文化经典？经典文本如何呈现？时间、空间上如何规划更为合理？这些都需要我们多加考虑。

（一）内容维度：经典文本的"不变"与"变"

经典教育实施的第一步，就是对经典文本的内容进行选择。哪些文本可以作为经典，不同国家、不同阶段教育可以有不同的选择侧重。但是，经典之所以是经典，必然有一些基本的"不变"底色。第一，经典能够反映出人类普遍、共同的人性。不论东方还是西方，都对信仰、善、正义、诚实、勇敢有着相似的推崇，对自私、暴力、怯懦、说谎、自大表现出共同的拒斥。第二，经典能够为社会、人生的各种困惑提供可能的答案。当今社会，人们经常为恋

---

① 张隆溪.信息时代的知识匮乏[J].发现，2008(5)：48-49.

爱、就业、工作不如意、分配不公、生活无意义等种种问题而焦虑，通过阅读经典，可以吸取古人面对同类问题时所表现出的智慧、旷达与洒脱。第三，经典为精神的超越性提供了方向。

社会普遍的生存焦虑与专门职业训练的盛行，恰恰反映了当代人精神格局的狭小与身体欲望的膨胀。而经典向永恒精神的召唤，恰恰启示着人摆脱物质束缚，向着理想和崇高精神复归。

经典文本的"变"，一方面是说，不同国家、不同地区更多侧重本国、本地区传统的经典文本，而对他们不熟悉、无法认识其价值的其他国家的经典文本重视不够。推出《一生的读书计划》的美国人费迪曼在该书的前言中就直言不讳地指出："法国人开书单一定多放入几本法国书，我是美国人，所以不知不觉似乎把重点放在英文书上。……这书单里也没有东方的伟大著作……想亲近我们西欧的传统，已足够花费一般人一生的时间。……我没有资格来陈述自己传统以外的传统。"①另一方面是说，经典文本可以对不同时代的优秀世俗读物保持开放。正确的精神陶养，既不能因坚持古典传统的严肃性而厚古薄今，又不能因过于媚俗而厚今薄古。它需要读者在中外古今的对话中保持精神的独立性。金庸的武侠小说虽说是当代世俗文学的代表，但它在某种程度上是中华传统士大夫精神的继承与弘扬。

（二）形式维度：经典文本的多元"遭遇"方式

经典文本作为外在的精神强度，如果真要对学生的"精神世界"产生影响，就需要我们教育者努力制造多种"遭遇"机会。实现经典文本与学生内在世界产生关联的"遭遇"方式有很多种。首先，教育者要对多领域的经典文本保持必要的敏感性与开放性。经典文本可以是优秀的文学作品，也可以是严肃的学术著作，还可以是撩人心弦的视听艺术。我们不能因为过于推崇纸质文学作品而把其他类的经典文本置之度外。比如经典动画片就对幼儿阶段与小学低段学生带来非常强烈的精神世界"型塑"，经典影视作品塑造的种种有血有肉、有起有落、有挣扎有奋斗的人物形象可以强烈冲击青少年乃至成人的价值观，经典的美术作品与音乐作品也能让欣赏它的人沉醉在美的精神愉悦之中。其次，单一的经典文本也可以有多元的艺术表现与多样的感受方式。不同年龄阶段需要选择最适合他们接受的方式来感受经典。同是关于《西游记》的题材，幼儿阶段可以通过看动画片的形式来学

① 费迪曼.一生的读书计划[M].李映荻，译.台北：志文出版社，1975：17.

习，小学阶段可以通过欣赏影视作品的形式来学习，中学与大学阶段就可以阅读纸质文本。2016 年、2017 年央视推出的《中华诗词大会》《朗读者》这两档节目，为所有关注这两档节目的观众展示了民族文化的深厚底蕴与人生追求的精神品位。

学校组织的经典文本传承、弘扬活动也可以呈现多样化。从幼儿园到大学，各级学校都应该加强图书馆建设，采购尽量多的图书。学校最好追踪亚马逊、当当网等购书网站的各类经典畅销书排行榜，及时更新图文信息资源。学校应该开辟专门空间为学生进行经典音像制品的学习、欣赏、交流提供机会。有条件的图书馆还应该为学生的经典研讨活动提供专门的研讨室。此外，为让图书馆对孩子来说更有吸引力，除了大人的用心用力之外，图书馆的新书采购、书目编排、空间格调、使用规则等最好调动孩子参与的主动性，从而让图书馆成为一个让学生欢喜、留恋的场所。

三、教育行动的全员化

（一）教师：教学机智和课程智慧的践行者

1. 把教育当作一种爱和召唤的使命

马克斯·范梅南曾经强烈地希望我们教师把教育、教学表述成“使命”(vocation)或“召唤”(calling)，他说“只有当我们真正感受到教育作为一种召唤而激起活力和深受鼓舞时，我们与孩子的生活才会有教育学的意义”①。这种召唤使我们听到一种孩子征服我们的力量。它使我们积极采取行动，努力创造适应孩子成长的世界，同孩子一同生活并且反思这种与孩子生活的方式。在这种爱和信任的氛围中，我们可能会常常失望，我们可能把自己置于教育的赌博之中。但即使我们不断地承受由于信任而遭受的挫折和沮丧，我们也不能“假信任”或把信任纯粹当作职业上的“例行公事”。只有一如既往地表现出信任，一种能够深入年轻人内心的教育才会产生，“才能真正激发起他们内在的更强的能力”②。

2. 对教育时机和教育情境进行智慧性把握

我们知道成人、教师、父母对孩子特定发展方向的影响都是发生在一个个具体的时间、地点和关系之中的。在这样一个个教育情境中，教育内容丰

① 范梅南. 教学机智：教育智慧的意蕴[M]. 李树英，译. 北京：教育科学出版社，2001：34.

② 博尔诺夫. 教育人类学[M]. 李其龙，等译. 上海：华东师范大学出版社，1999：48-49.

富,我们总是期望成人、父母或教师“有所行动,即便这个行动是什么也不做”。这种“主动的际遇”在范梅南眼里就是“教育的时机”[①]。作为教育实践的“关键性概念”,教育时机需要成人、教师、父母“站在与某个孩子或一群孩子的关系位置上采取教育方面适当的行动”[②]。对教师而言,即使他掌握有关情境的事实性知识,即使他掌握对孩子好与不好的伦理道德原则,即使他掌握许多课程与教学的方法性知识,即使他能从广泛的哲学角度思考儿童的教育,也都无法知道在一个具体的情境中如何关心一个具体的孩子。教育时机的智慧性行动就是我们教师在不断变化的情境中要不断地行动。[③]他要时刻想着孩子的需要是什么样的,孩子对这个问题、困境、遭遇、可能性……有着什么样的体验。“智慧性行动”不同于“反思”,它不能让你从从事的活动情境中抽身出来“反思各种办法和行动结果”,它需要你的“全身心投入”[④]。教育情境中的智慧性行动也要求教师正确对待教育中的连续性形式与教育中的非连续性形式。[⑤] 也就是说我们不能简单地把教育中导致教育失败的各种干扰因素、阻碍因素或学生遇到的各种困难、困境、疑问当作我们在课堂上或生活中必须加以避免或者努力消除的偶然性因素,而是把它们当作对学生精神世界的重大考验,当作学生独自面临各种可能性时的艰难选择,当作对“有影响力的事物施加影响”[⑥]的教育学意向。如果没有触动学生心灵的智慧性行动,那么任何的教育活动都仅仅是“暂时”的,“任何一种教养事实上都仅仅是不受约束的游戏而已”[⑦]。

3.正确建构自己的专业身份

教师的专业发展成为各界普遍关注的一个热点问题。美国学者亨德森

---

① 范梅南.教学机智:教育智慧的意蕴[M].李树英,译.北京:教育科学出版社,2001:54.

② 范梅南.教学机智:教育智慧的意蕴[M].李树英,译.北京:教育科学出版社,2001:55.

③ 范梅南.教学机智:教育智慧的意蕴[M].李树英,译.北京:教育科学出版社,2001:144.

④ 范梅南.教学机智:教育智慧的意蕴[M].李树英,译.北京:教育科学出版社,2001:146.

⑤ 博尔诺夫.教育人类学[M].李其龙,等译.上海:华东师范大学出版社,1999:50-51.

⑥ 范梅南.教学机智:教育智慧的意蕴[M].李树英,译.北京:教育科学出版社,2001:107.

⑦ 博尔诺夫.教育人类学[M].李其龙,等译.上海:华东师范大学出版社,1999:60.

和凯森根据基根的成人发展的"建构性"发展理论指出，教师专业发展不是集中在"我们知道了多少教与学，而是如何知道的"。因此教师在建构自己的专业身份时必须实现这一"方法论转换(从知道什么到如何知道)"[①]。这就要求我们教师用一种全息的、整体的和审慎的思维方式积极地展望和展现自己的教育旅程。"展望"就是要求我们充满洞察和想象，"展现"就是要求我们以明智和社会批判的方法积极地展开教育行动。每个人可能都会根据自己以往的经历或经验来解释新发生的情境，不同的人对同一个情境也可能会有不同的理解和解释。这就要求我们时刻保持一种开放的心态和健康的标准。只要教师敢于迎接各种新意识的挑战，与学生开展持久的教育旅行，教师的专业发展自然会"建构"成功。

（二）学生：处于浪漫和严肃之间

1. 为生存而学

要求学生为生存而学，就是要求学生真正站在个体生存的高度看待自己的发展的问题。我们的受教育过程，不单单是一个知识积累过程，也不仅仅是一个能力拓展过程，它更是我们的智慧不断发展的过程。正是在这种智慧的成熟中，我们才能更好地认识我们与自然、社会、家庭、自身，乃至我们与文化的亲密关系，它是一种存在于世界的整体感。我们的智慧不断成熟的过程，其实就是我们抵制外在功利主义的侵袭，正确对待自己生存需要的过程。我们的生存呼唤就是让我们诗意地栖居在大地上。我们学习的过程也是我们自由追求知识的过程，也是我们不断应对各种知识、意见、困惑和挑战，迎接真理的过程。

2. 寻找学习共同体

家长甚至教师都有一种误区，认为我们的孩子在学校认真听教师讲课就算完成了受教育任务，而学生之间的共同体建设无关紧要。如果说我们只是关心学生的知识积累这种举措确实无可厚非。但是，我们要是考虑学生的智慧发展，那就不能对其抱有过高的期望。学生与学生之间的关系对学生的智慧成长作用很大。尤其是来自不同成长背景的学生之间的相互学习、共同探究，共同应对属于他们的成长问题，不仅有助于学生的道德成熟，更有利于学生更好面对智力上和思想上的挑战。

---

① 亨德森，凯森. 课程智慧：民主社会中的教育决策[M]. 夏惠贤，严加平，王维臣，译. 北京：中国轻工业出版社，2010：249.

（三）父母：应对不确定性未来的对话者

父母之所以成为父母，并不是因为有了子女就自然而然地成为父母的。成为父母意味着必须像父母那样去生活。常常是，父母会惊奇地发现，“孩子所引起的他们生活的转变效果比他们所预料的要深刻得多”①。社会上的留守儿童问题，不管是什么样的原因，都是父母没有尽到做父母的责任。父母最好亲自伴随孩子的成长，要时时与孩子对话，时时留意孩子的举动。不断以“鉴赏”的态度肯定孩子每一天的进步，不断对孩子提出新的智慧上的挑战，敢于在儿女面前展现自己的缺点并勇于向他们学习。面对未来的不确定性，长辈和晚辈之间需要这种持续不断的对话，这将会对他们彼此之间的智慧成长影响巨大。

（四）社区行动：帮助孩子建构主体意识

1. 构建社区共同体意识

农村学校独立于农村社区的教育现实，城市居民日益“孤岛”式的聚居环境，使得社区教育收效甚微。“学校即社会”“社会即学校”“生活即教育”，城乡居民的共同体意识需要我们在经济、政治、文化、政策既有明确分工又有紧密交织的现实存在中一起建构我们的家园情怀。

加强社区居民合作自主的经济空间以及专业化、分工化的区域产业链整合，加强对永续经济、绿色消费、有机农业、循环经济的提倡力度，注重对社区居民的技术培训与专业指导，发挥社区学院的成人教育优势，等等，这些都是区域通过物质纽带建构家园认同的重要举措。

社区居民要积极参与熟悉的地方性公共事务，培养公共热情，向社区全体成员（包括儿童）分享区域共有的价值、习俗、精神，通过承担一种特殊的“责任伦理”，来审慎地处理个人自由（权利）与社会秩序（责任）之间的微妙平衡。区域共同体除了保持内部成员之间的伦理担当之外，还需要同自身之外的其他社区共同体共同维护“核心共享价值与制度”②，从而促进一个有着众多社群复合体的“良好（善）”公民社会的形成。

重构当地社区的文化认同需要有关专家学者致力于传统课程开发，支持学校加大本土教材的编写，鼓励所有教师学习地方性知识、民俗性知识。

---

① 范梅南. 教学机智：教育智慧的意蕴[M]. 李树英，译. 北京：教育科学出版社，2001：34.

② 毛丹. 村落共同体的当代命运：四个观察维度[J]. 社会学研究，2010(1)：1-28.

促进家庭祖辈、父辈与孙辈更密切的文化互动，有条件的地方可以逐步恢复传统的书院式教育，积极发展社区学院。

2.用心传播民间文化和地方性知识

社区政府和所有社区居民都应该考虑为青少年提供安全、整洁、和善、温情的社会环境。即使现代社会的父母带着孩子生活在“孤岛”式的城市中，也不意味着孩子就应该脱离“人群”机械地成长。即使现代的早教技术从婴儿开始就能提供完备的教育，也不可能让孩子走向智慧。智慧需要一种共生的环境，与我们的祖辈、父辈，与我们的邻居，与我们的亲朋好友，与我们的社区文化，与我们熟悉的话语，与我们的行为、动作、表情，与我们周遭的自然风光保持一种互动的“建构”。没有这种民间教育旅程，我们的孩子如何展望“时空”？

（五）国家行动：回归伟大的智慧传统

1.弘扬优秀传统文化——拒绝民族虚无主义

自改革开放以来，我国政府不失时机地采取了现代化的赶超战略，全面吸取欧美各国先进的工业文明和科技成果。与此同时，由于各种各样复杂的原因，民众日渐同养育自身的文化母体脱离，在物质生活水平节节攀升的过程中，面临着日益严峻的精神危机——信仰缺失、亲情冷漠、师道尊严不再、人情淡薄甚至思想浮躁等等。在吸取西方先进文明的同时，不可避免会受到其极端消费主义文化的影响。关于“做一个怎样的中国人”的问题比以往任何时候都更让人迷茫。哲学家赵汀阳指出，我们必须坚持思想上的健康标准，把我们优秀的传统文化整理、挖掘出来，让其成为每一个中国人立身处世的精神名片。

2.平衡教育的两种功能——适应与超越

德国哲学家哈贝马斯在《合法性危机》里提到，“一个社会的发展水平取决于制度所容纳的学习能力”①。政府在发展教育事业的过程中必须消除一切不利于教育发展的人为因素，必须通过教育最大限度满足人们日益增长的美好生活需要与不平衡、不充分的教育现实之间的矛盾。对政府来说，必须平衡好教育的两种功能，一个是教育的超越功能，就是政府采取各种政治、经济措施支持教育上的内容、形式、方法与过程创新，从而推动民众的持续学习能力与创新思维的发展。另一个是教育的适应功能，就是满足所有

---

① 哈贝马斯.合法化危机[M].刘北成，曹卫东，译.上海：上海人民出版社，2000：13.

人最低水平的现代教育，使其维持最基本的未来生存需要。

3. 唯真理是从——造就以学术为志业的学者

社会学大师马克斯·韦伯最早提出把学术作为“精神上的志业”[①]。它要求学者发自内心地对学术热爱和对“属人的共同体”贡献自己的“理知”力量[②]。教育理论工作者把学术当成志业除了国家的物质与政策保障外，更加需要学者们发自内心地真正迷恋教育科学，迷恋这种“他人成长的学问”[③]。

首先，作为一项充满价值关怀的事业，教育理论研究需要学者们满怀深情的爱与奉献，但更需要他们保持冷静头脑，坚持独立判断。其次，教育理论工作者必须关注不在场的声音。改革开放40年后，中国社会出现了更为激烈二元对立：传统与现代的割裂、国内与国际的碰撞、城市与农村的疏离、精英与大众的冲突。这反映在课程上就是我国的课程文化更多关注的是现代的、全球化的、城市的与精英的文化趣味，学生日渐失去了对传统的、民族的、农村的与大众的文化感受能力，成了没有文化感与历史感的精神流浪者。理论工作者必须关注课程中被忽视的声音，尤其应注重乡土性与地方性知识的开发，关照我们失落的精神家园。最后，教育理论工作者必须致力于优秀精神遗产的“教育学化”，要认识到教师以“智慧培养为目的”进行“知识的教育学化”的重要地位[④]。从时间意义上来说，知识、能力都是有时代性的，越往后可能它们越先进；但我们却不能说后人的智慧一定胜过前代。教育理论者必须肩负起开发中国古老民间文化的历史责任。

四、学习形式的自由化

随着对机体哲学、建构主义、后现代主义、脑科学、复杂性理论认识的加深，人们越来越意识到教育学必须来一个根本性的转变——学习是一个比教学更为根本的事情。台湾全人教育先驱黄武雄教授认为“教学”“教导”“教育”“教师”等词语限制了我们对“学习”这件事情的“想象力”。他呼吁我们大人“尝试恢复清澄的目光”，找到“自己心中”那个小孩，重新发现世界，让生命重新启动。如伟大的雕塑家布朗库西所言：“当你不再是个小孩时，

① 韦伯. 学术与政治[M]. 钱永祥，译. 桂林：广西师范大学出版社，2004：161.

② 韦伯. 学术与政治[M]. 钱永祥，译. 桂林：广西师范大学出版社，2004：189.

③ 范梅南. 教学机智：教育智慧的意蕴[M]. 李树英，译. 北京：教育科学出版社，2001：18.

④ 李长吉. 知识教学的使命：转识成智[J]. 清华大学教育研究，2010(5)：48-54.

其实你已经死了。"[①]一切教学组织如果要真正实现教育目的的智慧转化，就必须围绕着学生的学习自由进行根本性的调整。学习自由意味着个体接受教育的过程，必须是一种不断解放加之于自身的身体束缚、精神束缚、权利(人格)束缚、存在束缚而获得个体超越性的教育演化过程。学校学习形式自由化具体可以从学生个体游学、共学、自学等方面体现出来。

（一）保持漂流感：身体游学与灵魂游学

"游学"作为一种闲暇精神与积极趣味，首先意味着实践，再现更多的经验可能性与精神可能性。经验可能性意味着身体延展的自由，表现在儿童身上就是儿童天性的自然发展，表现在成人身上就是身体肉身的解放。以学生为中心，首要的觉悟就是尊重、呵护、绽放孩子的身体。耗尽一生精力努力探索"知识是什么"以及"我们如何获得知识"的瑞士教育家、心理学家皮亚杰启示我们，"知识"并非原本就存在于外在世界的无人性的(impersonal)、无历史的(ahistorical)理知(reason)，而是人类经验世界的结果。作为强调个体生物功能、有机体经验世界的知识本质观，皮亚杰认为儿童的知识发展与科学家的知识发展经历同样的方法过程。皮亚杰的研究颠覆了传统的知识本质观，身体的感知动作、尝试错误、与环境互动在孩子的心智成熟过程中发挥更突出的作用，甚至可以说，身体的主动操弄是学生个体主体意识建构的起点。

无论是幼儿园阶段还是中小学阶段，乃至大学以至整个人生阶段，户外教学都应该是学校教育更为重要的本质。作为一种动态意义上的教育，旅游可以增强人的眼界，在蒙田看来，"喜爱旅游的人不轻易褒贬，也不会炫耀自己，因为他的眼界不停止在鼻端"。[②] 蒙田反对人们把自己"牢禁于狭隘的地域里"，主张像苏格拉底那样，当被询问来自何方时(不说雅典)，答以"世界"[③]。台湾著名的"体制外学校"全人中学全体教师曾经集体一致认同户外教学最终的目的是培养学生"异地漂流感"，认为现代人固定的生活秩序，熟悉的"景物、人事"，容易异化人的感官能力。[④] 漂流既需要能力的准备，又需

---

① 李崇建.移动的学校：体制外的学习天空[M].台北：宝瓶文化事业有限公司，2006：315-327.

② 林玉体.西方教育思想史[M].北京：九州出版社，2006：200.

③ 林玉体.西方教育思想史[M].北京：九州出版社，2006：200-201.

④ 李崇建.移动的学校：体制外的学习天空[M].台北：宝瓶文化事业有限公司，2006：182.

要有勇气置自己于陌生的处境之中。

灵魂游学又可称为精神游学，主要是培养学生异代漂流感，让学生在人类价值世界的对话之中型塑其精神气质与道德情怀。“腹有诗书气自华”，只要不断地阅读经典，无论精读还是泛读，独学还是分享，都有助于个体超越时代与历史的局限性，从而发现更为真实与多面的自己。德里达要求我们一定要从一个文本中，用一种与常规不一样的读书方法找到文章被遮蔽的思想，感受文字背后的意义。坚持“解构”，就是坚持双重阅读和双重写作，即在“统一的文本中，读出不一致和混乱”①。这种异代漂流感既在历史意义之中又超越于历史之外。异代漂流感可以分为三个境界：第一，搜集和查阅家谱、先人传说、民俗、地方志、民间故事，深刻理解地方性知识与文化的发展演变，从而更好地弥合几代人之间的文化、情感代沟；第二，搜集和查阅本民族、国家的神话传说、天文历法、文化经典、艺术珍宝，深刻理解民族性知识与文化的发展脉络，从而有助于制订更为长远的人生规划与价值关怀；第三，搜集和查阅各民族、国家的神话传说、风俗习惯、文化经典与艺术珍宝，深刻理解国别性、国际性、世界性文化的个性与共性，从而为树立普世情怀与宽容精神积累经验。

(二)“我—你”共学：文化成人与民主践行

“独学而无友，则孤陋而寡闻”，中国这句古训明确告诉我们与他人“共学”的重要性。同其他动物相比，人类刚诞生时候，最为柔弱，各方面机能都不成熟，他们需要“靠自身努力和与他人相处的关系”来赢得第二次诞生。除了生物学意义上的人以外，“成人”更是一种文化上的努力与担当。

“文化成人”核心要义包括型塑“价值观念”与体验“生活智慧”两个方面。“价值观念”是学生进行价值判断的“尺度”，学生把凝聚着“人类思想与历史发展过程”的文化内化就形成了自身的“价值观念体系”，它以“文化印记”表现出来。文化印记“决定着我们的选择性疏忽和淘汰性压抑；选择性疏忽使我们忽略一切不符合我们信仰的东西，淘汰性压抑使我们拒绝一切不符合我们信念的信息或一切被认为来源错误的反对意见”②。“生活智慧”是学生在领略文化发展史的过程中逐渐确立理想愿景、积累文化资本、浸润

---

① 王治河.扑朔迷离的游戏：后现代哲学思潮研究[M].北京：社会科学文献出版社，1998：195.

② 莫兰.方法：思想观念——生境、生命、习性与组织[M].秦海鹰，译.北京：北京大学出版社，2002：18.

文化关系，进而反思社会人生、不断体验内含于其中的智慧的过程。“每个人通过理解自己所属的历史文化的智慧的结晶，而形成对自己的民族文化的认同和内化，形成对自己本民族的生活方式的掌握和认识，在这一过程中，他也掌握了自己本民族所具有的生活的智慧。”①

从文化上的“成人”实践来看，首先，学习者应把他人看成主体而非客体，把他人（包括教师、父母、同学、朋友等）视为其自己生活的主人。其次，教师要在课堂上肩负起讲授文化的责任。以课堂为中心，着力于文化的选择与加工，激励文化的变革与创新。传播策略上积极传递学科知识中的文化元素，提升课堂讲授的文化品位。好的互动关系、这种“我—你”亲密主体的关系对学习者用人类或他者的视角看待现实和生活具有重大意义，在某种意义上，文化就是“一个人增加另一个人”②。

除了文化上的彼此影响之外，“我—你”共学还包括一个更为重要的集体行动——民主实践。换句话说，民主素养与民主实践应该成为学生参与学校和其他集体生活的基本要义。现代公民基本的民主素养包括自由意识、平等意识、权利意识、法制意识、宽容意识、责任意识、服务意识等。必备的民主素养是实践民主生活方式的前提条件。学生民主素养的形成，除了需要开设专门的公民伦理课之外，更需要“整个学校机构”的“身体力行”来教导③，需要教师的友善、尊重态度，需要贯彻到每门课的相关内容之中。更为重要的是，学生的民主权利应该贯彻到为学生所有、由学生具体实施、并为了学生民主素养发展服务这样的民主实践之中。学校、班级应该鼓励学生以主人翁的责任感和热情去管理属于他们的内部事务，教师和学校应该审慎地在学生面前运用权威，懂得放权和“赋权”。学生自觉进行的民主实践具体包括如下要点：

首先，每个学生都应该树立坚持真理与勇于批判的民主精神。在坚持真理的过程中，有一种基本的精神就是批判。批判不同于批评，它必须“有破有立”，学生应该在集体面前能够自由地、负责任地、有礼貌地表达个人意见。其次，民主实践还需要每个人拥有一种不怕困难、勇于奉献的圣洁灵魂。我们知道民主往往和法治联系在一起，法治是维护社会公平、正义的最

---

① 金生鈜.理解与教育：走向哲学解释学的教育哲学导论[M].北京：教育科学出版社，1997：41.

② 萨瓦特尔.教育的价值[M].李丽，孙颖屏，译.北京：北京大学出版社，2012：9.

③ 萨瓦特尔.教育的价值[M].李丽，孙颖屏，译.北京：北京大学出版社，2012：47.

后一条底线。在老师的帮助和支持下,学生应该集体讨论制定校园公约,成立校园权利法庭,让校园的一切纠纷都在法律的规训中。最后,民主实践还应坚持对其形式与操作的正确理解。抛弃简单的智、愚,好、坏之分,让所有成员都能参与讨论、发表意见,总之是在充分沟通中找到群体的最大共识。这种共识产生也不单单是"少数服从多数原则",而是认真去了解"表示质疑以及否决背后的考量与想法"而产生的真正沟通。①

(三)深度自学:常识意识与哲学精神

2012年11月3日在德国柏林举行的第一届"全球在家教育会议"(The Global Home Education Conference,GHEC)签署了富有历史意义的《柏林宣言》(*The Berlin Declaration*),从此开启了全球性在家自学的热潮。作为当今"基本教育成长最为迅速的形式",在家教育呼吁尊重父母为其子女选择教育种类的优先权利,承诺支持自由、多元化和多样化的教育,鼓励学生成长为有文化且有生产力之公民。即使完全意义上的在家教育在当今中国社会难以实现,中国家庭(尤其是父母)也应该理解《柏林宣言》的精神实质,切实采取负责任和创造性的教育行动,鼓励子女在家"深度自学",从而使其成长为一个有着丰富常识意识与哲学精神的未来公民。

常识意识是一个人走向心智成熟的起点。所谓常识,在现代汉语词典中就是普通知识,差不多是指人所共知的事实、关于一些简单而基本的事实的知识(general knowledge)。这种知识一般是自明的、稳定的、无歧义的,无须推理也不用怀疑。它还相当于常理,意即这些基本事实或知识中所包含的道理。因此,常识"又指自然而然的理解,以及依于这些理解而生的基本的判断力"②。陈嘉映指出,尽管汉语中的"常识"与英语中的"common sense"互译,但这两个用语"不尽相同"。相对而言,汉语中的"常识"一词更偏重于明面的事实,而英语中的"common sense"一词则偏重于事实里所含的道理。③ 健全的常识意识需要学生尊重自我感性经验,摆脱专业知识外的无知恐惧,合理运用理性,抵制单一灌输,勇于推动核心价值共识的分享,等等。学生常识意识的初步形成离不开家庭教育的熏陶与自身的深度学习。

---

① 冯朝霖,许宏儒.学习的自由与地球的未来:另类教育与生态村运动的汇流[J].教育研究,2014(5):139-156.

② 陈嘉映.说理[M].北京:华夏出版社,2011:31.

③ 陈嘉映.常识与理论[J].南京大学学报(哲学·人文科学·社会科学),2007(5):61-68.

首先,充满爱与关切的亲子互动,有助于孩子掌握丰富的语词与理解文化习俗。不同民族、不同地域所传下来的文化传统确实蕴含在语言之中。语言中认定事实的方式,事实中包含着的道理是从我们的祖先一代一代传下来的。许多道理"包含在前人传给我们的语词之中,包含在前人设置的各种实践活动的定规之中",我们无须特别强大的理解力就能自然而然理解。① 其次,学生自身必须坚持从感性经验出发的认识路线。常识就是综合由你的五种感官获得的分散感觉并把你看到的、听到的、闻到的、嗅到的和触摸到的融合成一致整体的能力。② 感官是我们每个人把握世界的基本方式,也是连接外在世界与内在心灵的通道,更是与他人共享生命天性的中介。最后,学生必须坚持常识意识在社会行动领域中的首要地位。常识意识就是底线思维,每个学生都应该在真实的生活经验中恪守最基本的是非、善恶、对错的素朴观念;常识意识就是自由、多元发声,每个学生都可以在政治和道德议题中积极参与"什么对于我们是好的"问题讨论,从而促进核心价值共识的分享;常识意识就是去科学化的理性行动,积极尝试用感官去切身感受自然界、社会与人际关系的真实变化,切实地改进、改善我们的周遭环境,以避免陷入物化和自我迷失之中。

科学、常识、哲学都是人类群体智慧不断拓展、深化与创新的结晶。人类对外在客观世界本质与规律的认识日益深入,使得科学认识逐渐凌驾于常识和哲学之上,从而使得人对自身的认识、对人与世界关系的认识、对人与人关系的认识变得日益模糊,以至于陷入深刻的文明危机与精神危机。如果说常识是对科学回归生活世界的呐喊,那么哲学就是对科学的批判与超越(也包括对常识的反思与批判)。

作为永葆"爱智慧"风范的精神品格,学生自身哲学精神的陶冶可以从认识自己、批判反思、自由创造三个方面着力。

第一,把"认识自己"当作毕生的哲学修炼。哲学的真正主题是人而不是物,它能够给予人"最终极的关怀和抚慰"③。认识自己需要在深刻理解和把握时代精神的前提下走进自身的多重、复杂存在。他存在于"自我、小我、

---

① 陈嘉映.常识与理论[J].南京大学学报(哲学·人文科学·社会科学),2007(5):61-68.

② 塞缪尔,凯里."如何认识科学"(十一):科学与常识:大卫·凯里对萨耶·塞缪尔的访谈[J].淮阴师范学院学报(哲学社会科学版),2015(6):717-724.

③ 康兰波.哲学精神乃当代哲学创新之灵魂与动力[J].求实,2007(3):22-25.

他我、大我之中，具有生命性、非生命性、超生命性等多重本质；表现为个体、群体、类体多重形态，分属自然、社会、精神文化的多重本性”。[①] 因此，人不仅要从生活实践中理解现实自我、经验自我，更要从学习实践中憧憬理想自我、超越自我。我们每个人都是哲学家，认识自己虽然需要外界帮助，但更应该让自己的哲学从自己身上“生长”出来，形成个人稳定的哲学信仰。

第二，批判反思坚持“牛虻精神”与“陌生人”视角。众所周知，健康的常识意识在人的日常生活中不可或缺，但有时候恰恰是个体“习而不察的常识”影响了自身的进步和发展。哲学精神从本质上是一种对生活的反思与批判。我们要像苏格拉底那样，用批判和提问的方式挑战自身和他人已有的观念(常识部分与科学部分)，拷问其真实性和意义。

第三，高扬自由、创造的实践境界。众所周知，西方的传统哲学到了黑格尔那里走向了终结，他的绝对理性神话，在把哲学推向真理王冠宝座的同时，也使得哲学日益同人的自由创造、生活世界、生存实践渐行渐远，从而使得现代哲学知识见长而精神萎靡。哲学知识与观念经常面临着修正与冲击，但自由、创造的哲学精神永远不会过时。

学生个体坚持自由的哲学精神，就意味着把这种自由学习氛围、自觉学习行为应用到一切学科学习与生活实践中去，能够做到不盲从权威，敢于质疑教师和家长，不人云亦云，能够独立地表达意见和观点；学生坚持创造的哲学精神，就意味着在学习和实践中，能够积极面对理论与现实中的各种困境，勇于打破惯性思维，敢于提出新问题，尝试新方法，从而产生新思想、新观念、新成果。总之，常识意识与哲学精神都是一个人成长为智慧之人必不可少的组成部分。

---

① 高清海.哲学的奥秘[M].长春:吉林人民出版社,1997:33.

参考文献

[1] Miller J P. 生命教育：推动学校的灵性课程[M]. 张淑美，译. 台北：学富文化事业有限公司，2007.

[2] Miller R. 学校为何存在？美国文化中的全人教育思潮[M]. 张淑美，蔡淑敏，译. 台北：心理出版社，2007.

[3] Raths L E. 价值与教学[M]. 黄建一，庄明贞，译. 高雄：复文图书出版社，1990.

[4] 奥兹门，克莱威尔. 教育的哲学基础[M]. 7版. 石中英，邓敏娜，等译. 北京：中国轻工业出版社，2006.

[5] 巴罗，黄向阳. 文化的繁衍与教育[J]. 华东师范大学学报(教育科学版)，1996(1)：21-28.

[6] 宾克莱. 理想的冲突：西方社会中变化着的价值观念[M]. 马元德，陈白澄，王太庆，等译. 北京：商务印书馆，1983.

[7] 博尔诺夫. 教育人类学[M]. 李其龙，等译. 上海：华东师范大学出版社，1999.

[8] 柏拉图. 理想国[M]. 郭斌和，张竹明，译. 北京：商务印书馆，1986.

[9] 布迪厄，华康德. 实践与反思：反思社会学导引[M]. 李猛，李康，译. 北京：中央编译出版社，2004.

[10] 布卢姆. 美国精神的封闭[M]. 战旭英，译. 南京：译林出版社，2007.

[11] 布鲁纳. 教学论[M]. 姚梅林，郭安，译. 北京：中国轻工业出版社，2008.

[12] 布鲁纳.教育过程[M].邵瑞珍,译.北京:文化教育出版社,1982.

[13] 蔡宝来,王立国.教学回归生活的意义与价值[J].西北师大学报(社会科学版),2005(6):102-105.

[14] 陈桂生.教育价值的缺失与寻求[J].北京大学教育评论,2010(2):178-181.

[15] 陈海萍.社会工作中的灵性研究[J].社会工作,2010(8):15-17.

[16] 陈嘉映.常识与理论[J].南京大学学报(哲学·人文科学·社会科学),2007(5):61-68.

[17] 陈嘉映.说理[M].北京:华夏出版社,2011.

[18] 陈建华.教师要超越经验层次上的教育常识[J].教育研究,2012(10):130-135.

[19] 陈奎德.怀特海哲学演化概论[M].上海:上海人民出版社,1988.

[20] 陈晓龙.转识成智:冯契对时代问题的哲学沉思[J].哲学研究,1999(2):14-22.

[21] 陈振华.讲授法的危机与出路[J].中国教育学刊,2011(6):41-51

[22] 迟艳杰.教学意味着"生活"[J].教育研究,2004(11):31-34.

[23] 丛立新.讲授法的合理与合法[J].教育研究,2008(7):64-72.

[24] 丛立新.知识、经验、活动与课程的本质[J].北京师范大学学报(社会科学版),1998(4):25-30.

[25] 崔允漷.追问核心素养[J].全球教育展望.2016 (5):3-10.

[26] 邓晓芒."爱智慧"辨义:西方形而上学史导言[J].湖北大学学报(哲学社会科学版),1999(6):34-36.

[27] 丁钢.价值取向:课程文化的观点[J].北京大学教育评论,2003(1):18-20.

[28] 杜殿坤.原苏联教学论流派研究[M].西安:陕西人民教育出版社,1993.

[29] 杜威.学校与社会;明日之学校[M].赵祥麟,任钟印,吴志宏,译.北京:人民教育出版社,2004.

[30] 多尔,高夫.课程愿景[M].张文军,张华,余洁,等译.北京:教育科学出版社,2004.

[31] 多尔.杜威的智慧[J].余洁,译.全球教育展望,2011(1):3-10.

[32] 多尔.后现代课程观[M].王红宇,译.2版.北京:教育科学出版社,2008.

[33] 多尔. 后现代课程观[M]. 王红宇，译. 北京：教育科学出版社，2000.

[34] 多尔. 后现代与复杂性教育学[M]. 张光陆，译. 北京：北京师范大学出版社，2016.

[35] 范梅南. 教学机智：教育智慧的意蕴[M]. 李树英，译. 北京：教育科学出版社，2001.

[36] 费迪曼. 一生的读书计划[M]. 李映荻，译. 台北：志文出版社，1975.

[37] 冯朝霖. 十二年课纲系统图像与全人教育理念[G]. 2013 第九届生命教育学术研讨会. 台北：台湾大学，2013.

[38] 冯朝霖，蒋兴仪. 关于反思性与主体性吊诡的一些联想[J]. 应用心理研究，2006(31)：133-137.

[39] 冯朝霖，许宏儒. 学习的自由与地球的未来：另类教育与生态村运动的汇流[J]. 教育研究，2014(5)：139-156.

[40] 冯建军. 教育即生命[J]. 教育研究与实验，2004(1)：23-26.

[41] 冯平. 评价论[M]. 北京：东方出版社，1995.

[42] 冯契. 冯契学述[M]. 杭州：浙江人民出版社，1999.

[43] 冯忠良，伍新春，姚梅林. 教育心理学[M]. 北京：人民教育出版社，2000.

[44] 傅维利. 浅谈我国传统教育价值观的特点及其改造手段[J]. 教育理论与实践，1987(3)：25-27.

[45] 高清海. 哲学的奥秘[M]. 长春：吉林人民出版社，1997.

[46] 高闰青. 现代教育中人的价值存在的失却与重建[J]. 教育理论与实践，2007(2)：11-13.

[47] 龚孝华. 重建学校教育评价的价值基础：从“生活—需要”论到“生存—需要论”[J]. 高等教育研究，2006(6)：46-50.

[48] 顾明远. 教育大辞典·第1卷·教育学 课程与各科教学 中小学校[M]. 上海：上海教育出版社，1990.

[49] 郭元祥. 论教育的过程属性和过程价值：生成性思维视域中的教育过程观[J]. 教育研究，2005(9)：4.

[50] 哈贝马斯. 合法化危机[M]. 刘北成，曹卫东，译. 上海：上海人民出版社，2000.

[51] 海德格尔. 面向思的事情[M]. 陈小文，孙周兴，译. 北京：商务印书

馆,1999.

[52] 韩庆祥.能力本位论与21世纪中国的发展[J].北京大学学报(哲学社会科学版),1996(5):12-22.

[53] 何中华.论作为哲学概念的价值[J].哲学研究,1993(9):29-36.

[54] 和学新.在回归生活与超越生活之间保持必要的张力:课程与教学发展的一种价值取向和策略[J]. 当代教育科学,2006(24):22-24.

[55] 赫尔巴特.普通教育学·教育学讲授纲要[M].李其龙,译.北京:人民教育出版社,1989.

[56] 赫勒.日常生活[M].衣俊卿,译.重庆:重庆出版社,1990.

[57] 亨德森,凯森.课程智慧:民主社会中的教育决策[M].夏惠贤,严加平,王维臣,译.北京:中国轻工业出版社,2010:249.

[58] 胡艳.从21世纪教育发展趋势看未来教师角色特征的变化[J].北京师范大学学报(人文社会科学版), 2002(2):113-118.

[59] 胡伊青加.人:游戏者:对文化中游戏因素的研究[M].成穷,译.贵阳:贵州人民出版社,1998.

[60] 怀特海.过程与实在:宇宙论研究[M].杨富斌,译.北京:中国城市出版社,2003.

[61] 怀特海.教育的目的[M].徐汝舟,译.北京:生活·读书·新知三联书店,2002.

[62] 黄爽,霍力岩.儿童学习品质的主要影响因素:国外研究进展及其启示[J].比较教育研究,2014(5):40-45.

[63] 黄崴.教育的超越价值[J].北京师范大学学报(社会科学版),1996(3):45-47.

[64] 黄武雄.童年与解放[M].2版.北京:首都师范大学出版社,2011.

[65] 黄武雄.学校在窗外[M].台北:左岸文化事业有限公司,2003.

[66] 黄永和.后现代课程理论之研究:一种有机典范的课程观[M].台北:师大书苑有限公司,2001.

[67] 霍克海默.批判理论[M].李小兵,译.重庆:重庆出版社,1989.

[68] 加达默尔.哲学解释学[M].夏镇平,宋建平,译.上海:上海译文出版社,1994.

[69] 加达默尔.真理与方法:哲学诠释学的基本特征(上卷)[M].洪汉鼎,译.上海:上海译文出版社,2004.

[70] 焦尔当.学习的本质[M].杭零,译.上海:华东师范大学出版

社,2015.

[71] 金生鈜.理解与教育:走向哲学解释学的教育哲学导论[M].北京:教育科学出版社,1997.

[72] 凯洛夫.教育学[M].北京:人民教育出版社,1953.

[73] 凯洛夫.教育学[M].北京:人民教育出版社,1956.

[74] 康兰波.哲学精神乃当代哲学创新之灵魂与动力[J].求实,2007(3):22-25.

[75] 克里希那穆提.教育就是解放心灵[M].张春城,唐超权,译.北京:九州出版社,2010.

[76] 克里希那穆提.一生的学习[M].张南星,译.深圳:深圳报业集团出版社,2010.

[77] 夸美纽斯.大教学论[M].傅任敢,译.北京:人民教育出版社,1984.

[78] 夸美纽斯.大教学论·教学法解析[M].任钟印,译.北京:人民教育出版社,2006.

[79] 赖尔.心的概念[M].徐大建,译.北京:商务印书馆,1992.

[80] 李秉德,李定仁.教学论[M].北京:人民教育出版社,2001.

[81] 李崇建.移动的学校:体制外的学习天空[M].台北:宝瓶文化事业有限公司,2006.

[82] 李德顺.价值论:一种主体性的研究[M].北京:中国人民大学出版社,1987.

[83] 李家成.关怀生命:当代中国学校教育价值的新取向[D].上海:华东师范大学,2002.

[84] 李江凌.价值本质的经验主义解释:评培里的兴趣价值说[J].学术研究,2001(2):101-105.

[85] 李凯尔特.文化科学和自然科学[M].涂纪亮,译.北京:商务印书馆,1986.

[86] 李连科.世界的意义:价值论[M].北京:人民出版社,1985.

[87] 李长吉,秦平.教学应该回归怎样的生活世界[J].中国教育学刊,2015(10):39-41.

[88] 李长吉.知识教学的使命:转识成智[J].清华大学教育研究,2010(5):48-54.

[89] 李景瑞.人生的价值[M].太原:山西人民出版社,1986.

[90] 李政涛.教育常识[M].上海:华东师范大学出版社,2012.

[91] 利奥塔尔.后现代状态:关于知识的报告[M].车槿山,译.北京:生活·读书·新知三联书店,1997.

[92] 廖哲勋.构建新的知识观,深化课程改革[J].课程·教材·教法,2016(6):12-19.

[93] 林玉体.西方教育思想史[M].北京:九州出版社,2006.

[94] 刘放桐.现代西方哲学[M].北京:人民出版社,1988.

[95] 刘复兴.教育的本体价值与工具价值关系管窥[J].山东师范大学学报(社会科学版),1991(6):53-54.

[96] 刘复兴.论教育价值的本质[J].教育理论与实践,1998(3):8-12.

[97] 刘济良.论"生活世界"视阈中的生命教育[J].教育科学,2004(4):6-8.

[98] 刘济良.论科学技术对人的异化与教育对人的价值世界的重建[J].教育理论与实践,2003(4):12-15.

[99] 刘庆昌.教育价值的秩序[J].教育科学,2009(5):21-26.

[100] 刘铁芳.教学:一个可能的价值世界:教育的价值关怀[J].教育理论与实践,2000(4):8-11.

[101] 刘旭东.论教育价值取向[J].青海师范大学学报(社会科学版),1992(1):94.

[102] 刘旭东.文化视野中课程的价值取向[J].教育评论,1997(6):32-34.

[103] 刘长欣.道德教育及其知识化路径[J].教育研究,2014(8):26-30.

[104] 柳夕浪.素养为纲:学校课程从粗放到精致的转型[J].中小学管理,2016(10):4-7.

[105] 卢世林.审美游戏与中学课程教学[J].教育研究,2008(4):74-79.

[106] 卢梭.爱弥儿[M].李平沤,译.北京:商务印书馆,1978.

[107] 鲁洁.道德教育的根本作为:引导生活的建构[J].教育研究,2010(6):3-8.

[108] 鲁洁.论教育之适应与超越[J].教育研究,1996(2):3-6.

[109] 鲁洁.应对全球化:提升文化自觉[J].北京大学教育评论,2003(1):27-30.

［110］鲁正一，张广君．游戏隐喻下的教学对话：理解、问题与可能性［J］．高等教育研究，2011(3)：76-80.

［111］罗儒国．教学回归生活世界的困境与超越［J］．教育发展研究，2008(8)：27-32.

［112］罗素．宗教与科学［M］．徐奕春，林国夫，译．北京：商务印书馆，1982.

［113］洛克．教育漫话［M］．傅任敢，译．北京：教育科学出版社，1999.

［114］马多秀．我们需要什么样的学校：印度心灵导师克里希那穆提的学校观及其启示．宝鸡文理学院学报(社会科学版)［J］．2016(5)：98-101.

［115］马格奈尔．教育和价值的几个问题［J］．方明生，译．教育研究，2004(10)：25-26.

［116］马秋丽，燕良轼．教育的生命价值探索［J］．高等教育研究，2006(1)：27-30.

［117］马斯洛．马斯洛人本哲学［M］．长春：吉林出版社集团，2013.

［118］毛丹．村落共同体的当代命运：四个观察维度［J］．社会学研究，2010(1)：1-28.

［119］梅．创造的勇气［M］．杨韶刚，译．北京：中国人民大学出版社，2008.

［120］梅斯勒．过程—关系哲学：浅释怀特海［M］．周邦宪，译．贵阳：贵州人民出版社，2009.

［121］孟宪承．中国古代教育史资料［M］．北京：人民教育出版社，1961.

［122］莫兰．方法：思想观念——生境、生命、习性与组织［M］．秦海鹰，译．北京：北京大学出版社，2002.

［123］牧口常三郎．价值哲学［M］．马俊峰，江畅，译．北京：中国人民大学出版社，1989.

［124］穆尔．知识与课程［J］．钟启泉，译．外国教育资料，1995(8)：36-43.

［125］诺丁斯．幸福与教育［M］．龙宝新，译．北京：教育科学出版社，2009.

［126］珀金斯．为未知而教，为未来而学［M］．杨彦捷，译．杭州：浙江人民出版社，2015.

［127］浅沼茂．近代的两种价值与课程理论的目标［J］．方明生，译．全球教育展望，2001(10)：37-44.

[128] 瞿葆奎,郑金洲.教育基本理论之研究(1978～1995)[M].福州:福建教育出版社,1998.

[129] 瞿葆奎.教育学文集·德育[M].北京:人民教育出版社,1998.

[130] 瞿葆奎.教育学文集·教育目的[M].北京:人民教育出版社,1989.

[131] 曲跃厚.过程哲学的硬核学说及其神学旨趣[J].求是学刊,2007(4):21-27.

[132] 全增嘏.西方哲学史(下册)[M].上海:上海人民出版社,1995.

[133] 萨瓦特尔.教育的价值[M].李丽,孙颖屏,译.北京:北京大学出版社,2012.

[134] 塞缪尔,凯里."如何认识科学"(十一):科学与常识:大卫·凯里对萨耶·塞缪尔的访谈[J].淮阴师范学院学报(哲学社会科学版),2015(6):717-724.

[135] 石里克.伦理学问题[M].张国珍,赵又春,译.北京:商务印书馆,1997.

[136] 石中英.教育学的文化性格[M].太原:山西教育出版社,2001.

[137] 石中英.教育哲学[M].北京:北京师范大学出版社,2007.

[138] 石中英.试论现代教育的"深度"[J].教育理论与实践,1998(3):1-5.

[139] 石中英.知识转型与教育改革[M].北京:教育科学出版社,2001.

[140] 斯宾塞.教育论:智育、德育和体育[M].胡毅,译.北京:人民教育出版社,1962.

[141] 斯米尔诺夫.心理学[M].朱智贤,译.北京:人民教育出版社,1957.

[142] 孙美堂.从实体思维到实践思维:兼谈对存在的诠释[J].哲学动态,2003(9):6-7.

[143] 孙美堂.价值之"是":价值本质研究的一个方向[J].哲学动态,2002(3):24-27.

[144] 孙振东.学校知识的性质与基础教育改革的方向[J].教育学报,2006(2):11-24.

[145] 泰勒.课程与教学的基本原理[M].施良方,译.北京:人民教育出版社,1994.

[146] 檀传宝.教育是人类价值生命的中介:论价值与教育中的价值问

题[J].教育研究,2000(3):14-20.

[147] 陶行知.陶行知文集(修订本)[M].南京:江苏教育出版社,1997.

[148] 图加林诺夫.马克思主义中的价值论[M].齐友,王雾,启念,等译.北京:中国人民大学出版社,1989.

[149] 王百合.学习型学校发展的危机与转机:混沌理论的观点[J].学校行政,2008(1):192-210.

[150] 王策三.教学论稿[M].北京:人民教育出版社,1985.

[151] 王策三.教学论稿[M].北京:人民教育出版社,2005.

[152] 王策三.认真对待"轻视知识"的教育思潮[J].北京大学教育评论,2004(3):5-23.

[153] 王道俊,王汉澜.教育学:新编本[M].北京:人民教育出版社,1999.

[154] 王逢贤.价值教育及其在新世纪面临的挑战[J].高等教育研究,2000(5):54.

[155] 王坤庆.现代教育价值论探寻[M].长沙:湖南教育出版社,1990.

[156] 王坤庆.现代教育哲学[M].武汉:华中师范大学出版社,1996.

[157] 王攀峰.论走向生活世界的教学目的观[J].教育研究,2007(1):24-29.

[158] 王澍.常识世界中的教育学:一个不应该被遗忘的地方[J].当代教育科学,2006(3):3-4.

[159] 王卫东,石中英.关于建国后教育价值取向问题的思考[J].江西教育科研,1996(4):1-4.

[160] 王卫东.教育价值概念的历史考察与理论分析[J].北京师范大学学报(社会科学版),1996(2):29-35.

[161] 王玉樑,岩崎允胤.中日价值哲学新论[M].西安:陕西人民教育出版社,1994.

[162] 王治河.扑朔迷离的游戏:后现代哲学思潮研究[M].北京:社会科学文献出版社,1998.

[163] 威尔金森.善、美、真的学校:华德福教育入门[M].郑鼎耀,译.台北:光佑文化事业股份有限公司,1997.

[164] 韦伯.社会科学方法论[M].韩水法,莫茜,译.北京:中央编译出版社,1999.

[165] 韦伯.学术与政治[M].钱永祥,译.桂林:广西师范大学出版

社,2004.

[166] 维柯.维柯论人文教育:大学开学典礼演讲集[M].张小勇,译.桂林:广西师范大学出版社,2005.

[167] 维柯.新科学[M].朱光潜,译.北京:人民文学出版社,2008.

[168] 维坦依.文化学与价值学导论[M].徐志宏,译.北京:中国人民大学出版社,1992.

[169] 魏则胜,李萍.道德教育的文化机制[J].教育研究,2007(6):13-19.

[170] 吴黛舒.影响教育价值取向的因素分析[J].齐鲁学刊,2002(1):96-99.

[171] 西田几多郎.善的研究[M].何倩,译.北京:商务印书馆,1965.

[172] 辛涛,姜宇,王烨辉.基于学生核心素养的课程体系建构[J].北京师范大学学报(社会科学版),2014(1):5-11.

[173] 熊和平.课程与生活:来自思想考古学的启示[J].教育研究,2005(6):79-83.

[174] 熊十力.体用论[M].北京:中华书局,1994.

[175] 熊焰.主知主义教育思想在中国的传播和影响初探[J].西南民族学院学报(哲学社会科学版),2002(5):226-227.

[176] 徐长福.实践智慧:是什么与为什么:对亚里士多德"实践智慧"概念的阐释[J].哲学动态,2005(4):9-14.

[177] 雅斯贝尔斯.什么是教育[M].邹进,译.北京:生活·读书·新知三联书店,1989.

[178] 亚里士多德.尼各马可伦理学[M].廖申白,译.北京:商务印书馆,2003.

[179] 杨国荣.知识与智慧:冯契先生的哲学沉思[J].哲学研究,1995(12):13-20.

[180] 杨颖东,郝志军.灵性教育的价值追求与实践方式[J].教育研究,2016(12):22-29.

[181] 叶澜.让课堂焕发出生命活力:论中小学教学改革的深化[J].教育研究,1997(9):3-8.

[182] 叶澜.时代精神与新教育理想的构建:关于我国基础教育改革的跨世纪思考[J].教育研究,1994(10):3-8;

[183] 叶澜.重建课堂教学价值观[J].教育研究,2002(5):3-7.

[184] 伊利奇. 去学校化社会:汉英双语版[M]. 吴康宁,译. 北京:中国轻工业出版社,2017.

[185] 袁贵仁. 价值学引论[M]. 北京:北京师范大学出版社,1991.

[186] 袁祖社. 论主体价值选择的合理性与社会进步的必然性[J]. 福建论坛(文史哲版),1999(2):46-49.

[187] 岳伟. 论教育实践的生活世界转向[J]. 教育研究与实验,2006(6):40-45.

[188] 赞科夫. 和教师的谈话[M]. 杜殿坤,译. 北京:教育科学出版社,1980.

[189] 赞科夫. 教学与发展[M]. 杜殿坤,张世臣,俞翔慧,等译. 北京:人民教育出版社,1985.

[190] 张华. 课程与教学论[M]. 上海:上海教育出版社,2001.

[191] 张华. 论核心素养的内涵[J]. 全球教育展望,2016(4):10-24.

[192] 张良. 从简单性到复杂性:试论我国教学范式的重建[J]. 清华大学教育研究,2013(5):103-108.

[193] 张隆溪. 信息时代的知识匮乏[J]. 发现,2008(5):48-49.

[194] 张汝伦. 生活世界与文化间理解之可能性[J]. 读书,1996(10):71-78.

[195] 张巽根. 教育价值的辩证概念[J]. 华中师范大学学报(哲学社会科学版),1997(3):74-79.

[196] 张盈堃. 从理论到实务的田野工作[M]. 屏东:屏东教育大学出版社,2010.

[197] 赵德兴. 价值评价域及合理性问题[J]. 人文杂志,2000(1):16-21.

[198] 赵汀阳. 知识论之后[J]. 读书,1999(8):78-87.

[199] 赵文平. 教学价值研究:教学论亟需深入关注的领域[J]. 教育理论与实践. 2011(3):53-56.

[200] 郑新蓉. 关于教育价值观的冲突或危机[J]. 北京师范大学学报(社会科学版),1996(3):47-49.

[201] 曾文婕. 论学习内容的"实用"与"虚用":对"教学回归生活世界"的再反思[J]. 课程·教材·教法, 2008(4):12-16.

[202] 中共中央马克思恩格斯列宁斯大林著作编译局. 马克思恩格斯选集 第四卷[M]. 北京:人民出版社,1995.

[203] 中国大百科全书 教育[M]. 北京:中国大百科全书出版社,1985.

[204] 中国大百科全书 哲学[M]. 北京:中国大百科全书出版社,1987.

[205] 钟启泉,安桂清. 课程灵性与人格建构[J]. 全球教育展望,2006(1):25-30.

[206] 钟启泉. 概念重建与我国课程创新[J]. 北京大学教育评论,2005(1): 49-51.

[207] 钟启泉. 基于核心素养的课程发展:挑战与课题[J]. 全球教育展望,2016(1):3-25.

[208] 钟启泉. 现代课程论[M]. 上海:上海教育出版社,2003.

[209] 周艳. "我—你"关系对教师温馨评语的解读[J]. 教育评论,1999(5):34-36.

[210] 朱新卓. 教育的本体性功能:提升人的灵性[J]. 教育研究,2008(9):23-27.

[211] 筑波大学教育学研究会. 现代教育学基础[M]. 钟启泉,译. 上海:上海教育出版社,1986.

[212] 佐藤学. 学习的快乐:走向对话[M]. 钟启泉,译. 北京:教育科学出版社,2004.

索 引

J
价值/1
价值取向/26
教学价值/5
教学价值主体/126
教学价值体系/19

K
课程/36

L
灵性价值/94

N
能力价值/58

S
生活价值/74
生活世界/78

Z
知识价值/32
智慧/108
智慧价值/108
主体性/24

后　记

教学价值问题是教学基本理论当中的一个核心问题，自从《教学价值观念论》出版后，我一直在思考教学是什么以及教学的知识价值、能力价值、生活价值等问题，在此基础上提出了教学的智慧价值这个命题，并把教学的灵性价值作为前面几种价值和智慧价值之间的过渡。这些观点并不一定成熟，但相信能带来一些思考。

在这本书的形成过程中，我的学生贾志国（浙江师范大学在读博士生、金华职业技术学院教师）除撰写了大量内容外，还为完成本书做了不少其他工作；陶丽（湖北师范大学教师）在完成资料搜集、文献综述等基础性工作外，还协助我参与了初稿的撰写。

教学价值领域的研究不会有尽头，随着时代的变迁和教育思想与技术的进步，教学价值一定会有新的需要思考和解决的问题。期待读者能够提出批评和建议，一起来深化教学价值的研究。

李长吉

2019 年 3 月于云南师范大学